SEMBRAN
Y RECOGIE

KIER

OBRAS DEL MISMO AUTOR

* *Con otros autores*

SEMBRANDO Y RECOGIENDO

RAMATIS

SEMBRANDO Y RECOGIENDO

CUENTOS REENCARNACIONISTAS

Traducida del portugués por
MANUEL VALVERDE

QUINTA EDICION

EDITORIAL KIER S.A.
Av. Santa Fe 1260
(1059) Buenos Aires - Argentina

Título original portugués:
Semeando e Colhendo
(Atanagildo)
Ediciones en castellano:
Editorial KIER S.A., Buenos Aires
años: 1972 - 1977 - 1986 - 1994 -1998
Tapa:
Baldessari
LIBRO DE EDICION ARGENTINA
I.S.B.N.: 950-17-1330-X
Queda hecho el depósito que marca la ley 11.723
© 1998 by Editorial Kier S.A., Buenos Aires
Impreso en la Argentina
Printed in Argentina

MI GRATITUD
AL PROFESOR: BRENO TRAUTWEIN

Me encuentro muy satisfecho con la inestimable ayuda y sugestiones, que contribuyeron a mejorar la contextura de la presente obra, sobre "cuentos mediúmnicos".

PREAMBULO

Estimados lectores:

Cuando yo vivía en la tierra, había nacido en San Pablo, y mi ocupación era la de agrimensor, lo que me permitía viajar por el interior del Brasil. En mis frecuentes viajes pude observar el dramatismo de ciertas vidas humanas. Aunque conocía la doctrina espírita, me agradaba incursionar en las enseñanzas esotéricas, teosóficas y rosacruces, que me ampliaban los conocimientos sobre los procesos reencarnacionistas y la disciplina de la Ley del Karma, sobre el espíritu encarnado, mientras tanto, tenía ciertos inconvenientes para interpretar algunas de las tragedias, que yo había presenciado, y que para mí no encajaban dentro de las normas de la Justicia Divina.

Cuando desencarné, en el Espacio, me dediqué a las actividades del mundo espiritual y me preocupé de conocer el origen kármico, de algunos de esos casos tan tristes. Consulté a los directores de la metrópolis en donde resido[1] y solicité permiso para estudiar los casos. Una vez investigados éstos, tenía especial interés de reagruparlos y darlos a conocer a mis hermanos de la tierra.

Atendiendo la sugerencia de mis superiores, traté de evitar la individualización y reconocimiento de los personajes que hacen parte de esta obra. Cambié los lugares, fechas, circunstancias y pormenores de los hechos descriptos, dado que sus familiares aún se encuentran encarnados en la tierra. También es cierto,

---

[1] Metrópolis del "Gran Corazón", comunidad espiritual situada sobre algunas poblaciones del Brasil. Véase las obras, "La Vida Más Allá de la Sepultura" y "La Sobrevivencia del Espíritu", de Atanagildo y Ramatís.

que algunos lectores podrán asociar asuntos y coincidencias de estos cuentos, encontrando semejanza con algunas personas de su conocimiento. Sin embargo, mi interés, fue evitar esa identificación, pues aún me suenan en los oídos, las recomendaciones de mi preceptor espiritual, cuando me advertía: "Atanagildo, no olvides que los muertos bien intencionados no deben dificultar la vida de los vivos; deja eso para los obsesores".

Tampoco intenté hacer ficción con estos cuentos reencarnacionistas, ni los dramaticé para merecer elogio de los lectores. Traté de describir lo más fielmente posible, las cosas como sucedieron. Para extraer el material necesario, tuve que·acercarme a ciertas comunidades espirituales situadas en las regiones asiáticas, europeas y sudamericanas. En ellas encontré el origen de algunas de las causas que dieron comienzo a esas vidas tan deplorables. Además, debo agradecer especialmente al espíritu de J. T.[2] conocido escritor brasileño, que me ayudó a componer el mecanismo de los cuentos, enseñándome a sintetizar las acciones y los hechos, en afinidad con el género literario.

Por otra parte, debo aclarar, que yo no fui escritor en la tierra, ni publiqué trabajo literario alguno. Ni siquiera llegué a componer las poesías que formaban parte de mi estudio secundario. En mi profesión de topógrafo, aprovechaba el tiempo libre para estudiar obras espíritas, teosóficas, esotéricas, rosacruces y yogas, dominado por la avidez de saber, antes de crear. Por eso, no pretendí hacer literatura, sino, informar a mis hermanos encarnados sobre los hechos y consecuencias que producen las torturas, a los seres desencarnados, en la vida más allá de la tumba. Me despreocupé totalmente de las formas y estilos que resaltaron a Flaubert, Víctor Hugo, Machado de Asís, Maupassant y otros de prestigio, que lograban explicar a gusto, todos los hechos. El lector debe apreciar, en este sencillo texto, al mensajero, cuya finalidad es informar, o al artista, que conmueve a través de su expresión. La función principal de los "cuentos reencarnacionistas", es de ser útil en lo espiritual, aclarando dramas, tragedias, vicisitudes y dolores, tan común a la vida de los lectores.

---

[2] El médium no está autorizado para decir quién es el espíritu del escritor J. T. y si realmente se creyera estar en lo cierto, será por pura coincidencia, pues las iniciales de su nombre, se refiere a una de sus creaciones literarias en Brasil.

Me esforcé para daros una visión panorámica sobre las diversas causas kármicas, generados por la "Ley de Retorno", en la vida del ser inmortal. Cantidades de problemas trágicos, frustraciones, escándalos, ingratitudes, impiedades y las más variadas situaciones existen en medio de las familias humanas, que tienen mucha analogía con los hechos narrados en estos cuentos reencarnacionistas. Mi intención no fue consagrarme en la literatura mediúmnica, solo me preocupaba la satisfacción íntima e impersonal de advertir, sugerir o confortar a los lectores, para que de vuelta a su patria espiritual, lo hagan en forma pacífica, agradable y consciente, en vez de sufrir las torturas y angustias, que soportaron los imprevisores personajes de "Sembrando y Cosechando".

Evidentemente, el médium que utilicé, aún está adherido a las convenciones del mundo material, y es muy probable que se ocupe de ajustar los vocablos impactantes para mejorar la sencillez de mis pensamientos. También es justo, que así suceda en lo tocante a la sintaxis y grandilocuencia de la trama de estos cuentos, pero, confío en su buena intuición proverbial, como dejo librado a su criterio, el no resaltar la realidad de los hechos, por la forma engañadora del estilo.

Ojalá, los relatos verídicos que conforman el texto de la presente obra, puedan proporcionar nuevas oportunidades, discernimientos y confort espiritual a los lectores, compensando el modesto esfuerzo realizado, para todos aquellos que trabajaron impersonalmente.[3]

ATANAGILDO
Curitiba, 30 de Enero de 1965.

---

[3] *N. de Ataganildo*: Disculpe el lector, si en esta obra encuentra muchas llamadas al pie de las páginas, unas mías y otras del médium, cuya finalidad es esclarecer al máximo a fin de facilitar la enseñanza. Es oportuna esta llamada para reiterar el pensamiento que expuse en otras oportunidades, donde dejo bien expresado, que mi dedicación en ésta y otras obras realizadas, obedecen a la inspiración de los sublimes hermanos mayores, que moran en esferas elevadas, pero que se preocupan muchísimo por la evolución de la humanidad.

ALGUNAS PALABRAS

Estimados lectores

Paz y Amor

No nos corresponde abusar del precioso tiempo del lector para comentar el contenido benéfico de esta obra, pues el hermano Atanagildo ya es bastante conocido a través de sus coparticipaciones con nosotros,[1] cuando divulgó ciertos acontecimientos de este lado". Investigador incansable y espíritu trabajador, sinceramente interesado en auxiliar y buscar soluciones a las dificultades espirituales de los hermanos encarnados, se propuso transmitir a través del médium una obra amena, agradable y al mismo tiempo instructiva, tratando de atraer a los lectores por medio de la trama sugestiva, a fin de inculcarles la valiosa advertencia espiritual sobre los fenómenos, sus consecuencias dolorosas y reacciones comunes a los seres humanos.

"Sembrando y Cosechando" es una obra que presenta una serie de cuentos esquematizados en hechos reales, cuyos protagonistas vivieron esa secuencia de acontecimientos, y que aún, todavía, la mayoría lucha afanosamente para alcanzar su angelización.

Ya es tiempo que los hombres se integren en la frecuencia vibratoria de la realidad inmortal, evitando existencias perjudiciales, puesto que más tarde debe desencarnar en medio de los sufrimientos inimaginables, afectando la contextura del periespíritu en los panoramas atemorizantes del bajo astral. Es enorme

---

[1] Atanagildo dictó con Ramatís las obras "La Vida Más Allá de la Sepultura" y la "Sobrevivencia del Espíritu", ediciones en castellano, editadas por la Editorial Kier S. A.

la cantidad de almas enloquecidas, atribuladas y **destrozadas** moralmente por haberse alejado de las çosas espirituales, ingresando diariamente al mundo oculto, después de haber vivido una existencia epicúrea, hedonista e inescrupulosa. En el plano carnal muchos bromean y ríen de los tontos que investigan el origen de sí mismos; pero es impresionante verlos, más tarde, en medio de las sombras tristes y amenazadoras, de las regiones purgatoriales.

Es por eso, que encontramos muy oportuna la obra "Sembrando y Cosechando", de Atanagildo, cuyos relatos identifican decenas de situaciones inconvenientes y peligrosas, que deben padecer los espíritus después de desencarnados. El autor describe acontecimientos trágicos sucedidos en el mundo material, para demostrar después, las condiciones que presentan esos personajes una vez desligados del organismo físico, conforme al rendimiento espiritual benéfico o maléfico según hayan sido sus actividades materiales. Finalmente completa su trabajo de advertencia, al buscar los orígenes kármicos de los dramas, que se generaron en los procesos justos del "sembrar y recoger".

No es una obra de estilo rebuscado, ni se valoriza por su aspecto impactante, pero sí, es un manual didáctico, un compendio de informaciones y hasta un libro de consultas. Son condiciones dolorosas, expiativas, atribuladas y tan comunes a nuestras vidas carnales, o que bien puede suceder en la trama de los destinos futuros, delineados por nuestros superiores. Los lectores encontrarán motivos para comprobar ciertos hechos, casi similares, y muy relacionados con sus propias vidas, de donde se puede discernir la conducta, reacciones o solución más favorable para su caso espiritual.

También es conveniente considerar, la gran diferencia que existe entre los objetivos visados por la literatura mediúmnica, con la forma convencional de escribir de vuestro mundo. Las entidades desencarnadas, en general, delante de sus "Maestros de Evolución" asumen el compromiso de transferir para la tierra, únicamente advertencias, esclarecimientos o revelaciones inusitadas, sin preocuparse por el estilo. Sólo desean la claridad, la realidad de los hechos, como la sencillez y utilidad inmediata, sin preocuparse por el perfeccionamiento de la forma o realce de la fluencia verbal. Son obras didácticas, con cierto tono de frialdad, parecido a la tónica científica, y exceptuados de hechos prosaicos.

"Sembrando y Cosechando" no es una obra de ficción para ejercitar la emotividad humana; por encima de todo, es un compendio escolar, que contiene enseñanzas y revelaciones de la vida más allá de la carne, donde el espíritu debe enfrentar problemas inmensurables, complejos, ni siquiera parecidos a los que suceden en el mundo material. Nosotros, desde aquí operamos en la matriz de las formas, a través de las leyes sutilísimas de la vida inmortal, por eso, sabemos distinguir lo que es más apropiado para la evolución de la criatura humana. Felizmente, ella, poco a poco, asume la responsabilidad directa de sus actos y va comprendiendo las enseñanzas sensatas y lógicas del Espiritismo y aprende a desligarse del infantilismo de las leyendas bíblicas del Catolicismo y de las pruebas de fe del Protestantismo.

Va entendiendo conscientemente, que más allá de la devoción religiosa y del amor al prójimo, le resta el deber y el compromiso íntimo de ampliar su conciencia espiritual por el trabajo, estudio y amor, suplantando la creencia y la adoración. Jamás puede confiar en la salvación o conversión a última hora, bajo la protección del apresurado sacerdote, pues el Paraíso no es concesión de ningún credo religioso.

Finalizando, Atanagildo deja entrever en la médula de sus cuentos, que la esperanza y la felicidad espiritual, es el tema fundamental de la vida que promueve al hombre. ¡Todos pueden sufrir, errar o desanimarse, pero jamás, alguien dejará de ser feliz!

Curitiba, Diciembre 30 de 1965.

RAMATIS

PREFACIO

Mi apreciado amigo Hercilio:

No puedo encontrar motivo más agradable, al tener que escribir el prefacio de esta obra. En la tierra, una vez que otra, acepté prefaciar alguna cosa en los tratados de cultura para el "bicho, llamado hombre". Pero, teniendo que prefaciar cosas de muertos, jamás hubiera imaginado eso, en la masa cenicienta de la calavera. Llegando al más allá y después de acomodar las valijas en la estación sideral, pasé a examinar con más detención al ciudadano terrícola, que de un pestañear desintegra el átomo para luego fundir a millares de colegas en Hiroshima, y por otro lado, es capaz de secar el depósito lacrimógeno ante el melodrama, de tener que sacar una paloma aprisionada en la parte superior de un elevado edificio.

Ud. me pregunta, si el hombre evolucionó. Antiguamente vivía en las cavernas de piedras, hoy reside en elegantes cuadros de cemento; antes en la era paleolítica tomaba por los cabellos a la mujer del vecino y la arrastraba en medio de la cerca de espinas y estacas; hoy, hace la misma cosa, usando un elegante coche "cola de pescado".[1] Mataba a mazazos limpios, de frente y gritando; en el siglo XX ataca a traición empuñando la pistola automática y de tiro silencioso. Otrora hacía morir al delincuente, en la cuerda tensa, accionada por la fuerza brutal del mismo hombre, después de habérsele juzgado sencillamente; ahora lo amarran a la lúgubre silla eléctrica, recurriendo al invento de Edison, para tostar al infeliz en la creencia de sanear la sociedad

---

1 En el tiempo que J. T. vivía en la tierra estaba de moda el "Cadillac", cola de pez.

y a su vez cumplimentar con la sádica asistencia. Antes se mataba por emoción o ignorancia; hoy, una banda de togados, manifestando tener cultura de rango jurídico, liquida al desgraciado, fría y calculadamente, entre un sandwich de queso y jamón y una copa de agua mineral.

La vellaquería humana, aún es la más seria competición a la artimaña del zorro, cobardía de la hiena o la traición mortal de la serpiente. Se matan millones de seres de todas las razas y credos, y después culpan a sus dioses. Aquí Jehová, feroz y racista, sanciona inmoralidades y crueldades bíblicas; allí, Mahoma defiende a Alá pregonando la tolerancia en la masacre sangrienta de los infieles; acullá, Brahma protege la casta sacerdotal y la aristocracia hindú, pero arroja a los parias, como montones de basura. El Dios de los Católicos patrocina la "Noche de San Bartolomé", apuñalando a los hugonotes herejes, o patrocina la quema de los judíos y moros en las hogueras de la Inquisición, diversión macabra, concedida a los padres por el piadoso rey Felipe II —un sacrispanta digno de ser ajusticiado... Uds. dirán, ¿sólo los católicos hicieron eso? ¡No! Los protestantes, a su vez, asesinaron herejes y hechiceros en las tierras del Nuevo Mundo, con el santificado interés de limpiar el suelo y hacerlos candidatos al Paraíso. Además, Miguel Servet fue quemado por Calvino en Basilea.

¿Decís si evolucionó el hombre? Mataba ferozmente bajo las hordas feroces de Tamerlan, Gengis Kan, Atila, Aníbal, Julio César o Napoleón, abriendo cráneos enemigos a costa de machetazos, más tarde espingardeaban a los niños, mujeres y viejos indefensos, cargando la pólvora por la boca de los trabucos; hoy vistoso ornamentos de museos. Sin duda, el hombre avanzó considerablemente en lo tocante a la exigencia sanitaria para matar, como lo hizo la horda hitlerista, quemando a centenares de judíos en los hornos de los campos de concentración de Dachau, Belsen, Auschwizt o Buchenwald. Me parece que el "bicho-hombre" no evolucionó, pero sí debe haber perdido los pelos debido a alguna "dermatosis" [2] imprevista, entrando atropelladamente en la civilización. ¡Entró de contrabando, sin la debida promoción o autorización de los guardias fronterizos!

---

[2] Dermatosis, designación genérica de las enfermedades de la piel.

Pero, ¿qué estoy diciendo en este prefacio, caro Hercilio? ¿Qué puedo agregar, a todo lo dicho por Ramatís y Atanagildo? En la tierra, a veces, escribía asuntos que yo deseaba que fueran moralizadores, mas luego, me salía materia abrasiva que terminaba quemando a los sensitivos de las letras! Embravecía a los admirados por el mundo, cuando les subestimaba las condecoraciones de medallas y pergaminos. En mis quijotadas arreciaba contra los supuestos holgazanes y me burlaba ante la sorpresa que causaba. Mas es tiempo de parar con mi atrevimiento de "fallecido", sin llegar a abusar de la condición privilegiada del héroe de Wells,[3] pellizcando impunemente la piel de los "vivos". Al final, la muerte corpórea es el simple reajuste para la vida inmortal, mostrándonos los errores cometidos en la carne. Talento, galones, medallas de oro y plata, diplomas de papel apergaminado y anillos reluciendo en el dedo académico, son elementos usados en el mundo, que da vida a la vanidad del hombre, a quien la parca un buen día se entromete y termina con la broma. El más allá, es la lluvia que limpia los "residuos" de las ilusiones humanas, despojando al ciudadano del polvo del mundo, que junta en su trayectoria ilusoria a través del cuerpo carnal.

¡No voy a demorarme mucho, apreciado lector!

Lea la obra del buen Atanagildo y Ud. percibirá en la serie de relatos extraídos de la vida de los protagonistas, los dolores, luchas, vicisitudes, dramas, tragedias, frustraciones o hechos, cosa muy común en todas las existencias humanas. Son acontecimientos que nosotros ya vivimos, o que tendremos que vivirlos en las próximas encarnaciones. En la tierra, muchas veces reía de la sobrevivencia del espíritu, a pesar de haber traducido algunas obras sobre el tema, pero más tarde, el asombro me alcanzó el alma y cayó sobre mí, en tal forma, que no lograba explicarme, pero definitivamente fue grande mi alegría, cuando comprendí que estaba vivo! ¿Cuántas cosas por hacer, cuántas cosas para comenzar, y evidentemente, por corregir? Muchos de aquellos valientes, que hacían coro conmigo, riendo a mandíbulas batientes ante la simple mención de que fuéramos a sobrevivir a la forma de nervios, huesos y músculos; hoy andan por ahí (en el

---

[3] El autor alude al personaje de H. G. Wells, de la obra, "El Hombre Invisible".

astral) a los gemidos, asustados y huyendo hasta de su propia sombra!

Por otra parte, Atanagildo fijó el rumbo seguro de esos protagonistas, pues sus vidas hacen algo de nuestras vidas. En verdad, todos nosotros tenemos algo de esa obstinación del citado Clementino en "ser rico", de la lubricidad instintiva de Claudionor, del orgullo herido de Romualdo; de los temores intutitivos de Salustio; de la resignación mórbida de Matías; de la generosidad de Verónica; de la ferocidad de Sesostris; del fatalismo desesperado de Leonardo o de la avaricia de Cardoso. ¿Y los presentimientos de Rosalino, la simplicidad de Gumercino, la tragedia de Fabiano, la frustración de Cristina o la tara psíquica de Marilda y Sonia?

¡Se siembra cactus, y se cosecha espinas! El fértil terreno de la carne da de todo, allí se recogen los buenos y los malos frutos. Y, en eso, Atanagildo fue preciso; pues la gente que presentó en sus relatos, recoge lo bueno o lo peor, pero después explicó las razones de porqué a Fulano le tocó llorar al encontrarse con la alforja bastante pesada, o a Mengano lo bien que le fue, en base a la buena siembra que otrora había realizado.

¿Qué podemos decir, de lo expuesto por Atanagildo? Fuera de los relatos sobre "Los Angeles Rebeldes", que incita al interés y perspicacia de los lectores por las revelaciones ocultas demarcadas entre líneas, los demás cuentos explican de por sí la naturaleza de las infelicidades humanas. Yo quedo por aquí, y devuelvo la "pluma viva" que Atanagildo me prestó en la persona del apreciado Maes, prometiendo volver, cuando Dios lo permita, pero sin "pellizcar" a los caros hermanos!

Curitiba, 1º de Enero de 1966.

J. T.

EL QUIEBRA HUESOS

—¡Pablo! ¡Llama a la ambulancia! ¡Ligero, hombre! Matías está quebrado, allá abajo!

Los operarios descendían apresurados de los andamios por la improvisada y tosca escalera de madera; los más ágiles escogieron las sogas. Sobre los trozos de madera y tablas de pino, yacía un hombre de bruces, inmóvil, gimiendo, sin que nadie se animase a tocarlo, pues ni bien intentaban tocarlo, los gritos eran desgarradores. Veinte minutos después se oyó el ruido estridente de la sirena de la ambulancia que corría alocadamente por las calles de San Pablo para llegar al lugar del hecho. Llegó y el médico después de una prolija revisión del accidentado, constató varias y dolorosas fracturas óseas.

—¡No se lo que pasa con ese hombre! —decía el Sr. Joaquín, cuando prestaba declaración ante la compañía de Seguros. Era la séptima vez que Matías se accidentaba en nuestra firma, durante once años de servicio. Hasta parece Mandinga, pues siempre se rompe los huesos. Y en una exclamación desconsolada, manifestó —¡Creo, que ya es tiempo para que se jubile!

Matías no podía quedar cesante sin el consentimiento del "Sindicato de Construcciones Civiles", pues era un empleado regular, con más de diez años de trabajo, aunque había sufrido varios accidentes de consideración, que lo habían recluido durante semanas enteras en los hospitales. En algunos casos, los médicos ajustaron los huesos en forma deficiente, y el infeliz, tenía que ser fracturado nuevamente para volver sus huesos a la posición normal. Le habían puesto el nombre de "quiebra huesos", y la cantidad de radiografías que él poseía, eran más que suficiente para constatar una de las más tristes historias del sufrimiento humano.

Veinte días después de ese último accidente, Matías obtenía el alta del hospital y se presentaba nuevamente para tomar servicio. El capataz lo miró con cara de desconfianza y algo desconsolado.

—¡Hombre de Dios! ¿Por qué no se jubila de una buena vez? ¿Qué adelanta trabajar en ese estado, si vive más tiempo en el hospital, que en el trabajo?

—¿Qué voy hacer Don Joaquín? Tengo mujer y cinco hijos. Lo que me da la Caja de Jubilaciones, no alcanza para comer, por eso, no podemos pensar en el futuro.

Se encogió de hombros, con aire entristecido:

—Puede que sea mi destino, no digo que no; pero si Dios quiere que sea así, ¿qué voy hacer? ¡Un día de esos se termina, aunque sea con la muerte!

—¡Vamos, hombre! —rebatió Joaquín, el capataz—. ¡No se haga ilusiones, que hasta ese extremo no llega la cosa!

Joaquín, a pesar de ser enérgico y rústico, era un alma simple y laboriosa, a pesar de tener que enfrentarse con tipos ordinarios en su función de capataz. Se quitó el sombrero y se pasó la mano por los cabellos, en un gesto significativo; rápidamente y con decisión, dio un ligero empujón a Matías, como queriendo disimular su buena intención:

—¡Camine, hombre! Desde hoy en adelante Ud. quedará de servicio en la garita, apuntando a los empleados y controlando los camiones de carga—. Y, demostrándose satisfecho, exclamó, sin maldad: —¡De esta vez, creo que Ud. del suelo no pasa!

Matías asumió la nueva tarea, totalmente abatido, y parecía oir una voz íntima que le predecía constantemente un nuevo fatalismo, con nuevos dolores y quebraduras de huesos. Ya comenzaba a ceder ante la mala suerte y el cansancio de cada día, sintiendo miedo al futuro. Sin embargo, ninguna criatura humana reaccionaba tan favorablemente ante las quebraduras de los huesos. El organismo de Matías parecía tener apuro para reconstituir sus huesos, a tal punto, que algunas veces parecía corregir los dictámenes médicos y acertaba en su conformación anatómica. En fracturas que debía alcanzar varios meses para repararlas, le bastaban algunas semanas para rehacerlas. Los médicos del instituto, sorprendidos, examinaban con mucho cuidado la parte ósea recuperada, alarmados ante el tiempo invertido por la naturaleza, en donde las suturas eran coherentes y la cura asombrosa. Y, por lo tanto, el resultado siempre era el mismo; ¡"Apto para el servicio"!

Hacía mucho tiempo que Matías soñaba con la jubilación por invalidez, y más tarde se ayudaría con pequeños servicios para alcanzar la atención de su familia. Pero, siempre le dominaba un complejo; en aquella existencia desgraciada, debía caminar por las calles desviando sus pasos de las cáscaras de bananas o del asfalto húmedo. Le costaba mucho cruzar las calles de tráfico intenso. No subía escaleras, en fin, no se arriesgaba para nada. Inútilmente intentaba liberarse de su mal genio, a veces, sarcástico, que parecía reírse, predeciéndole en lo íntimo de su alma, la ruta dolorosa en donde debería poner a prueba hasta su último hueso. Gracias al Sr. Joaquín, estaba protegido; trabajaría en el suelo, como apuntador y portero de la empresa, lejos de los andamios traicioneros, de las cuerdas débiles y de los escalones podridos, que se destruían bajo su paso.

—¡Yo encuentro que desde el suelo no pasa! —había dicho el Sr. Joaquín en forma consoladora.

Su infancia había sido muy azarosa; la vieja María Turquesa se había cansado de arreglarle los huesos de los brazos y de las piernas, y, cierta vez, tuvo que tratarle la quijada, que se había fracturado al caerse de un muro.

—¡Matías —exclamó el Sr. Joaquín— abra la puerta del fondo; el camión va a entrar por allí! ¡Apúrate, hombre!

Era el tercer mes que servía como apuntador de los operarios y fiscalizador de las cargas para el armado de la construcción. Se sentía muy bien, había engordado cinco kilos con aquel trabajo. Tomó el manojo de llaves y se encaminó hacia el fondo del terreno. Abrió las puertas y calzó cada una de las pesadas hojas; hizo señal al chofer y le indicó el camino para que introdujera el pesado camión cargado de hierros, cemento y casi una tonelada de caños galvanizados para la red de agua. El pesado vehículo roncó fuerte y el chofer pisó firme el acelerador, para vencer el declive del camino y poder girar rápido hacia el lugar de la descarga, cuyo terreno cedía fácilmente. De inmediato se escuchó un fuerte estampido y los neumáticos delanteros reventaron; el golpe violento de la dirección lo obligó a deslizarse peligrosamente; cuando el motor paró, recién entonces oyeron los dolorosos gemidos de Matías, que se encontraba tirado en medio de un gran charco de sangre, junto al primero de los pilares. El conjunto de caños galvanizados, que sobresalía del camión, alcanzó a Matías en la curva de la entrada y lo arrojó a más de diez metros de distancia, como si hubiera sido proyectado por una catapulta.

Cuando los compañeros del infeliz llegaron, estaba agonizando, con los últimos estertores, pues esa vez, además de haberse roto los huesos, tenía destrozadas las vísceras. Un hilo sanguinolento partía de los labios entreabiertos y se oía la respiración entrecortada de la agonía. Joaquín, el capataz, llegó agitado y al ver al pobre Matías en esa condición, no daba crédito al cuadro que tenía delante. Pero, ya era tarde; Matías expiraba allí mismo, y sus compañeros se miraban sorprendidos e intrigados por ese destino implacable, cruel y vengativo, que lo había eliminado en el fatal accidente.

—¡Ocho quebraduras de huesos! ¡Santo Dios! ¡Jamás vi una cosa así! ¡Eso, hasta parece cosa de Mandinga! —exclamó Joaquín pasándose la mano por la cabeza al verse frustrado en sus buenas intenciones.

Mientras manos piadosas levantaban su cuerpo para conducirlo a su hogar para el velatorio, del otro lado de la vida, su espíritu también era ayudado por almas bondadosas, amparándolo amorosamente. Un sueño pesado lo entorpeció, alcanzándole todo su periespíritu, dándole una expresión de paz y serenidad. Momentos después, los espíritus benefactores se apartaron respetuosamente, ante la presencia de una entidad venerable, de cabellos blancos y rostro tierno, lleno de luz, que se curvó sobre el cuerpo periespiritual de Matías. Rápidamente, hizo un ademán de despedida a los presentes, llevando a su preciosa carga en raudo vuelo hacia alguna morada feliz.

Tiempo después el espíritu de Matías, el "quiebra-huesos", despertó bastante sorprendido en un ambiente sereno y confortable, todo iluminado por una suave luz color topazio, con reflejos rosados. Sentíase eufórico y reconfortado en sus fuerzas vitales. Naturalmente, pensaba, debía encontrarse en un moderno hospital, bajo los cuidados de médicos renombrados, pues tal era la sensación de salud y bienestar que sentía. Trató de moverse con mucho cuidado, recelando de los dolores habituales; mas le extrañó la liviandad del cuerpo y la falta de dolores. Sorprendido, se vio libre, sin ataduras o moldes de yeso, que tanto lo incomodaban después de cada accidente.

Al darse vuelta en la cama, se sorprendió al ver a un anciano de cabellos blancos y fisonomía estética, que con gestos de bondad lo calmó:

—¡Matías; tranquilízate, tu conformación en la vida carnal te liberó de las culpas del pasado!

Y, ante el asombro de Matías, prosiguió el anciano bondadoso:

—De ahora en adelante, cuando vuelvas a la materia, tendrás menos peso y más aprendizaje espiritual en tu rectificación kármica. Ahora estás en armonía con la Ley que transgrediste en el pasado, pues viviste resignadamente el programa crucial de tu rectificación espiritual. Los huesos de tu cuerpo físico se quebraban bajo el determinismo de la Ley, pero tu alma se fortaleció en la prueba redentora.

Matías arreglaba los huesos bajo el influjo magnético que salía de las manos del venerable Mentor; su memoria se iba aclarando y su mente le presentaba cuadros muy nítidos. Acontecimientos extraños, pero que él presentía que los había vivido en otros lugares, se iban proyectando, a semejanza de la proyección de las películas cinematográficas. Confuso, pero consciente, se vio transfigurado en otro hombre; era un robusto español tostado por el sol, arbitrario, de mal genio, agresivo, cruel y vengativo. Algunos hombres del mismo temperamento lo rodeaban con respeto y temor, mientras él transmitía instrucciones severas. Se llamaba Manuel González —el contrabandista—, y tenía el hábito perverso de vengarse de los contrarios. Sus andanzas y bandidajes los ejercía en las fronteras de España y Portugal, y su placer era ajusticiar a sus enemigos, arrojándolos desde los altos peñascos, gozando al verlos despedazarse contra las rocas agudas, quebrándoles todos los huesos!

Entonces Matías volvió los ojos humedecidos hacia su Mentor generoso, y reconociéndolo en su indumentaria espiritual, le agradeció, como lo hace el niño después de haber cometido alguna imprudencia. Una dulce paz le invadió el corazón, mientras de su ser se desvanecía el remordimiento que hacía muchos años vibraba pesadamente en lo íntimo de su alma. Inclinó la cabeza levemente, murmurando en un tono venturoso y de incontenido alivio:

—¡Gracias, Dios mío!

¡NO SE LEVANTA!

Juan Bautista y Margarita se encontraban muy alegres junto a la pila de bautismo en la iglesia de San Antonio. El padre Marino, español de porte delgado y huesudo, arengaba en latín ininteligible, mientras esparcía agua bendita a Hortencia, la primera hija del matrimonio. Los patrones de Juan Bautista, Don Marcos y Doña Merenciana, su esposa, dueños del almacén "Arco Iris", hacían las honras de padrinos. La fiesta del bautizo fue simple y pródiga en dulces, saladitos, refrescos y cervezas, terminando casi de madrugada, después de muchas danzas rítmicas ejecutadas por el acordeón de Germano.

Hortencia era morenita, de cabellos negros y ojos castaños. Era muy viva a los cinco meses. Los padres eran pobres y el advenimiento de la primera hija, aunque significaba un acontecimiento auspicioso, aumentaba las preocupaciones al tener mayores gastos en el hogar. Infelizmente, cuando había pasado un año del nacimiento de Hortencia, su padre comenzó a sentirse mal, febril y con dolores en el bajo vientre. A pesar de utilizar cuantas hierbas conocían y que eran recetadas por las comadres de la vecindad, el médico tuvo que ser llamado urgentemente. Pero, ya era tarde, pues Juan Bautista cuando era transportado hacia el hospital, falleció de peritonitis. Margarita, además de viuda, quedó grávida, sin jubilación ni seguro de vida alguno ante la imprudencia del esposo, pues no preveía el futuro para la familia.

Transcurridos cuatro meses de la muerte de Juan Bautista, nacía Guiomar, otra niña morena, bien de salud y que significaba nuevos gastos. Margarita decididamente enfrentó la situación y se puso a lavar, planchar y zurcir ropas para poder criar a las hijas. Por suerte, gozaban de buena salud, pero a medida

24

que crecían, era fácil observar el temperamento y el carácter de ambas. Guiomar, era tranquila y afable pero tenía un espíritu calculista, mezquina, exigía recompensa por el mínimo de los favores prestado a cualquiera. Hortencia, aunque era más pródiga, era irascible y orgullosa.

Margarita pedaleaba la máquina de coser todo el día y muchas veces hasta de madrugada, a fin de obtener el mínimo sustento para la familia. Infelizmente la mala alimentación, el trabajo excesivo y fatigoso, copáronle la resistencia orgánica y la tuberculosis le afectó los dos pulmones. Ni llegó a sufrir los momentos más crueles de dicha enfermedad. Murió a los pocos días, justificando totalmente los dichos de los vecinos: ¡"Margarita estaba al pie de la sepultura; la tuberculosis sólo le dio un empujón!"

Hortencia tenía quince años, cuando quedaron solitas en el mundo, obligadas a tomar toda clase de empleos para poder sobrevivir. Eran dos infelices huérfanas entregadas a su propia suerte, en medio de un mundo agresivo y malo.

Cierta mañana, Hortencia se levantó mal, pues alguna cosa extraña le corría por los huesos, a la altura de la columna vertebral, en donde una fuerza extraña parecía inclinarle el cuerpo hacia adelante. Asustada y afligida, semanas después percibió que los brazos le colgaban demasiado hacia adelante, contrariando su forma habitual. Lentamente se iba modificando su aspecto. Transcurrió algún tiempo y ya comenzaba a moverse con un balanceo grotesco, con los brazos y las manos colgando, semejante a la oscilación de los péndulos de los relojes. Su rostro, amarillento, era de trazos duros y antipáticos. La cabeza angulosa, cubierta por una cabellera apretada y totalmente descuidada, dábale aspecto antihigiénico.

Ese aspecto asqueroso le hacía la vida más difícil. Le negaban trabajo y los conocidos, trataban de evitar el encuentro. En las fiestas de la iglesia local, era despreciada y terminaba acurrucándose por las cercanías, mas era obstinada y su mirar duro no escondía su agresividad. Guiomar, de cuerpo bien formado, con cierto aire de voluptuosidad, paseaba del brazo con las compañeras, como suelen hacer las jóvenes casamenteras. Hortencia, mientras tanto, veía la imposibilidad de formar un hogar que le brindara seguridad en el futuro.

La extraña enfermedad avanzaba rápida y cruel. Cuando Hortencia fue examinada por un especialista de la Capital, el diagnóstico fue brutal y desconsolador: hipertrofia de la columna vertebral con deformaciones irreversibles. Mientras tanto, se iba curvando de a poco hacia el suelo. Los brazos, hacia adelante, le daban un aspecto ridículo; algunos meses después tocaba el suelo con las puntas de los dedos, acongojando a los piadosos y daba repulsión en los menos insensibles.

Guiomar quedó desconcertada con la desgracia insuperable de la hermana y deploraba el cargo oneroso que le causaba el aspecto de su hermana, pues su hermosura y donaire, la llenaba de sueños. Pero, terminó por hacerse indiferente ante la desgracia de Hortencia, y su alma primaria e inescrupulosa sentía cierta satisfacción mórbida, al verla caminar tambaleante, oscilando sus caderas y rodillas, tocando el suelo con los dedos sucios y las uñas ennegrecidas.

Hortencia al cumplir los veinticinco años, su fisonomía simiesca, causaba repulsión y asco. La cabeza era un mapa geográfico, con mil arrugas, por el esfuerzo que debía hacer para mirar hacia adelante, sin poder levantar la cabeza. El movimiento espasmódico y antinatural era motivo de escarnio para los niños juguetones e inconscientes, que le pusieron el mote de "reloj de pared". La infeliz maltrecha, algunas veces había pensado en el suicidio, pero el espíritu aún bastante egocéntrico, apegado a la vida física, le daba fuerzas para continuar en aquel cuerpo deformado. Confiaba en el milagro de una cura imprevista, le vibraba en el alma la esperanza de encontrar algún mago poderoso, que fuera capaz de librarla de esa enfermedad tan repulsiva. Ese pensamiento la animaba y echaba a andar por las calles, malgrado reconocer que era una caricatura humana. Cierta vez, se sintió afectada en lo más íntimo de su ser, cuando alguien manifestó la estupidez de que Dios al intentar "hacer las criaturas a su imagen, producía monstruos".

Guiomar, enojada, le ponía la comida en el plato y Hortencia se alimentaba como un perro, hambriento, engulliendo los alimentos en tal forma, que sacudía su maltrecho cuerpo cuando debía destrozar un pedazo de carne entre los dientes y sus huesudas y rígidas manos, que no se doblaban a pesar del esfuerzo. Cuando se lavaba introducía el rostro en la palangana de agua y después se refregaba la cara hasta los hombros. El baño de cuerpo entero, sólo era posible con la ayuda de Guiomar, o de cualquier alma caritativa. Infelizmente, Guiomar, espíritu irresponsable y ocioso, cada día se desviaba más de la ruta de mujer honrada, a cambio de dinero fácil. Algunas veces regresaba a su casa con signos de embriaguez, siendo censurada por Hortencia, la que fue abofeteada en forma desconsiderada, llena de odio y exclamando bajo los efectos del alcohol:

—¡Eres una bruja!... ¡Bruja! ¡Me has de pagar todo lo que me haces!

Al día siguiente, ya sobria, sentía remordimientos por haber golpeado a una impedida, y poníase a llorar, mientras que la infeliz hermana, curtida por tan humillante destino, le suplicaba con gesto de dolor:

—¡Guiomar! ¡Llévame de esta aldea miserable! ¡Llévame a la Capital, y allí puedes abandonarme!

Y después de moverse bamboleante por el cuarto, envuelta en trapos, Hortencia se anidaba en ese lugar inmundo, con lágrimas ardientes en los ojos, que ya habían perdido el brillo por el intenso sufrimiento.

Guiomar consiguió juntar algún dinero y resolvió librarse de la hermana, atendiendo a sus súplicas. En una madrugada fría, partieron en una carroza, llevando el permiso del juez a fin de pernoctar durante una semana, en el albergue nocturno. Al atardecer llegaron a la Capital y rumbearon hacia el albergue, donde encontraron una sopa nutritiva, reposo y el baño refrescante. A la mañana siguiente, muy temprano, salieron a la calle con Hortencia, lo que resultó denigrante, llegando a notar los rostros de repulsión de algunos transeúntes. Los ojos fríos y duros demostraban su rebelión interna, que completaba con sus gestos bruscos y agresivos. Era un ser disonante e indeseable para la ciudad, mientras tanto, Guiomar cada vez se rebelaba más de ser el cicerone de una criatura teratológica. Irritada y cruel, comenzó a hostilizar a Hortencia, haciéndola responsable de la conducta de su vida libertina e inútil.

Días después, un acontecimiento inesperado transfiguró a Guiomar, brillándole los ojos de codicia y avidez, ante tal descubrimiento; no había pasado una hora, que Hortencia se había recostado sobre la pared de una finca arruinada, fatigada de sus andanzas, entonces decenas de personas condolidas de aquella criatura informe, le dejaban dinero sobre la falda, ropas y cosas de cierto valor. Era un acontecimiento inédito para el lugar pobre donde vivían. Allí, ambas apenas conseguían adquirir los medios para alimentarse, pues en los últimos días aceptaban ropas y ayuda de los conocidos más generosos. Por la noche, Guiomar contó lo recaudado y quedó perturbada. Se encontraba ante una fuente muy productiva de renta y con la posibilidad de recoger dinero fácilmente, únicamente con la tarea de cuidar a su hermana deformada.

Al principio, la trató a Hortencia con fingida ternura y afabilidad, velando por su salud y bienestar, pero, transcurridos unos pocos días, su espíritu mercenario y calculista pasó a explotar todas las circunstancias favorables, en base al estado calamitoso de su hermana. Habiendo observado que la mejoría temporaria de Hortencia le reducía los ingresos materiales, Guiomar le comenzó a negar los mínimos recursos, respecto a la higiene y bienestar, cuidando adrede de darle un aspecto lúgrube, grotesco y trágico. Llevaba a Hortencia a los lugares de mayor afluencia de público. La levantaba de madrugada y la hacía caminar por las calles en busca de los primeros transeúntes; y a alta hora de la noche, la obligaba a quedarse en los puntos estratégicos para mejorar la cosecha de sus intereses. Obsesionada por la mórbida especulación sobre la deformación de la hermana, Guiomar algunas veces transportaba a Hortencia en automóvil, de un lugar a otro, a fin de llegar a tiempo a las fiestas de la iglesia o a la salida de los cinematógrafos. La llevaba casi a la rastra delante de los templos repletos de fieles, o le apuraba sus vacilantes pasos para que alcanzara la trajinada estación del ferrocarril.

Hortencia ya tenía treinta años y estaba horrenda. El cráneo alargado, sus cabellos erizados, el rostro amarillento y alargado, formaban un esbozo humano mal acabado, como si hubiera sido esculpido por la mano de un grosero artista. Además, había perdido la mayoría de los dientes, y los que aún le quedaban eran puntiagudos, acentuándole el aspecto animalesco.

Algunas personas de corazón magnánimo le compraron un carrito de ruedas, fácilmente movido con las manos. Guiomar se puso furiosa con esa providencia caritativa, que le reducía gran parte de las limosnas; y cierta noche oscura, cuando Hortencia dormía, puso el carrito en las vías del tren, destruyéndole el medio práctico de su movilidad, porque atentaba contra el cuadro miserable que ella intencionadamente quería que su hermana ofreciera ante la gente misericordiosa. Desde ese momento, comenzó a vigilar a Hortencia, como el felino vigila a su presa, impidiéndole todo contacto con otras personas. Evitaba que la visitaran las asociaciones benéficas y sólo le permitía el derecho de pedir una limosna, por el amor de Dios. Toda la contextura espiritual primaria de Guiomar se fue manifestando ante el estado progresivo de la hermana. Golpeaba a Hortencia, cuando la recaudación del día había sido mala, censurándole la ineficacia demostrada en el saber pedir; y la dejaba intencionalmente sin comida hasta que consiguiera corregirse en el aprendizaje impuesto. Ensayaba todas las posibilidades de corrección para la enseñanza, comprobando que el hambre era lo único que mejoraba la lección impartida a su hermana.

Un buen día, cierta organización espírita, condolida por la situación de Hortencia, promovió una suscripción entre sus asociados y consiguió el dinero suficiente para internarla en una Institución hospitalaria adecuada a su enfermedad. Entregaron cierta e importante cantidad de dinero a Guiomar para que le comprase ropas y elementos necesarios a su hermana, pero, para sorpresa de todos, Guiomar desapareció con el dinero, dejando a su hermana en la más extrema de las miserias. Tiempo después, se supo toda la verdad; Guiomar había retirado de la Caja de Ahorro una abundante suma de dinero y se marchó hacia un lugar ignorado en compañía de un conocido hombre de vida nocturna de esa Capital.

Pasaron los años y un día Hortencia desapareció de la institución en donde había sido recogida. Tiempo después, en el villorio de Taperibá, era uno de esos días calurosos y sofocantes, que hasta los pájaros se refugiaban en los árboles, pues el calor, parecía no dar alivio. En medio del pasto amarillento, salpicado por la tierra rojiza, había un camino que se bifurcaba de la ruta principal. Más allá, en el riacho, bajo un puente, algunas mujeres lavaban ropas en sus tablas, después de refregarlas con abundante jabón. Algunas de ellas fumaban cigarros de paja, esparciendo por el aire el olor acre, característico de los mestizos o viejos negros; otras conversaban animadamente y reían, acompañándose con gestos, propios del mujerío que habitualmente cumplen con esa tarea. Entretenidas en sus trabajos, y como ninguna poseía la "facultad de videncia",[1] no percibían la insólita escena que transcurría, justamente, sobre el puente del cual se protegían del cáustico sol. Allí, sin preocuparse del tórrido calor, se encontraban tres hombres de vestidos translúcidos, envueltos por una luminosidad suave, color lila zafirino. Las lavanderas jamás podrían oírles el diálogo mantenido, puesto que eran espíritus con un trabajo importante a realizar en aquella zona.

—¡Creo que estamos bien orientados! —exclamó el más viejo de los tres, un señor de aspecto agradable, tipo latino, que vestía túnica de seda blanca como los antiguos griegos, que caía armoniosamente un poco más abajo de la cintura. Señalando hacia el atajo sinuoso, entre los arbustos, anotó: —¡Nuestra cliente debe agonizar en esa dirección!—. Y sonrió, con cierto aire travieso, pero cordial, al mencionar la palabra "cliente".

Los otros dos compañeros vestían de blanco, parecían enfermeros. Cada uno aseguraba un pequeño y plateado aparato que relucía bajo el color verde pálido, que emanaba de sus propias auras. Enseguida se pusieron a caminar, lentamente, hasta alcanzar el camino estrecho. Después de algunos minutos de caminar en un cordial entretenimiento espiritual, llegaron frente a una cabaña arruinada, que sólo por milagro se mantenía en pie. Fueron recibidos por una mujer de mediana edad, envuelta en un halo parduzco y sin claridad definida, cuya fisonomía se iluminó al ver llegar a los espíritus.

—¡Gracias a Dios! —dijo, poniéndose la mano sobre el pecho y señalando con la otra hacia el interior de la cabaña—. Está sufriendo horriblemente y no puede liberarse sin la ayuda desencarnatoria. Por eso, les ruego me disculpen por mis insistentes súplicas.

Los tres espíritus penetraron y no pudieron ocultar el choque vibratorio desagradable que los alcanzó, por causa de los fluidos densos, mortificantes y la gran cantidad de miasmas, gérmenes y bacilos psíquicos, activados por el desarrollo de su vida inferior. En un costado, echada sobre un montón de trapos y paja infestada, Hortencia, la mujer simiesca y repulsiva, se re-

---

[1] Videncia, facultad propia de los médiums, personas que pueden observar a los espíritus desencarnados en su propia dimensión o mundo espiritual. Véase el libro de A. Kardec "El Libro de los Espíritus", edición Kier S. A.

volvía en tormentosa agonía, con los ojos desorbitados y fijos en el destrozado techo de la cabaña. No tenía semejanza a ser humano alguno, parecía una caricatura esculpida en el tronco de un árbol carcomido. El espíritu más viejo se curvó hacia ella, en un gesto de profunda conmiseración y al mismo tiempo la observación, como el técnico que busca alguna falla en la pieza valiosa. Enseguida aclaró:

—Realmente, el cordón umbilical se rompió y el chakra laríngeo está debilitándose por la evasión del éter físico, lo que se comprueba por la pérdida de la voz al intentar hablar. Ya fue superada la fase instintiva, y ahora nuestro trabajo se concentra en la región mental, en donde queda vestigio de la última onda de vida carnal!

Los dos jóvenes se postraron al lado de Hortencia y conforme a las instrucciones de su mentor, movían sus aparatos en complicados procesos, los que despedían colores de un anaranjado brillante y algunas veces se matizaba con un plateado luminoso. Después de un lapso de tiempo, se podía ver perfectamente el doble astral de Hortencia, proyectado unos quince centímetros por encima de su cuerpo físico, pero todavía ligado a un cordón plateado,[2] que resplandecía como un hilo eléctrico incandescente. Algunos minutos después, el espíritu director tomó un estuche castaño claro, de donde sacó una especie de tijera de podar árboles, la que conectó a una caja que pendía de la cintura de uno de los jóvenes compañeros, algo parecido a un transformador terreno. Rápidamente partieron de la referida tijera millares de chispas serpenteantes color azul acerado y al cortar el cordón, una parte quedó colgando de la región bulbar del periespíritu de Hortencia, de donde emanaba por la balanceante punta el "tonus vital", en cantidades intermitentes. El venerable espíritu volvióse hacia Hortencia que a partir de ese instante se encontraba amparada por otro espíritu desencarnado, de aspecto modesto y humilde, y dirigiéndose a otras dos entidades espirituales que habían sido convocadas para ese momento, agregó:

—Hermanos Margarita y Juan Bautista, les entregó el espíritu de Hortencia, que fue su hija en la tierra en la última existencia, y dejo a cargo de vosotros la asistencia que ella pueda

_____

[2] Citado en la Biblia' Eclesiastés 12-6. El último cordón periespiritual que ha de ser cortado después de la desencarnación.

necesitar. Deseo para todos una comprensible vivencia espiritual y un eficiente programa redentor para el futuro.

Retornaron por el mismo camino sinuoso, mientras el mentor comentaba:

—¡El problema kármico en la tierra aún es complicado y muy tormentoso! Sin embargo, cuando el espíritu acepta espontáneamente la prueba redentora y la cumple con resignación, conformidad y estoicismo, es natural que se le ayude a eliminar los últimos grillos de la carne. ¡Hortencia, la hermana que atendimos, a pesar del orgullo y ferocidad manifestada en su pasado, aceptó y cumplió resignadamente la prueba trágica y dolorosa, que se impuso a sí misma, para una rápida rectificación espiritual.

—Hermano Demócrito —preguntó uno de los jóvenes espíritus—, ¿cuál fue la causa que generó un destino material tan horrible para esa hermana?

La simpática entidad, después de un momento de abstracción, explicó:

—Hortencia hace un siglo fue doña Francelina, esposa de un acaudalado hacendado paulista. Mujer cruel y tiránica, que administraba personalmente los bienes del marido, el cual consumía su vida y fortuna en el bullicioso París, sustentando a una vanidosa y fútil amante. Doña Francelina no había nacido para mujer de hogar, pues si hubiera sido hombre, sería el peor de los tiranos. Era un espíritu de comportamiento masculino, resoluto y despótico, vigilaba tiránicamente la vida y movimientos de los esclavos. Sabía extraer al máximo el provecho que ellos rendían. Esclavo que enfermaba o caía agotado, era vendido sin clemencia alguna a otros hacendados menos privilegiados. No vacilaba en separar a los hijos de sus padres. No disimulaba su dureza cuando encontraba algún esclavo en falta grave, el que inmediatamente era separado de sus familiares.

Demócrito hizo una pausa, como si estuviera coordinando recuerdos:

—La venganza más cruel y sádica de Doña Francelina, consistía en obligar a las esclavas o esclavos en faltas a quedar en posición simiesca todo el día, con las manos apoyadas en el suelo, permitiéndole únicamente que se alimentaran con la boca, como hacen los perros. Ante cualquier gesto o intención de burlar el castigo y librarse de la posición incómoda y dolorosa, lo mandaba azotar. Y, mientras los verdugos castigaban las espaldas de los infelices cautivos, ella gritaba, en un tono varonil y con aire de soberana:

—¡No se levanta!... ¡No se levanta!...

Iban llegando al puente de cemento, cuando Demócrito dijo:

—Bajo la ley donde la "siembra es libre, pero la cosecha obligatoria", Doña Francelina retornó a la tierra, en la localidad de Taperibá, viviendo la figura de la infeliz Hortencia y en las condiciones dramáticas que Uds. ya pudieron comprobar, modelando durante años su deformidad insuperable y su posición simiesca, la misma configuración que en el pasado le imponía cruelmente a sus infelices esclavos. Considerando que el "amor une" y el "odio imanta" a las almas entre sí, nació junto a Hortencia, su hermana Guiomar, la esclava más pérfida de la hacienda, por la cual doña Francelina se vengaba de los esclavos. El esposo bohemio, irresponsable y su amante pariense, también se aliaron a la prueba de Hortencia en la carne, viviendo en las figuras de Juan Bautista y Margarita, sus padres, a quienes hace unos momentos le entregamos a su hija.

Mientras los dos espíritus jóvenes reflexionaban sobre la trama kármica que reajusta a las entidades en falta para buscar la felicidad perdida, Demócrito, en un gesto de sincera ternura, apuntó:

—¡Que sean muy felices; pero, en base a su graduación primaria en lo espiritual, todavía necesitan de muchos siglos para alcanzar la ventura angélica!

LA CARCEL DE CARNE

Allá por el año 1923, fui invitado para ir a Curitiba, para efectuar un levantamiento topográfico en los terrenos del Gobierno del Estado de Paraná. Aunque estaba habituado al ruido y a la agitación de la capital paulista, donde nací y viví, me agradó bastante la "tranquila ciudad", llamada así a causa de sus habitantes tranquilos y afables. Después del almuerzo en el "Hotel Grande", situado en la calle XV de Noviembre, invité a mi socio Hamilcar para recorrer algunos lugares públicos, a fin de conocer mejor la ciudad.

Nos encontrábamos en la puerta del "Café Brasil" [1] tomando un cafecito muy gustoso, servido en mesas sobre la vereda, cuando de pronto percibí, casi a mis pies, una criatura de aspecto repulsivo, que en sus movimientos ofídicos, se arrastraba, unas veces apoyando los codos, y otras las rodillas, cuando no la cabeza contra el suelo. Las manos las tenía callosas. Los codos y las rodillas que le servían de apoyo para arrastrarse, estaban protegidos por trozos de cuero. Cuando se movía lo hacía en forma oscilante; a veces, levantaba la mitad del cuerpo, como la foca cuando juega con la bola; para dejarse caer nuevamente sobre el suelo, dando impresiones distintas entre los transeúntes, pues daba asco y compasión. Los más compasivos le metían en los bolsillos del saco, monedas de diversos valores. El los miraba inexpresivamente, cansado e indiferente ante esa situación inevitable. No se mostraba agradecido ante las limosnas abundantes, ni tampoco se le notaba resentimiento contra aquellos que no lo ayudaban y que más bien lo injuriaban.

---

[1] *Nota del Médium*: Hoy, en el mismo lugar se encuentra el "Restaurante Tingui".

34

Gracias a mis estudios esotéricos y a las conclusiones filosóficas espíritas podía identificar en aquella criatura infeliz, a un espíritu endeudado y sometido a la rectificación kármica para poder resarcirse de un pasado tenebroso. Mi cerebro trabajaba ardorosamente, condolido por esa desgracia:

"¿Qué hizo esa alma en el pasado, para generar un destino tan trágico?".

Lo miré detenidamente, y en ese instante se volvió hacia mí; entonces percibí porqué las personas más optimistas o insensibles, se estremecen y hacen gestos de desagrado cuando ese ser les pasa cerca. Su oído derecho era una llaga cruel, cuyos bordes todavía presentaban las señas indefectibles de una corrosión impiadosa. A veces, en un gesto mecánico, sacudía la cabeza, intentando espantar las moscas que zumbaban a su alrededor. Ante ese cuadro tan infeliz me volvía hacia Hamilcar para preguntarle:

—¿Qué motivos tendrá esa criatura para enfrentar un destino tan cruel?

Un oficial médico de la Policía Militar que se encontraba en la mesa, al lado nuestro, nos informó gentilmente:

—Esa criatura apareció hace unas dos semanas; llegó en un tren de carga desde el sud. Nació en Uruguay y muy pronto fue abandonado al azar, criándose a costas de limosnas y de los favores públicos. Arrástrase de un lado a otro, hasta el día que Dios ponga fin a su existencia tan complicada.

Nos ofreció un cigarro "Liberty", que agradecimos por no fumar, y el médico militar concluyó solícito:

—Me contaron que el desventurado, hace dos o tres años, dormía en el suelo de un laboratorio de una farmacia, en Porto Alegre, cuando al darse vuelta en un espasmo, golpeó con violencia en el soporte inferior de la estantería que sostenía una apreciable cantidad de frascos de drogas. Para su desgracia, se volcó y cayó la tapa de un frasco que contenía ácido nítrico, cayéndole sobre la oreja derecha.

Dando una fuerte pitada a su cigarro, el oficial médico agregó en su lenguaje impersonal y curtido por la profesión:

—Dicen que los gritos del infeliz alarmaron a toda la vecindad; eran como los berridos de un animal sacrificado en el matadero. Después de esa tragedia y a pesar de los tratamientos más eficaces, solo puede dormir a costa de anestésicos y soporíferos en altas dosis. Las limosnas, según él mismo nos dice, no alcanzan para cubrirle los gastos que aquellos le ocasionan. La llaga del oído parecía desistir a cualquier remedio y ya le había alcanzado la parte interna del oído. En aquella época la medicina aún no gozaba de beneficiosos bactericidas y antibióticos, pues semejantes infecciones eran tratadas a base de iodo, árnica, nitrato de plata o pomadas tradicionales.

Jamás pude olvidar la configuración tétrica e impresionante de aquel hombre arrastrándose por el suelo al igual que un gusano humano, agotando sus energías para solo poder alcanzar unos palmos de terreno, en su calvario terreno y estigmatizado por el infortunio. No me condolía al examinarlo atentamente, sino, que trataba de ver la forma posible de ayudarlo en su desgracia, tal como lo haría el clínico al tratarle su mal. Comprobé la atrofia de sus brazos, que estaban extrañamente pegados a su cuerpo hasta los codos, y las piernas, las manejaba juntas en un solo movimiento, como si estuviesen atadas. En su extraordinario esfuerzo para empujar el cuerpo hacia adelante, me hacía recordar a los mineros cuando deben arrastrarse por los túneles, o a los chicos cuando intentan pasar por debajo de las cercas o portones. ¡No había dudas, allí se encontraba una criatura realmente "amarrada" por los cordones implacables de los nervios y músculos atrofiados!

Cuando yo desencarné [2] y me reajusté en el más allá, e ingrese en las actividades de ayuda de la metrópolis "El Gran Corazón", tuve deseos de conocer algunos destinos trágicos, o ciertas catástrofes que angustian terriblemente a los encarnados. Luego recordé al "encarcelado vivo" que tanto me había impresionado en mi viaje a Curitiba. A través del "Departamento Sideral de Fichas Kármicas", perteneciente a mi metrópolis, llegué a saber que dicha entidad había encarnado en Uruguay, pero, era un espíritu egresado de las colonias espirituales situadas en el astral de España. Munido de las credenciales que los superiores me habían otorgado, tuve acceso a los "registros kármicos" o "ano-

---

[2] *Nota del Médium:* Atanagildo relata minuciosamente su proceso desencarnatorio, en la tierra, cuando cumplía los 28 años de edad, lo cual se encuentra descripto en la obra "La Vida Más Allá de la Sepultura", compuesta por Ramatís y él mismo. Edic. Kier S.A.

taciones etéricas" de los procesos kármicos, de la colonia espiritual conocida por "La Mansión del Valle".

Aunque yo era psicómetra, es decir, con la facultad de leer en el Eter algunos acontecimientos sucedidos en el pasado, solicité al Mentor responsable, me hiciera el favor de proyectar por cierto aparato —sin analogía en la tierra— algunos de los hechos que habían generado la existencia tan cruel de ese ser que yo había conocido en Curitiba, como un verdadero "atado en vida".

Un técnico sideral puso en movimiento el aparato, que era proyector y receptor en el astral, el que inmediatamente comenzó a diseñar en la tela lechosa la configuración de una ciudad, que más tarde reconocí como Barcelona, allá por el siglo XVI, en la época de Felipe II. En seguida la escena se esfumó y Barcelona desapareció en la tela blanquecina, surgiendo en cambio los contornos de un vasto depósito, cuyo techo los sustentaban una serie de arcos de piedras ennegrecidos. En base a las proyecciones nítidas del mundo astralino, se logra verificar los menores detalles, como ser los colores del lugar, los sonidos, temperatura y olores. Por eso, al enfocar aquel depósito construido en forma de arcadas, sentí una sensación desagradable, como si fuera a humedad y olores repugnantes de sangre, mezclados al olor penetrante que hace el humo del azufre. Oía la remoción de hierros y alguien que se movía en el suelo de piedras pulidas. Rápidamente, el aparato enfocó en el campo etérico la figura de un hombre alto, parecía un moro, vestía calzones de algodón ordinario y tenía el dorso totalmente desnudo. Los cabellos eran cortos y espesos y le cubría parte de la cabeza, su aspecto era simiesco y agresivo. Era un tipo de matarife robusto, piernas cortas y "bíceps" aterradores; sudaba abundantemente e introducía algunos hierros en dos hornillos de material refractario, donde calentaba azufre y plomo sobre una llama avivada por un fuelle.

Después, el proyector presentó junto al trespié del brasero, a un hombre atado desde el cuello hasta los codos, cuyos pies también estaban atados fuertemente por una cuerda de cuero crudo. Sus ojos manifestaban un sufrimiento indescriptible. De los costados de la boca fluía una baba sanguinolenta. Los dedos de las manos estaban destrozados, sangrándole abundantemente a causa de las heridas que le había producido el azufre hirviendo. Sus cabellos debieron enblanquecer rápidamente, puesto que todavía era joven y su barba en punta, repartida al medio, bien hecha y muy bien tratada, era casi negra. Toda vez que saltaba alguna chispa del brasero y alcanzaba al verdugo, bramaba de rabia, y a cambio de compensación, tomaba algunas gotas de plomo y azufre del caldero y la arrojaba a los pies del infeliz maniatado, haciéndolo sacudir en una crisis de estremecimientos convulsivos y gemidos aterradores.

La escena desgarradora se fue corriendo lentamente, y reconocí los peldaños de una escalera de piedra, la que daba acceso al depósito. Tal como sucede en el cinematógrafo terreno, el aparato proyector fue subiendo la escalera, y súbitamente aparecieron dos botas color manteca, de cuero finísimo, magníficamente trabajadas por un eximio artesano. Gradualmente se delineó en la pantalla la figura imponente de un hombre robusto, especie de hidalgo de la corte de Felipe II, delante del cual, el matarife se inclinó servil y atento. Alto y fuerte, el hidalgo se movía en una pose estudiada, como si su preocupación fuera de no decepcionar al público; en un gesto voluptuoso y mórbido, retiró los guantes de cuero blanco y sacudió los puños de encajes. Vestía un chaleco verde sobre la blusa blanca. El traje se completaba con un pantalón de terciopelo, color avellana, sujetado por las botas flexibles, por encima de las rodillas. Sobre la cabeza usaba un gorro de terciopelo, azul marino, que le caía en delicados dobleces, bordados con hilos de seda, formándole volutas plateadas. Los cabellos negros y ondulados le caían sobre los hombros; su cara era casi redonda, pero la quijada terminaba en punta. La nariz, por más que la quisiera disimular, tenía la curvatura peculiar de esos seres que tienen malos instintos, como el ave de rapiña, cuando va en busca de los despojos humanos. A pesar de sus estudiados movimientos y de la observación constante para no causar una impresión desagradable, aquel hidalgo de la corte de Felipe II tenía estampada en la figura, el estigma de la traicionera serpiente o la avidez felina en busca del bien ajeno.

Descendió los escalones de piedra. Sus ojos relampaguearon al dar con el hombre maniatado a sus pies. Comenzó a dar vueltas a su derredor, como buscando el punto débil para herirlo. Sin esconder el odio que sentía en esos momentos, se dio vuelta hacia el verdugo y le preguntó:

—¿Confesó?

—Nada, ¡Excelencia! —respondió el torturador haciendo una inclinación.

Se molestó muchísimo el hidalgo. La cara maquillada por la fina crema a la moda de la hidalguía española, se sonrojó y sus ojos se congestionaron, las manos se crisparon bajo los encajes finísimos, en un movimiento de incontenida furia interior. Se podía percibir el alma de instintos viles disfrazada superficialmente por los retoques protectores de la civilización. Aquel pobre hombre, sufriendo a sus pies, debía ser un objetivo de sus ambiciones o un estorbo para sus pasiones desenfrenadas.

—¡Vamos! ¡Confiesa, miserable! ¿Dónde escondiste a Consuelo? —exclamó sin poder contener la furia de sus nervios irritados.

Ante el silencio y la indiferencia de la víctima, exclamó en tono perverso y amenazador:

—No adelantas callando; ¡revolveré toda España. y he de encontrarla! ¡Habla, si todavía quieres ver la luz del sol!

El hombre iba perdiendo la compostura, la aparatosidad demostrada y comenzaba a surgir la fiera. Los movimientos que antes eran tan medidos, ahora se transformaban en impulsos, cual ariete amenazador. Irritado ante la actitud estoica del adversario, parecía buscar en su imaginación, las torturas más terribles para vencerlo. Finalmente, hizo una señal al hombre de sus servicios, el que tomó un crisol pequeño y se acercó al infeliz prisionero, que se estremeció de pavor, al percibir el plomo hirviendo. El temor de la víctima pareció animar a su verdugo, volviendo a decirle:

—¡Vamos, Lorenzo! ¡Cuéntame, donde se encuentra Consuelo y quedarás en libertad; de lo contrario, mejor sería que no hubieses nacido!

En un gesto increíble, lleno de desesperación, como si hubiera terminado el terrible sufrimiento, Lorenzo levantó la cabeza y le escupió sus botas finísimas, que se encontraban casi tocando su cabeza. El hidalgo perdió la serenidad y en un acceso de cólera incontrolable, comenzó a patearle salvajemente la cabeza, haciéndole sangrar en diversas partes. Rápidamente, como si estuviera arrepentido al querer eliminar a Lorenzo, dejó de patearlo y mirando al verdugo le dijo en tono irritado:

—¡No lo mates! ¡Quiero que se pudra en vida!

El verdugo, con meticuloso cuidado, dejó caer un hilo de

plomo líquido en el orificio de la oreja de la víctima, la que se transformó en un grito agudo y prolongado, hasta que se agotó vitalmente, cayendo desmayado por el terrible dolor. Después de algún tiempo, el hidalgo se agachó y escuchó el corazón de su víctima, el que batía ruidosamente.

—¡Llévalo para donde tú sabes! ¡Pónle la mordaza!

El bruto amordazó a Lorenzo, lo levantó del suelo y salió por una puerta disimulada en el muro, la que conducía a la parte alta de la ladera. Después de algún tiempo de agotadora caminata con el fardo vivo a cuestas, lo dejó totalmente maniatado en medio de la maleza, en un lugar yerto e inhóspito.

Después de las escenas terroríficas que presencié y que sucedieron en Barcelona, en el siglo XVI, la pantalla cambió de color, haciéndose más cremosa. Sorprendido, volví a ver al infeliz pordiosero de Curitiba, que yo denominara "atado en vida". Era la copia fiel de aquella persona que fuera pisoteada y torturada por el plomo derretido en el macabro depósito. Percibiendo la trama rectificadora del Karma en ese ser, pregunté al espíritu que manejaba el proyector de los registros kármicos en el Eter de la "Mansión del Valle":

—Naturalmente, es el verdugo que transita por las calles de Curitiba en aquella terrible cárcel de carne; ¿no es verdad?

—Realmente, hermano Atanagildo; ese hermano nuestro que se arrastra por las calles de su patria terrena, maniatado por los músculos atrofiados, víctima de la prueba del ácido nítrico en el oído, es el que animó en Barcelona, el cuerpo de Don Ramón Avelleda y Guadalquivir, es decir, el responsable de los cuerpos encontrados en los campos de Barcelona, en deplorable estado, después de ser cruelmente torturados. Era el modo cruel que utilizaba para eliminar a sus competidores políticos, rivales amorosos, judíos o protestantes, y más tarde les quitaba la fortuna bajo el beneplácito de la Inquisición del Santo Oficio.

Y, haciendo un gesto al técnico sideral, el venerable mentor de linaje español, manifestó:

—Enfoque, en el Eter, el término de la vida carnal de Don Ramón Guadalquivir, cuando él decidió rescatar sus culpas pretéritas, después de cuatrocientos años de sufrimientos y rebeliones en el mundo astral.

La tela cremosa se iluminó nuevamente, y percibí un camino de tierra, en una noche lluviosa, bajo las claridades de los relámpagos. En medio del citado camino avanzaba una carroza típica del sud de Paraná, y en el asiento delantero iba el cochero y dos hombres más, totalmente mojados y en avanzado estado de embriaguez, pasándose una botella de boca en boca. Entonces pude distinguir tirado en el fondo del vehículo al "amarrado en vida", que conocí arrastrándose por las calles de Curitiba, probablemente conducido a la ciudad próxima por favor de aquellos individuos. En una excelente toma de cámara, como las conocidas en cinematografía, pude verle la horrenda llaga, que ya le había afectado la oreja y parte de los músculos del cuello. Súbitamente, debido a una violenta sacudida de la carroza, el infeliz fue arrojado a un costado, y de sus bolsillos cayeron varias monedas, que brillaban a la luz de los relámpagos. Aquello fue una tentación irresistible para esos hombres rudos y alcoholizados, que de inmediato se confabularon para despojarlo de todos sus bienes. Todo fue rápido e implacable; se abalanzaron sobre él y le quitaron cuanto tenía en su poder. Después, entre bromas y palabras soeces, lo arrojaron fuera de la carroza, cayendo en medio de un basural, dentro de una zona infectada, irrespirable, con lodo y olores repugnantes. Era un lugar castigado por la intensa lluvia y totalmente solitario. El deforme se retorcía entre gritos y exclamaciones, decidido a terminar esa vida tan cruel. Sangraba abundantemente por manos y pies en una crisis histérica incontrolable, pues se arrojaba contra los árboles o se enterraba en el lodo fétido en su alocada carrera, a fin de terminar de una buena vez. Sin anestésicos ni comprimidos para reducir sus dolores, Don Ramón Avelleda y Guadalquivir, hidalgo de la corte de Felipe II, en España, en el siglo XVI, arregló sus cuentas con la Ley del Karma. Reprodujo, en esa noche tormentosa, la misma y cualitativa especie de muerte con que él acostumbraba a sentenciar a sus contrarios o competidores.

LA MINA

Salustio Mulinari, pensativo, aseguraba con sus manos la linterna, pues cuando la movía, las patas de la mesa y la cafetera, comenzaban un extraño baileteo de figuras sombreadas, sobre las tablas amarillentas de la cocina. María, la esposa, le alcanzó la manta de lana, pues fuera de la casa corría un viento muy frío. Faltaban apenas veinte minutos para relevar al turno de la tarde, en la compañía "Plumbum S. A.", mina de plomo de los franceses, próxima a la casa de Salustio.

En su turno, quedaría encerrado vivo hasta el amanecer, a decenas de metros bajo el suelo, extrayendo el mineral, que más tarde se transformaba en plomo. Pero, Salustio cada vez vivía más absorto y melancólico. Su espíritu se distanciaba del presente y se ponía a revivir el pasado triste y doloroso. Hacía nueve años que su hijo Geraldo, joven robusto y alegre, había sucumbido en un deslizamiento trágico. Desde niño se había dedicado a la cansadora tarea de buscar entre la escoria de la mina, para ayudar a los gastos de su casa. Había crecido fuerte y bien dispuesto; decidido a triunfar en la vida a través de su propia capacidad. Fue su gran día, cuando firmó el primer contrato con la "Plumbum S. A." con la perspectiva de ganar un buen salario y así cooperar con los gastos onerosos de sus padres.

Estaba satisfecho y vivía cantando; era puntual para tomar servicio por las madrugadas con sus compañeros. Daba vida a la casa de tablas de pino, y respiraba ruidosamente cuando se enjuagaba su rostro con el agua fría, recién sacada de la bomba. Correcto en el horario, cumplía con su trabajo jubilosamente sin reclamar por la explotación que hacían los franceses, que utilizan la mano de los pobres de la región, a cambio de migajas. Sin vacilar, era el primero en introducirse en el vientre traicionero de la mina, estirando su musculatura al mover la pala cargada de mineral; las venas parecía que iban a saltarle fuera de la piel, quemada por el sol. ¡Gustaba de todo, irradiaba optimismo; con su presencia, ¡hasta el velorio se alegraba! Su risa era graciosa, contagiosa, tenía buen genio y era generoso.

Casi siempre, padre e hijo cambiaban su turno a las primeras horas del día, pues Geraldo partía temprano hacia la mina y Salustio retornaba a la noche de su trabajo cansador. Geraldo heredaba la resignación optimista del temperamento mestizo de la madre, y la emotividad de la sangre caliente de Salustio, nacido en la vigorosa Italia.

Un día, recordaba Salustio, llegó cansado y desconsolado, pues se había puesto en la dura empresa de apuntalar el precario techo de la galería dieciséis, cuyas maderas se gastaban con la vibración del batir de las piquetas contra las rocas, además de estar casi podridas por las constantes filtraciones de agua. Al volver a su casa algo atrasado, alcanzó a ver a Geraldo que entraba en la mina. Al ver a su hijo, cuando atravesaba las planchas sueltas del puente con su andar bamboleante le pareció un ser imponderable. Sumergido en esas reflexiones, se aproximaron mutuamente.

—¡Su bendición, padre mío!

Salustio, sorprendido, volvió en sí, tratando de superar el presagio malo que le embargaba el espíritu y le inquietaba ante una desgracia inminente.

—¡Dios le bendiga, hijo! —Y en un desahogo repentino, le preguntó— ¿Durmió bien?

—Ni se pregunta, papá. ¡Cuando me duermo soy más pesado que el plomo de los franceses!

Y en un gesto amplio, pasando la lámpara hacia la mano izquierda, Geraldo golpeó afectuosamente en los hombros de Salustio, aconsejándole:

—Vaya a dormir, padre; el café está en la chocolatera. Se que está cansado; déjeme terminar el trabajo que Ud. comenzó en la mina.

—¡Hasta la noche!

Salustio dio algunos pasos, cuando súbitamente volvióse afligido:

—Geraldo; no se aventure por la galería dieciséis, pues el armazón está haciendo ruido. Sólo por milagro, Casimiro y yo no quedamos enterrados. Quéjese de alguna enfermedad, de dolores, o de lo que mejor quiera, pero no deje que el viejo Jean lo mande a la galería dieciséis. —Y en un gesto casi desesperado, le dijo:— Hijo, aunque sea necesario; pida su demisión de la "Plumbum", ¡mas no entre en la dieciséis!

—Quede tranquilo, padre. ¡No voy a ciegas; sé donde piso!

Salustio se volvió una vez más, pues había algo que lo hacía mirar con cierta atención a Geraldo. Quería verlo bien antes de dormir. Su figura robusta y su agraciado balanceo del cuerpo, lo conmovía en forma extraña. Desde lejos el hijo le hizo señas con la linterna, en forma cordial, mostrando su cara risueña. En seguida tomó el ascensor y se introdujo por la boca del túnel, hacia las profundidades del suelo plomizo.

El repiqueteo del sonido de la alarma quebró el sosiego de la mañana fría. Salustio, mientras tanto, estaba con los ojos abiertos, insomne, ambulando por la noche, como si esperara el lúgubre sonido de la triocionera y asesina mina. Fue de los primeros en llegar al portón y penetrar en el patio, mientras decenas de personas vestidas precariamente corrían desde las casas, para enterarse por la suerte de sus familiares que habían tomado el turno de la noche.

Salustio sentía una terrible desazón, mientras observaba a la multitud apretujándose junto a la pesada puerta del portón de la "Plumbum"; algunos gritaban y suplicaban, mientras otros lloraban desconsoladamente. El tenía los ojos fijos sobre las roldanas de hierro del ascensor, y cuando comenzó a moverse y el cable de acero indicaba que subía, esperó ansioso hasta que apareció el gancho de la jaula, de donde salió el señor Jean y cuatro mineros más, llenos de polvo y tierra. Temiendo al sonido de sus propias palabras, Salustio le preguntó:

—Señor Jean, ¿dónde fue el desastre?

—¡En la dieciséis!

Era justamente la galería donde trabajaba él y su hijo Geraldo. Le faltaron las fuerzas en las piernas bajo la terrible intuición que le dominaba el alma. No lo dejaron descender al fondo de la mina para ayudar, pues para tales casos había equipos sumamente adiestrados. Salustio regresó a su casa con pasos lentos y con deseos de beber, de embriagarse para olvidar la angustia y el dolor de aquella premonición de desgracia. Abrazó a María y lágrimas ardientes le cayeron por el rostro quemado, mientras que ella, con gesto doloroso se dejó deslizar por la silla, luchando para vencer el lloro convulsionado que le subía por la garganta. Y por extraño que parezca, cuando el cadáver de Geraldo fue retirado de los escombros de la galería dieciséis, ya habían conseguido las velas para el velorio, tal era la seguridad de María y Salustio sobre la muerte de su hijo.

Y ahora, transcurridos nueve años, Salustio volvía a sentir ese extraño presentimiento que le advirtiera sobre la desgracia de su hijo. Súbitamente, oyó el sonido familiar y estridente de la sirena, avisando a los remisos.

—¡Póngase la manta, Salustio, que solo faltan cinco minutos para cerrar los portones! —le advirtió María, haciéndole olvidar las reminiscencias lúgubres de aquellos acontecimientos trágicos, que hacía justamente nueve años, habían alcanzado a Geraldo.

Salustio detestaba la maldita mina de los franceses. Era un servicio duro y el salario muy reducido, además de soportar frecuentes accidentes; las enfermedades del plomo, causaban fuertes cólicos. Rápidamente salió Salustio, mientras María, recostada melancólicamente sobre la puerta de la casa, tenía los ojos humedecidos. Tal vez recordaba el desastre de Geraldo.

Salustio atravesó el puente que separaba a la mina de las casas y movido por los tristes recuerdos del pasado, le pareció ver a Geraldo, pero con el cabello más rubio, ricamente vestido y sonriéndole, como era su hábito hacerlo en la puerta del ascensor, mientras le hacía gestos afectuosos. Se pasó la mano por la cabeza, pues sentíase cansado, debido al esfuerzo mental que hacía para apartar esos recuerdos tristes y angustiosos de su imaginación.

Después miró el túnel; las linternas de sus compañeros brillaban allá en el fondo, haciéndoles danzar sus siluetas sobre las paredes lustrosas. Penetró en el ascensor y la carga humana descendió lentamente. Salustio, atontado e indiferente a su tarea de minero, tomó la piqueta y aumentó la luz de la linterna, siguiendo la fila en dirección a la galería veintiséis, donde había sido descubierta una abundante veta de plomo.

María, estaba despierta mientras se balanceaba suavemente en el sillón, completamente insomne, llorando los tristes días vividos, cuando de improviso, la alarma repicó nuevamente, desesperada, anunciando otro accidente. Era aniversario de la muerte de Geraldo, y ella no sabía si el extraño dolor se debía al recuerdo de la muerte de su querido hijo o era el fruto del presentimiento de una nueva desgracia. Sentíase muy abatida, la memoria se le había agudizado y se inquietaba ante el mal presagio. ¿De dónde provenía aquella fuerte desazón? ¿Porqué antes que Salustio saliera para la mina, había ido a verlo varias veces, cuando reposaba tranquilamente, y sin embargo continuaba intranquila?

Por eso, cuando el pito de la "Plumbum" dio la señal de una nueva tragedia y le comunicaron la muerte de Salustio, en la galería veintiséis, María se levantó resignada y encendió el fuego, para hacer el café para el velorio. Desde allí en adelante comenzó a vivir con la ayuda de los vecinos, pues era una época donde no había leyes ni estatutos que ampararan al trabajador contra tales eventos. Un profundo desencanto por la vida le afectó la salud, abreviándole la existencia. La tuberculosis insidiosa e irrecuperable para un lugar tan pobre y lejano, no encontró la mínima resistencia para arrojarla en el curso de una lenta agonía. Una noche fría y de fuerte garúa, después de tres horas de sufrimientos, María partió de la carne, habiendo sido asistida por un par de vecinos caritativos y generosos.

Al aproximarse el momento de la desencarnación, los sentidos periespirituales se agudizan bajo el impulso liberador del espíritu. María agonizaba, pero se sentía sorprendida por la proyección cinematográfica y regresiva de su vida, que sucedía en la tela indestructible de la memoria sideral. Bajo la acción de una extraña fuerza, ella se veía consciente de todos los actos buenos y malos de su existencia humana. Un sueño misterioso la hacía retroceder a la juventud, después a la niñez y por último a la cuna de recién nacida. Incapaz de poder parar el impulso que la proyectaba hacia atrás, se vio más allá de la cuna, reconociéndose situada en un ambiente extraño, para su actual memoria. Se vio vistiendo un riquísimo traje de terciopelo bordado, ostentando joyas relucientes, recostada en una hermosa poltrona, examinando algunos objetos preciosos retirados de una caja de marfil. A su lado estaba Salustio, hablándole en un idioma extraño, diferente; era un hombre de cabellos claros, de gestos nobles y porte aristocrático. El se lamentaba de la exigencia absurda de los mineros que trabajaban en su mina de carbón, y de los enormes perjuicios causados por los reiterados accidentes. María, escuchaba poco a su marido, pues con gesto coqueto movía sus cabellos castaños, bien tratados y sueltos sobre los hombros. Ella se mostraba indiferente a la suerte que afectaba a los trabajadores desconocidos, puesto que solo daban preocupaciones a su marido. Salustio entonces tiró del cordón de la campana, que se hallaba junto a la puerta, y ordenó al criado que lo atendió:

—¡Llame al doctor Charles; necesito hablar con él!

Envuelta en esa alucinación regresiva de la memoria, y teniendo conciencia simultánea de dos vidas, María se sorprendió al reconocer a Geraldo entrando como el doctor Charles, un hombre joven y fuerte, de cabellos dorados y vestido impecablemente, conforme a la costumbre. Era alegre, despreocupado y de risa fácil. Ante la pregunta de Salustio sobre los gastos de la mina de carbón, de las exigencias de los mineros y de los perjuicios causados por los frecuentes accidentes, Geraldo, o el doctor Charles, el ingeniero rubio y socio de Salustio, rióse despreocupado, e hizo un gesto con los labios y manifestó impasiblemente:

—¿Quiénes son esos mineros? ¿Acaso no son criaturas miserables que imploran trabajo a cambio de sus propias vidas? Evidentemente, que ellos no merecen mucho más de aquello que el destino les determinó. —Encogió los hombros, en un gesto de indiferencia— Por ventura, ¿nos cabe a nosotros la culpa de esa situación? Nosotros no hicimos el mundo, ni creamos los mineros, ¿no es verdad?

Riéndose eufórico, encendió un carísimo cigarro. Salustio, con más calma, arreglaba los documentos de la caja, situada detrás de un cuadro, aliviado al escuchar aquellas palabras, mientras suspiraba, como queriendo quitarse el remordimiento que por momentos le hería su alma. La visión se esfumó para María al terminar su agonía, sintiéndose precipitada en el vórtice de un torbellino luminoso. Era el fin. El espíritu deudor desprendíase del cuerpo, sublime instrumento de rescate de los errores pasados y divino camino de progreso angélico para el futuro.

LOS PEREGRINOS

Era domingo, el ambiente estaba tranquilo, daba sensación de agradable quietud. La canoa se deslizaba silenciosa sobre la superficie del agua cristalina. El brillante sol alcanzaba el fondo del pedregoso y limpio río, mostrando cómo los cardúmenes de peces surcaban el fondo en graciosos y ondulantes movimientos. Un majestuoso sauce llorón inclinaba su abundante copa a la orilla del río, ofreciendo su deliciosa sombra. Por debajo se extendía una extensa faja de arena, salpicada de pedregullos y residuos, que fueron arrastrados hacia el lugar por la intensa lluvia. Los árboles delgados y coposos, parecían descansar sus troncos oscuros en el espejo líquido del río, como si apenas desearan mojar sus raíces en la límpida agua. Algunos pájaros de blanco plumaje, con sus alas salpicadas de color azul oscuro, revoloteaban graciosamente a flor de agua en busca de algunos peces pequeños.

Los jóvenes y niños disfrutaban de sus juegos en la playa, cuando Gumersino y Bonifacio arrimaron la canoa, siendo recibidos con gestos amistosos. Depositaron los remos en la canoa y saltaron a la arena húmeda, dejando sus pies marcados. Después subieron el barranco por una rústica escalera de madera. Algunos metros más adelante se encontraban cuatro muchachos jugando a embocar anillos de hierro en un tablero construido en el suelo, quienes hicieron gestos amistosos al acercarse los nombrados, entonces Gumercino se dirigió a uno de ellos y le preguntó:

—Atanacio, ¿Ud. no sabe si Estanislao tiene el camión disponible? ¿O se fue a Itaióca?

Atanacio, hombre alto y un poco inclinado hacia adelante, puso la mano sobre la barbilla y respondió con voz insegura:

—Hombre; ¡saber no sé! Sin embargo, esta mañana me pareció escuchar el ronquido del motor de su camión. —Y señalando a la derecha, en dirección a una casa construida de tablas, acrecentó—: Me parece que Miroslao, su hijo, está allá y debe saber dónde se encuentra su padre.

Gumercino siguió el camino de tierra arenosa, que se abría entre las matas de hierbas secas y pasto menudo; llegando rápidamente a la casa señalada. El camión de Estanislao se encontraba en un terreno apartado de la casa y alguien se hallaba en él. Miroslao, un joven de cabellos color de miel, ojos azules y rostro apacible, propio del mestizo y polaco, apareció y Gumercino le preguntó:

—¿Estanislao se encuentra aquí?

—Mi padre se encuentra en la cama; tiene fiebre, es posible que la haya tomado en los bajos de Xerém. Estoy preparando el camión para llevar las cargas a Itaióca.

—Nosotros queremos alquilar el camión para la fiesta del Buen fin, desde el viernes hasta el domingo —replicó Gumercino.

—Tengo comprometida la carga para Itaióca.

—Pero, ¿Ud. no va a volver el martes? Nosotros sólo vamos en la madrugada del viernes; me parece que podemos combinar; ¿no es verdad?

Miroslao pensó, titubeó y preguntó algo acalorado:

—¿El negocio tiene que cerrarse ahora mismo?

—¡Así debe ser! Nosotros somos unos veintitrés y ya combinamos el precio con Estanislao. Sabe cómo es; el personal tiene que preparar sus cosas y debe saber con tiempo si el viaje se realiza. En caso contrario tenemos que alquilar otro camión.

—Gumercino pensó y reforzó la propuesta:— Otra cosa, nosotros le garantizamos el pago de todos los gastos, inclusive el suyo, ¿acepta?

Miroslao aún pensaba, indeciso, pero enseguida afirmó:

—Bueno, está bien. Hoy mismo voy hasta Virginia y de madrugada sigo hasta Mirinsiño. El jueves, entonces, yo engraso el camión y arreglo las instalaciones eléctricas, para no tener inconvenientes para el viaje de noche.

Gumercino, típico mestizo del norte, fuerte, de piel cobriza y venas salientes, tenía los pantalones levantados hasta las rodillas y vestía una camisa sin mangas, negra y colorada. Usaba sombrero de paja trenzado, medio tirado hacia la nuca. Tiró la paja ensalivada de los labios y levantando la mano con gesto afirmativo, dijo en forma resuelta:

—¿Está cerrado el negocio, Miroslao?

—Mi padre me habló que debe aumentarse el alquiler en un veinte por ciento, pues la gasolina aumentó.

Gumercino, hizo un gesto de desánimo y al mismo tiempo especulativo:

—¡No da para tanto! No puede ser, pues los interesados dicen que el precio combinado ya era mucho, y algunos comenzaron a desistir! ¿Imagine, si les voy con otro aumento? Lo que puedo hacer, eso sí se lo garantizo, es conseguir otras cinco personas más, así Ud. mejora la diferencia. ¿Está bien?

Al poco rato, él y Bonifacio remaban río arriba, despacio, sudando bajo el ardiente sol de las dos de la tarde. Nuevamente la canoa fue amarrada al costado de una ensenada pequeña, donde el río parecía hacer un descanso de su larga trayectoria. Gumercino ató la canoa en la estaca y cuando Bonifacio caminaba por la orilla le recomendó:

—Bonifacio, dé Ud. mismo la noticia a las personas, así se termina con ese comentario, de "que si va" o "que no va". El que firmó la lista tiene que ir, de lo contrario paga igual. ¿Estamos?

Viernes. La madrugada estaba deliciosamente fresca y el cielo limpio y puntillado de estrellas, se reflejaba en las mansas aguas del río. Tres canoas estaban recostadas sobre la margen del río, al pie de los sauces llorones, de las mismas descendían varias personas, cargando sacos de ropas, damajuanas, heladeras portátiles y alimentos, encaminándose hacia la escalera de madera. Luego se mezclaron con otros grupos de personas, que se hallaban reunidos alrededor del camión de Miroslao, todos alborozados, haciendo vivos comentarios. El vehículo estaba cubierto por una extensa lona; en su interior estaban colocadas varias filas de bancos.

—¡Vamos amigos! Pongan cada uno sus cosas debajo de su banco, para no crear confusión —manifestaba Gumercino, en tono enérgico—. Los bolsos pequeños acomódenlos adelante, pero cuidado con el combustible; las cajas cúbranlas con la lona.

—¡Gumercino! —gritaba doña Verónica— Los fardos, ¿dónde los ponemos?

Como un general, compenetrado de su responsabilidad, Gumercino apoyó su mano sobre la barbilla y recorrió el camión con los ojos, en cuyo fondo había sacos de alimentos, cestos, cajas de cartón, frazadas, cajones conteniendo batería de cocina, copas, baúles, baldes y ollas. Entonces dijo decidido:

—Los fardos tenemos que ponerlos en el banco del fondo y que algunos viajen un poco apretados con los demás. —Rápidamente agregó, mirando el techo de la cabina:— ¿de quién es esa red de pesca, que ocupa todo el sitio?

—¡Es mía, Gumercino! —exclamó tímidamente y con voz debilitada el viejo Favoreto, sobresaliendo de la gritería general—. ¡Quiero echar las redes en el río de Várzea, junto al puente de las Araras y pescar algunos de los grandes! ¡Va a ser para todos y garantizo que no escapará ninguno.

Gumercino, pensativo, trepó al estribo del camión, tomó la red que estaba sobre las cosas que ya habían colocado en el lugar y conformó al viejo diciendo: —Bueno, por esta vez va, pero bien podían ir los fardos en este lugar.

Los gallos habían comenzado a cantar y Gumercino, echando una última mirada a todo, dio la orden de partida.

—¡Adelante, Miroslao!

El motor ya estaba caliente y el camión partió costeando la casa de Sezefredo; después tomó hacia la izquierda, como si fuera para el río, pero, de repente con un ronquido fuerte, giró hacia la derecha en una curva cerrada y comenzó a subir la cuesta, camino a la ruta general. Mas, la marcha del vehículo fue interrumpida por los gritos de alguien que parecía desesperado y que superaba a los ronquidos del motor.

—¡Pare, amigo! ¡Pare, hombre de Dios!

Era Bonifacio, que saltó al suelo, todo convulsionado:

—¡Espera un poco, olvidé las bebidas y otras cosas, allá en lo de Jeremías!

Y, salió corriendo hacia el comercio de Jeremías, mientras su silueta se recortaba en el horizonte, que iba iluminándose por la suave luz del sol, desplazando la oscuridad de la noche. Minutos después, llegaba fatigadísimo trayendo consigo un paquete grande y un cajón de botellas de bebidas. Con extremado cariño, los peregrinos levantaron la carga hacia el interior del camión.

—¡Bonifacio! —exclamó el viejo Favoreto— ¡Casi olvidó lo principal!

El motor roncó nuevamente, y de a poco el camión fue tomando velocidad camino a la capital. Desde lejos se escuchaba los sonidos de la armónica, ejecutada por alguien, que se sumaba a las voces de los alegres peregrinos. El viaje comenzó con grandes alegrías. Al poco tiempo, comenzó a correr el café caliente, acompañado de frituras y otros bocados preparados para tales momentos. Entre todos los olores prevalecía el de los cigarros de paja y el fuerte aroma de la bebida alcohólica.

Dice un viejo adagio, que: "el día de diversión, ninguno logra tasar el tiempo que transcurre", y así llegó el domingo, con la terminación de la fiesta del Buen fin, donde los vendedores trataban de liquidar sus mercancías a toda costa. El padre Timoteo movíase inquieto entre el pueblo risueño, dándo órdenes y fiscalizando todas las cosas, atendía a los niños y orientaba a los concurrentes. Los últimos fuegos de artificio eran disparados hacia el cielo, explotando con gran estruendo. Los churrascos chorreaban sangre en las parrillas y quienes las atendían gritaban a pleno pulmón, como queriendo sobresalir a los gritos de la multitud:

—¡Vamos a ver! ¡Dos churrascos por uno! ¡Aprovechen, están muy sabrosos! ¡La ensalada es gratis y a voluntad de cada uno!

Más allá, una joven con mucha gracia convidaba a los presentes:

—¡Vamos, señores, compren los últimos billetes, que vamos a rifar la colcha de seda! ¡Señores, prueben que son los últimos billetes!

En medio de esa multitud festiva, las mujeres negras vendían gustosísimos jarabes y pastelillos fritados en aceite de "démdém", bollos de camarón con cierto aderezo de pimienta; yemas de huevo con coco rallado, bollos de arroz, y cuanto alimento se pueda imaginar. Los vendedores de mercancías diversas ofrecían peines, espejos, collares de perlas y todo tipo de adornos para las mujeres.

Las dos campanas de la iglesia sonaban fuertemente, anunciando el fin de la fiesta, con la salida de la procesión. Los enamorados pasaban llevando en sus manos, muñecas, estatuillas, botellas de vino, cestitas, cajas de caramelos e imágenes de santos, premios estos que habían ganado en la ruleta, embocando a los patos o bien participando en los torneos para los jóvenes de su edad. Todo era movimiento; recogíanse los puestos improvisadamente levantados, enrollábanse las lonas, se preparaban los elementos para viajar, se juntaban las botellas vacías. El vocerío dominaba el ambiente; algunos maniobraban los vehículos, poniéndolos en posición de salida hacia la ruta; otros apresuraban el cargamento de los enseres, en fin, todo debía ejecutarse antes que llegara la noche.

—Vamos señores; la noche se acerca y necesitamos salir pronto, pues sino perderemos la última balsa del río Várzea —gritaba Gumercino, mientras Miroslao ponía agua al radiador del "Chevrolet".

Era las nueve de la noche cuando llegaron a la orilla del río; diez camiones estaban esperando turno, para pasar en la balsa. En la otra orilla, las casas se veían como grotescas figuras bajo el efecto de la niebla que fluctuaba sobre la superficie del agua. Dos horas después llegó el camión de Miroslao; la balsa se deslizó movida por la fuerza de la corriente y después de la travesía, el camión nuevamente trepaba otra cuesta con su carga humana. Dentro del camión algunos peregrinos trataban de acomodarse para dormitar, mientras otros cambiaban impresiones sobre la fiesta, pero el cansancio era general y todos deseaban llegar cuanto antes a sus hogares. Al poco tiempo, se hizo un silencio total, y de vez en cuando se oía una tos o el ronquido del más dormido. Cuando el camión tomaba las curvas, los faros proyectaban sus luces sobre las cercas de los alambrados, las rocas y los troncos de los árboles, cuyas sombras danzaban en la superficie de la ruta arenosa, con un baileteo fantasmagórico. A veces, un murciélago volaba repentinamente de lo alto de algún árbol o un lagarto cruzaba presuroso por la carretera iluminada. En los descensos, la luz de los faros se perdía en los descampados de las curvas, que dejaban entrever los profundos precipicios. Gumercino, el jefe de aquella peregrinación, no abusó de la bebida, para justificar su responsabilidad. Viajaba sentado junto a Miroslao, en la cabina del camión, satisfecho y tirando hacia el techo largas bocanadas de humo del cigarro de paja, pero sin poder dominar cierta y extraña inquietud. Singulares recuerdos le invadían la mente. La amarillenta ruta, a veces le parecía que era blanquecina y pedregosa, mientras los neumáticos del camión perdían su andar silencioso para transformarse en ruidoso rodado.

Súbitamente se golpeó la rodilla derecha, con excesivo impulso.

—¡Qué bobada!

Miroslao se volvió, tranquilo y preguntó:

—¿Qué fue lo que dijo, Sr. Gumercino?

—¡Nada! Bobadas para no dormirme, pensaba en el mundo y no se porqué, fijé mi pensamiento en cosas de Italia! ¡Nunca me había incomodado con eso!

El viaje proseguía monótono y con un sacudón cada tanto. Los peregrinos estaban completamente fatigados y la mayoría dormía plácidamente. El camión roncaba en las subidas y después de ganar la cuesta, ganaba velocidad en la bajada, haciendo que se corrieran en sus bancos los adormecidos. Mirando para todos lados, Gumercino frunció el entrecejo, algo inquieto, pues los árboles, los palos, las paredes rocosas del camino surgían y desaparecían con más rapidez. Sin poder dominar el temor que lo embargaba, Gumercino exclamó:

—¡Cuidado, muchacho! ¡No corra tanto que ahí viene la curva del Gancho! ¡La más peligrosa de todas!

¡Era tarde! Miroslao, desesperado, intentaba cambiar la marcha y pisaba el pedal del freno hasta el fondo; ¡pero todo era en vano! La velocidad aumentaba vertiginosamente. La luz de los faros lamía violentamente el costado de la ruta, los palos y los árboles pasaban en forma alarmante. Los neumáticos parecían quejarse, pero el esfuerzo que hacía Miroslao era imposible para detener el vehículo en ese declive cada vez más pronunciado. Gumercino gritó fuerte y cundió el pánico entre los peregrinos y ya estaban sobre la curva del Gancho. La ruta, en ese lugar, parecía suspenderse sobre el abismo devorador.

Miroslao, desesperado, torció la dirección en un supremo esfuerzo hacia la izquierda, intentando golpear el camión sobre el lado derecho de las rocas, a fin de evitar el precipicio. Pero, el camión no aguantó el impacto debido a su excesiva velocidad y fue a volcar violentamente contra el suelo, arrastrándose sobre el lado derecho; después giró por la fuerza centrífuga que lo impulsaba y se estrelló contra los palos, desarticulando totalmente el vehículo. A los tumbos en su alocada carrera, hizo pedazos los neumáticos, la cabina, los bancos saltaron por los aires, como así también las mujeres y los hombres. El motor se desprendió y después de esa macabra danza, el camión terminó a la orilla del precipicio, totalmente destrozado. Quedaba detrás de sí la destrucción y la muerte, en un coro trágico de gritos y gemidos de los accidentados.

Diez minutos más tarde, otro camión de peregrinos aparecía en el lugar y sus ocupantes quedaron estupefactos delante del aterrador panorama, iluminado por los focos del vehículo. Las manchas de nafta y aceite, se confundían con los charcos de sangre de los cuerpos mutilados. Aquí, algunos de los peregrinos yacían de bruces, con los cuerpos reducidos a montones de carne informe; allí, algunos gemían o gritaban de dolor por sus cuerpos terriblemente mutilados; acullá, otros habían sido arrojados contra el barranco rocoso y parecían verdaderos muñecos pintados de sangre. Debajo del motor aparecían las piernas de alguien que había sido aplastado; del costado del camión colgaba un brazo destrozado y un herido se arrastraba por la ruta sin rumbo definido.

El balance del desastre fue trágico; de los veintiocho peregrinos, diez habían muerto, dos no fueron identificados por su estado y otros tres, no resistieron el viaje de retorno, muriendo antes del amanecer debido a la fuerte hemorragia de las vísceras rotas. Miroslao se hirió poco. Al torcer la dirección se abrió la puerta y fue arrojado contra el costado arenoso, sufriendo escoriaciones por el cuerpo y fractura de la pierna derecha. Gumercino murió aplastado por el motor, pues le había caído encima después de saltar por los aires; Bonifacio fue arrojado con extrema violencia contra las piedras, rompiéndose el tórax, sucumbiendo en la primera bocanada de sangre. Mientras tanto, su cara no parecía haber sufrido aquel fatídico golpe; tal vez sucumbió inconsciente bajo el efecto de la bebida, puesto que abusaba de ella. Se salvaron trece peregrinos, entre viejos, mujeres y jóvenes, aunque algunos de ellos tenían fracturas generalizadas. Al día siguiente fueron encontrados los cuerpos del viejo Favoreto y el de su hijo Andrés; ambos estaban destrozados y esparcidos sus miembros por la cuesta y parte en las piedras del riacho del Gancho. El sol estaba radiante y sobre la ruta quedaban las señas del aceite y la sangre de los infortunados.

Mientras nueve de los fallecidos eran sepultados en el modesto cementerio de Itaperica, otros seis cadáveres eran trasladados en canoas al otro lado del río, a fin de darles sepulturas en sus pueblos. En un gesto que hizo llorar a todos los presentes, Jeremías extendió la manta sobre el cuerpo del viejo Favoreto, cuyo destino implacable le había cortado sus tradicionales incursiones de pesca. Llegó nuevamente la noche, tachonada de estrellas, las que lucían sobre la quietud de las aguas del río de las piedras. Itaperica dormía, pero en algunos hogares los familiares de los fallecidos, lloraban a los castigados de la sierra del Gancho.

Mientras tanto, espíritus familiares de los desencarnados también se habían agotado én prestarles toda la ayuda posible en el mundo espiritual. Casi todas las víctimas del trágico peregrinaje, habían sido acomodadas en los puestos de socorro, situados en las adyacencias de la superficie terráquea. Algunas estaban agitadas por causa de la desencarnación violenta, y otros, inmovilizados en una especie de "choque" psíquico. Entidades benefactoras hacían todo lo posible para liberar a los desencarnados de la "caída específica" que los introducía en los charcos del astral inferior, a pesar de tratarse de almas bastante primarias y adheridas a la cadena de la carne animal. Transcurridas algunas semanas, los espíritus más calmos fueron encaminados para las moradas astrales de su academia espiritual, situadas en el área astralina brasileña.

Gumercino, el cerebro organizador del peregrinaje, era el personaje principal de aquel drama inesperado. Su esposa, doña Merenciana, no quiso acompañarlo en la excursión, alegaba que tenía "malos presagios"; Gabriel, su cuñado, llegó atrasado y daba gracias a su buena estrella, al enterarse de lo ocurrido. Bonifacio, había hecho lo imposible para no concurrir, pues tenía un presentimiento poco agradable, pero, su esposa le insistió que debía concurrir de cualquier forma, para después llorar desconsoladamente de remordimiento.

Gumercino abrió los ojos, lentamente, y comenzó a examinar el cuarto sencillo donde se encontraba, extrañándole la claridad fosforescente que lo iluminaba. Descansaba en una especie de sofá, que le daba la sensación de estar sentado sobre algo muy liviano; posaba sobre él un cobertor que le producía un efecto vitalizante, pues sentía un frío inaguantable cuando se destapaba. Los pies estaban apoyados en un posapie revestido de algodón, tal era la sensación. A su lado había una jarra de cristal, conteniendo un líquido rosado oscuro, parecido al jugo de las fresas; junto a la ventana de un color aluminio brillante, ondulaba dos cortinas muy blancas, con caprichosos bordados color malva, muy agradables. Algunos vasos de material transparente, parecido a las conchas del mar cuando se encuentran mirando hacia arriba, estaban llenas de flores color azules, rosas, lilas y topacios. Todo era muy simple, pero, además de agradable era sumamente tranquilizante.

Gumercino se sentía algo confuso y perturbado cuando esos luminosos colores empalidecían, pues sentía el deseo imperioso de alejarse del lugar. En aquel momento desaparecía la fosforescencia opalina para dar lugar a otra luz cenicienta y sombría; y él juraba, que había entrevisto la imagen llorosa de su esposa. Creía que todavía estaba atontado por los golpes recibidos en la espectacular caída del camión, por eso trataba de conocer el lugar donde estaba hospitalizado.

En esos momentos, se reanimó al ver que entraba al cuarto un señor de edad, de porte alto, majestuoso y noble. Los cabellos eran blancos y abundantes, con ciertos reflejos plateados. En su rostro se destacaban las cejas sombreadas, gruesas, arqueadas sobre los ojos brillosos y dominadores, lo que le daba un aspecto incomún al contrastar con sus cabellos. Vestía una especie de túnica, que le llegaba hasta la garganta, la sujetaba a la cintura por un cinto largo, con ciertos relieves bronceados. Los pantalones eran amplios y de color manteca, que terminaban sujetos a los tobillos, sobreponiéndolos un par de botas pequeñas, de un bonito y agradable color castaño. A pesar de su traje tener algo de la indumentaria de los griegos, la fisonomía llena de vitalidad, demostraba las características del tipo italiano, de contextura musculosa similar del calabrés. Se aproximó al sillón y Gumercino observó que de sus finas manos parecían salir azulados reflejos, cuando con gesto suave y armonioso le tocó la cabeza, la región cardíaca y el plexo solar, como si lo auscultara profesionalmente. En seguida movió la cabeza y dirigiéndose a Gumercino con voz cálida y cordial, le dijo:

—¡Hermano mío, se encuentra bien! Vengo a verlo y a felicitarlo por su buena disposición periespiritual.

Aunque estaba algo sorprendido por el trato afable y el extraño diagnóstico dado, que en nada le ayudaba, Gumercino se apresuró a decir, a la vez que suspiraba aliviado:

—Doctor, sabe Ud. que yo me encontraba bastante confuso de mi situación. —Y después rió, en un gesto casi infantil—. ¡Créame, doctor, llegué a imaginar que había muerto! Por favor, ¿me puede decir dónde me encuentro hospitalizado?

El señor de edad, a pesar a su fisonomía severa, dejó entrever en el rostro una expresión traviesa, y mirando a Gumercino muy fijamente, que le hizo estremecer todo el cuerpo, paulatinamente fue recordando cosas, e inclusive imágenes conocidas. Gumercino asombrado, fue conociendo ambientes, reveía personas extrañas y conocidas en lugares que le eran familiares, pero no recordaba haberlos visto en toda su existencia. En vez del paisaje de Itaperica y de las riberas del río Piedras, sólo percibía un lugar montañoso, atravesado por un camino blanquecino, hecho de piedras talladas y mármoles. Atónito, se veía como otro hombre, y caminando en un lugar diferente, se reconocía a sí mismo, pero nada tenía que ver con Gumercino. Todavía se encontraba bajo la fuerza magnética del señor de ojos luminosos, y de repente tuvo un sobresalto, un verdadero estallido en el cerebro, y sin reparo alguno exclamó con profundo asombro:

—¡Santo Dios! ¿He muerto?

Y ante el acento afirmativo de su interlocutor, preguntó:

—¿Don Giovanni?

—¡Sí, Gumercino, sí caro Pietro, "il Cosentino"; yo soy Don Giovanni!

Gumercino abrió la boca, confundido, bajó la cabeza, pues todo se iba aclarando en su mente, respecto al pasado. Al instante, preguntó humillado:

—¿Murieron todos?

—¡Quince! ¿No eran quince?

—¡Sí! Don Giovanni; ¿cómo es que sucedió tan rápido? ¡Aún me parece estar en Cosenza, enamorado del mar Jonio, del Tirreno y el Pico Polino! —Y en un prolongado suspiro, exclamó:— ¡Parece que fue ayer; aceptamos su consejo y por lógica, también su programa de recuperación. ¿No fue así? —Impulsado por un rápido recuerdo, acentuó:— ¡Qué pena! ¿Carletto escapó a la prueba?

—¡No! —exclamó Don Giovanni— Carletto también se encontraba presente en el desastre. Conseguimos burlar su voluntad y lo encaminamos hacia la tierra, a su debido tiempo. También es cierto, que no le cabe el mérito de haber escogido libremente.

—¿Quién fue?

—Bonifacio —esclareció el mentor. Y agregó:— ¡La Ley es severa, pero muy justa! Ningún extraño sufre por el acontecimiento rectificador, porque fueron apartados a última hora. Los sobrevivientes heridos muy pronto proseguirán con su existencia educativa, y más fortalecidos para el futuro.

—¡Hum! —hizo Gumercino sacudiendo la cabeza— ¿Estaremos a mano con la Ley?

Don Giovanni no respondió, pero se encaminó hacia la ventana y de un solo intento abrió las cortinas, permitiendo ver una hermosa colina, que se encontraba envuelta por una tenue y luminosa nube, en cuya cima se veía una modesta y blanquecina casita, rodeada de flores y delicados arbustos. Bandadas de pájaros revoloteaban como si fueran focos de luces vivas, se posaban sobre las ramas de los árboles y disfrutaban del frescor que les brindaba la hermosa fuente de agua cristalina. Gumercino sintió que su alma se arrebataba por una inefable dicha espiritual, e inmediatamente preguntó en forma suplicante:

—¿Dónde está Virginia?

—Lo está esperando en el reposo sideral, y a su debido tiempo, ustedes comenzarán el programa conjeturado hace siglos, y desde ahora, podrán ayudar a los retrasados. Virginia se dedicó y trabajó a su favor, por eso usted se encuentra aquí bien asistido. A pesar de su pasado de violencias, su simple existencia en la figura de Gumercino, le ha servido de mucho para su recuperación espiritual. Hay mucha diferencia entre la sencilla vida de un mestizo brasileño, comparado a la indeseable fortuna de un Don Pietro, "Il Cosentino", ¿no es verdad?

Mientras tanto, Don Giovanni también parecía que evocaba sus recuerdos amargos en la sucesión de los siglos pasados; Gumercino cerró los ojos y nuevamente se vio en la figura de aquel célebre "Il Cosentino", cerebro de una cuadrilla de bandoleros cuyo jefe era Carletto, los que asaltaban a los ricos viajeros, y ante cualquier reacción, los arrojaban con sus carruajes, cuesta abajo, destrozándolos en los abismos insondables de Calabria, en Italia. Sus reminiscencias fueron interrumpidas por la voz severa y fraternal de Don Giovanni:

—¡Primero el error! ¡Después el dolor! ¡Y, finalmente, la recuperación! Ahora, le toca "reiniciar" el curso educativo, pues solo el amor, el bien y el estudio, son los que hacen progresar al espíritu. —Reflexionando, acentuó—¡El dolor y el sufrimiento no nos hacen evolucionar, pero sí rectificar!

ASI ESTABA ESCRITO

Eran las dos de la mañana. El aire era caluroso y pesado. Las mariposas y los bichos danzaban enloquecidos alrededor de la lamparilla eléctrica de la plaza. Los bancos estaban vacíos y solo se oían los gruñidos de algún borracho, intentando encontrar el camino de su casa. Por momentos, el silencio de la noche se interrumpía por el ruido de los carros de los panaderos, que trataban de hacer sus entregas a toda marcha. Cerca de allí, se habían estacionado dos automóviles de alquiler. Los choferes dormían muy cómodamente sobre los asientos delanteros, aprovechando del breve tiempo del que disponían, mientras no apareciera algún pasajero.

De las sombras surgió la figura de una mujer pequeña, que con movimientos rápidos se ocultaba tras los árboles del lugar; atenta a cualquier movimiento exterior, trataba de no hacerse ver a la luz de los focos de la calle. De improviso, se detuvo indecisa. Se orientó en medio de la oscuridad y se adelantó sigilosamente hacia donde estaban los dos automóviles estacionados. Cautelosamente observó si los choferes dormían. En seguida, tomó un paquete que llevaba consigo y lo introdujo en el recolector de basura, que estaba junto a un banco de cemento. La silueta de la mujer se deslizó rápidamente en medio de las densas sombras, de donde había venido. Todo continuó, como si nada hubiese sucedido; pero la quietud fue quebrada por una vigorosa voz masculina:

—¡Señor, Waldemar! ¡Vamos, despierte hombre! —El pasajero golpeó con fuerza el vidrio de la portezuela del automóvil. El chofer despertó y entre sueños, estiró los brazos en un movimiento para aliviar la tensión del cuerpo. Abrió rápido la puerta del automóvil para que se introdujera el cliente. En ese instante, ambos oyeron muy cerca de allí, un llanto apagado, que les hizo mover la cabeza, en un gesto unánime de sorpresa hacia el recipiente recolector de residuos.

—¡He! —manifestó el pasajero, desistiendo de entrar en el vehículo— ¡Allí hay una cosa!

El chofer salió del auto y se acercó al lugar del recipiente, y tomando el paquete dejado por la mujer misteriosa, lo miraba, sin dar crédito a lo que sus ojos veían. Liberado el pequeño de los paños que lo oprimían, el recién nacido comenzó a llorar, sin miras de parar.

—¡Lo que me faltaba! —exclamó el chofer, tomando el gorrito y poniéndolo sobre la cabecita. Caminó con el niño en brazos hasta el otro vehículo, golpeando fuertemente la puerta, sacando al colega de su tranquilo sueño:

—¡Armando!... ¡Armando! ¡Despierta, hombre!... ¡Tenemos novedades por aquí!

Y cuando el compañero despertó, le mostró el bebé que lloraba desconsoladamente, diciéndole intencionadamente y con aire de broma:

—¡Mirá, no ves que allí está tu hijo! ¡Por algo desconfiaba yo de ti!

—¿Qué? —exclamó el otro, totalmente desconcertado, mientras el pasajero reía gozoso, añadiendo después:

—Es un ser humano, ¿no es verdad? Creo, que debemos llevarlo a la Policía, para que se haga cargo! —Y con un gesto familiar, exclamó:

—¡A no ser, que alguno de vosotros quiera adoptarlo!

—¿Yo? —dijo el segundo chofer.— Mal puedo atender mis cinco bocas en casa.

Y, el primero, manifestó:

—¡Yo soy soltero! No tengo aptitudes para ama de casa.

En la Sección "Orden Social" de la Comisaría, el suplente de la noche tiró una bocanada de humo del cigarro y sin emotividad alguna manifestó:

—Seguro, que eso es de alguna vagabunda. Ellas hinchan su barriga y después dejan el hijo, para que otros lo críen. Eso es muy común. Esa tuvo remordimiento, por eso lo abandonó y no lo mató.

Y después de una pausa, rascándose la cabeza, como buscando una solución, dijo:

—Tampoco podemos obligar a una sinvergüenza a que críe a sus hijos. En cuanto a eso, nada podemos hacer. Tal vez ese diablo, tenga hambre, pues no para de berrear. —En seguida, mirando a la criatura, dijo:— me parece que lo voy a recomendar a una gente conocida mía. —Y señalando al mismo, preguntó:
¿Es niño o niña?
—Niña —exclamó el chofer.
El suplente se sentó en el escritorio y tomando una lapicera, escribió una nota rápidamente, la que entregó a los choferes:
—Lleven la nota a la "Casa Magdalena" y díganle a Doña Lavinia, que recoja a esa niña, hasta mañana. Más tarde pasaré por allí y daré una solución definitiva al asunto. ¡Cuéntenle que la encontraron en un recipiente de basura!
La "Casa Magdalena" era un edificio nuevo, amplio y de estilo moderno. Fruto de donaciones generosas de los espíritas y destinada exclusivamente a recoger, mantener y educar a las niñas huérfanas y abandonadas. Tenía una capacidad para cincuenta niñas, mientras tanto, allí se albergaban sesenta y cinco. A pesar de los alegatos justos de Doña Lavinia, mujer trabajadora y responsable por la marcha beneficiosa de la Institución, se vio obligada a aceptar el encargo, primero para no desamparar a la criatura, y segundo, para no contradecir al suplente y amigo, que era un efectivo colaborador de la casa.
Le escogieron el nombre de Marilda y creció entre las otras niñas, casi todas de la misma edad, pues la "Casa Magdalena" hacía muy poco que se había fundado y amparaba la primera serie de abandonadas y huérfanas. A pesar de los precarios subsidios del gobierno, siempre de mala voluntad para las instituciones benefactoras espíritas, y bastante atento a todas las realizaciones de origen Católico, que le da el apoyo político; fue posible terminar la obra filantrópica, gracias a los donativos de algunos colegas de buen corazón. Felizmente, la institución tenía las condiciones apropiadas para satisfacer todas las necesidades de las criaturas.
La casa se había construido en el centro de un hermoso parque, el que se encontraba en excelentes condiciones. Los rosedales, plantados en grupos aislados, estaban cubiertos de flores y coloreaban el ambiente con matices rojizos, yema de huevo, blanco, rosa casi liláceo y un rojizo muy tenue. Rodeaba al edificio una hermosa reja, en cuya baranda, las niñas acostumbraban

a estudiar o conversaban animosamente, sentadas en hermosas poltronas. Los domingos de sol, eran llevadas por el ómnibus de la institución hasta la playa, en donde disfrutaban de los lugares más bellos. La "Casa Magdalena" luchaba por la falta de mentores adecuados para su generosa labor, como suele suceder en la mayoría de las instituciones espíritas. Lavinia, mujer abnegada y el señor Morales, espírita viejo y de muy buen carácter, mal podían atender las necesidades físicas de las internadas, en número superior al previsto en el programa filantrópico. No tenían tiempo suficiente para atender los problemas emotivos y de esclarecimiento espiritual; todo se hacía a las carreras y ambos se daban por felices, cuando a la noche, podían orar, convencidos de haber cumplido con su deber.

Sin dudas, que la magnanimidad de los espíritas había contribuido para ofrecer algo mejor a las desamparadas del mundo. La cocina era bastante lujosa y el piso de mosaicos, brillaba de limpio. Las mesas de amasar, eran de patas labradas y la parte superior, de mármol pulido. Los fogones eran alimentados a gas natural. Los cubiertos de alpaca y los platos de porcelana fina, garantizaban la higiene, que siempre se observaba en ese tipo de alimentación colectiva. Las sillas eran confortables y de muy buen gusto, dando un toque de gracia al conjunto. Los cuartos eran limpios y claros, con cortinas de seda y terciopelo, haciendo juego con los acolchados de las camas. A su vez, éstas estaban provistas de modernos colchones y almohadas, sobre las cuales se observaba el gusto del arreglo personal. Pequeños alfombrados con delicados diseños de colores, preservaba a las niñas de un contacto desagradable con el helado piso en invierno.

Bajo la dirección inteligente de los directores de la "Casa Magdalena", no se afectaba el orden personal de las internadas, cosa muy común en otras instituciones semejantes. Las niñas trabajaban en forma diferente entre sí, demostrando el gusto individual hasta en el corte del cabello. Cuando salían a la calle, caminaban graciosamente y lo hacían en grupos afines, riendo venturosas. No ofrecían el desagradable aspecto de un rebaño, como sucedía con los orfanatos religiosos o de las instituciones públicas, que pasan por las calles en largas procesiones y dando el toque característico de los uniformes, zapatos, medias, gorros y hasta el corte de cabello.

Los propios cuartos eran diferentes y permitían un cierto toque personal; variaba desde el estilo de los adornos y el bordado de las colchas. Los salones eran amplios y bien decorados, es decir, a la moda. La principal diversión era la radio, y unos años después, la dirección consiguió un proyector, pasando películas ilustrativas y cómicas.

Marilda crecía en ese ambiente amigo, confortable y placentero. Mientras tanto, tardó bastante tiempo en demostrar su temperamento obstinado, rebelde y desobediente, siempre desconforme con la disciplina y las obligaciones cotidianas. Doña Lavinia se vio obligada a hacerle serias advertencias, además de las amonestaciones que recibía de parte del señor Morales; hombre justo, severo pero incisivo. A pesar de los tratos afectivos y cariñosos con que la trataban, varias veces tuvieron que amenazarla con recluirla, pues cada día que pasaba se transformaba en un serio problema para la "Casa Magdalena", porque su mal comportamiento era un mal ejemplo para las demás. Destrozaba irritada todo cuanto le daban, cuando no la dejaban proceder a gusto. Comenzó muy mal la pubertad, pues ponía cara sombría y enojada, cuando los responsables de la institución no la dejaban "flirtear" junto a los portones de hierro, donde algunos jóvenes ociosos burlaban la vigilancia de los celadores para cortejarla.

Sonia, otra jovencita de procederes livianos, se alió incondicionalmente a Marilda en la tarea de contrariar a los celadores, tratando de concretar encuentros furtivos de noche. Finalmente, Lavinia y Morales consultaron a los directores de la institución, solicitándoles prorrogativas para actuar con más rigor y evitar consecuencias peores, pues ambas jóvenes ya estaban por cumplir los dieciséis años de edad y se manifestaban resueltamente contrarias a la disciplina de la casa. Además, tuvieron que ser aisladas de las otras niñas, ante el descubrimiento de esconder revistas perniciosas, que ambas contrabandeaban desde afuera. A pesar de la severa vigilancia y del trato disciplinario, cierta mañana, doña Lavinia casi desfalleció por la amarga noticia: ¡Marilda estaba grávida!

Morales y Lavinia, heridos al ser burlados en el celo y dedicación para con las internadas, no pudieron esconder el dolor y la frustración incalculable por el fracaso en sus funciones educativas para las menores. ¿Qué motivos tendría Marilda, para demostrar tamaña ingratitud? El autor de la desgracia era el conductor del ómnibus de la institución, que arrepentido asumió en pleno la responsabilidad y el acto del casamiento fue realizado en la propia "Casa Magdalena".

Lavinia y Morales no conseguían liberarse del resentimiento que hería a sus espíritus amargados. Desde ese momento modificaron el tratamiento habitual para las restantes jóvenes, y pasaron a actuar con el máximo de rigor y vigilancia, alegando que fueron advertidos severamente para el futuro. Restringieron las diversiones, excursiones y paseos. Transformándose en obcecados y bruscos de tratos, alegando que Marilda había procedido así con ellos, porque habían sido condescendientes y cariñosos por demás con ella. Las jóvenes tenían que ir a dormir mucho más temprano y las visitas, aparte de las de los parientes, fueron prácticamente prohibidas. Las imprudentes que se aproximaran a los portones de hierro, serían inmediatamente recluidas y se les prohibía la asistencia a la sala de proyección cinematográfica.

Cuando Sonia fue denunciada como principal cómplice de Marilda, le cayó encima todo el peso del desquite de doña Lavinia y Morales. Desde aquel momento le siguieron todos sus pasos y la vigilaban minuto a minuto, le revisaban todos los armarios y pertenencias personales, en busca de revistas censurables o notas de los enamorados. Bajo cualquier pretexto le prohibían cualquier diversión. Sonia era una joven astuta y disimulada. Su espíritu vengativo iba acumulando la ofensiva que iría a tomar contra los celadores, y poco se incomodaba con la amenaza de ser expulsada si intentaba cualquier contacto con el exterior. Aceptaba tranquilamente las reprimendas anticipadas por "aquello que pudiera hacer" de errado, pero sus ojos no escondían el sarcasmo y la venganza que día a día iba adosando a su alma.

Cierta mañana fría y lluviosa, Lavinia y Morales fueron sorprendidos con la chocante noticia; Sonia había huido durante la noche, con un joven aprendiz de carpintería, ayudada por varias compañeras anónimas. ¡Pero, lo peor vino después; el seductor era casado! Lavinia y Morales amenazaron con darles castigos severos a todas las internadas si no denunciaban a las cómplices de Sonia. A pesar de todo, ninguna hizo la más mínima denuncia, pero los celadores percibieron en los gestos y en los ojos de las jóvenes el odio que iban acumulando. Desde ese mismo momento comenzaron a cargosearlas y el ambiente se fue poniendo tenso, hasta el punto, que la tristeza general ganó terreno y empañó las funciones benéficas de aquella institución. No había transcurrido más que un año y pocos meses cuando los responsables de la institución recibieron un nuevo y duro golpe. Marilda y Sonia, similares en temperamento, se volvieron amigas inseparables en el mundo profano y totalmente desajustadas y sin experiencia alguna para enfrentar la responsabilidad y las luchas de un hogar pobre, resultando definitivamente, que ambas se rebelaron contra la vida conyugal, y para asombro de los vecinos, un día se mudaron al barrio de las meretrices, de esa ciudad.

Lavinia y Morales, que ya se iban recuperando de sus amarguras y resentimientos anteriores, en esta oportunidad, quedaron totalmente destrozados. El destino cruel les cargaba sobre sus hombros la ruta equivocada que habían tomado esas dos jóvenes. No podían comprender los motivos de aquella decisión tan condenable, después de tanto cariño, instrucción y atenciones que se les había proporcionado en la "Casa Magdalena". Además, se sabía que los compañeros de Sonia y Marilda, aunque eran modestos operarios, vivían contentos y sustentaban razonablemente la casa y eran felices con su primer hijo. No lograban explicarse los motivos de la caída brusca, tanto moral como espiritual de esas dos jóvenes. ¿Dónde residían las equivocaciones de Lavinia y Morales? ¿Dónde se encontraba la falla principal de la institución que debía amparar a las niñas sin hogar? Pocos días después, Morales dimitió, alegando que era inútil el amor y el bien que se brindaba a las criaturas, imperfectas y de mala fe, dejando entrever su amor propio herido.

La directoría de la "Casa Magdalena" estaba bastante molesta respecto a la responsabilidad, temiendo que repercutiera en la ayuda que se necesitaba para proseguir con la asistencia de la institución. Entonces comenzaron a preguntarse: ¿convenía proseguir con la obra? La implacabilidad de la Ley Kármica parecía querer negar propositadamente a esas criaturas, el hogar amigo. Sonia y Marilda podían ser un caso excepcional, como criaturas de carácter malo y unidas por sentimientos censurables. Entonces, ¿cómo distinguir en el futuro, las huérfanas de "buen" o "mal" carácter acogidas por la institución? En medio de las 63 internadas, ¿cuántas Marildas y Sonias todavía había en potencial y capaces de repetir esos momentos tan desagradables y deplorables?

Sin lugar a dudas, que era muy doloroso comprobar que los

sacrificios, las preocupaciones y el ideal tan elevado de los espíritus al fundar la "Casa Magdalena" terminasen en un futuro desastroso. Dos simientes vivas, plantadas en aquel jardín, alimentadas con la mejor nutrición para las almas, transformándose en frutos corrompidos cuando debían comenzar a dar lo mejor de sí mismas. Entre las primeras jóvenes llegadas a la edad de adultas, después de acariciadas y educadas bajo los preceptos espirituales, habían optado por la casa pública de un barrio bajo, negando rotundamente los preceptos aprendidos. Después de una conmovedora reunión de los directores, se resolvió consultar a la entidad de Abelardo, mentor de la casa y siempre dispuesto para ayudar en los problemas de orden espiritual.

En una noche tranquila, con la presencia de Lavinia y de todos los miembros de la institución, se hizo la reunión destinada a oír los consejos y consideraciones de lo Alto. Hecha la lectura del Evangelio, capítulo "Buscad y encontraréis" (Matheo, VII vs. 7 y 11), Abelardo se puso a disposición de los compañeros encarnados, actuando a través de Agustín, médium de muy buena cualidad espiritual. Lavinia, mujer decidida y acostumbrada a dirigir, mal podía contener la tortura que le roía el alma, preguntó en forma un poco avasalladora:

—Hermano Abelardo; creo que ya conocéis los motivos de esta reunión mediúmnica, pues fuimos seriamente desprestigiados en nuestros trabajos asistenciales en la "Casa Magdalena", donde amparamos decenas de niñas huérfanas. Nuestro cariño, desinterés y abnegación brindados a las mismas, ha sido interferido por las fuerzas maléficas a fin de controvertir los objetivos elevados y cristianos.

Haciendo una pausa, aumentó la expectativa de los presentes, cuando preguntó nerviosa y casi desesperada:

—¿Por qué esas niñas, Marilda y Sonia, destruyeron tantos años de afecto y beneficio, terminando por recluirse en lugares licenciosos, sin afecto, y maltratadas por el mundo? ¿Cuál ha sido nuestra equivocación? ¿Cuál es la causa de nuestro fracaso?

Abelardo, calmo y atento, dejaba entrever esa actitud en la fisonomía del médium, respondiendo inmediatamente:

—Mis queridos hermanos, observad que la misma tierra, después de labrada no sólo ofrece productos sanos, sino, que también abundan las hierbas dañinas. Se planta el trigo y el yuyo existente en la tierra, nacen juntos. ¡No podemos separarlos, con anticipación! También es cierto, que bajo el cariño, el discernimiento y la perseverancia del labrador, muy pronto el suelo se vuelve fértil y los granos crecen mejor. Obviamente, nosotros no podemos esperar los frutos sazonados, sin antes haber experimentado las sorpresas que nos depara el período experimental de la siembra. Algo semejante puede suceder con vosotros en la dirección filantrópica de la "Casa Magdalena", cuyo terreno todavía se manifiesta inculto y agreste. Tal vez, os faltan los conocimientos psicológicos y freudianos, experiencias y métodos modernos de educación. Debéis poseer un control emotivo y un mejor discernimiento de educadores para poder percibiros la índole y las reacciones de esos espíritus comprometidos espiritualmente en la prueba kármica de una orfandad bastarda. Considerando que no hay injusticia en el seno de la Divinidad, es evidente que esas criaturas abandonadas en las puertas de las iglesias o en los recipientes de desperdicios, despreciadas por sus padres, preceptores o benefactores de otras existencias, son espíritus primarios y egoístas, adheridos a las sensaciones inferiores del sexo. Si después de eso, encarnaran en hogares normales, afectivos y venturosos, entonces la ley de rectificación espiritual sería apenas una fantasía. Más allá de la asistencia material y de la protección física tenéis que desenvolver la habilidad, la experiencia y el estoicismo espiritual a través de esas criaturas, a fin de que ellas superen los impulsos animales, las frustraciones y los óbices que inevitablemente tendrán que afrontar, cuando fueran devueltas al mundo profano. Eso mismo sucede con el labrador, puesto que arranca violentamente las hierbas dañinas y hiere a la planta sana con la poda rectificadora. Usa el mortal insecticida para exterminar los insectos nocivos, a fin de obtener una planta resistente y provechosa.

—Naturalmente, que os referís a nuestra inexperiencia en el programa asistencial a las huérfanas, ¿no es verdad? —intervino uno de los directores de la institución.

—Sin querer criticar o hacer censuras estériles, reconocemos que las instituciones espíritas filantrópicas, por el momento, se enfrentan con la falta de preceptores para alcanzar buen éxito y seguridad en los programas emprendidos. Hay muchos servidores de buena voluntad para atender las exigencias humanas de los desheredados de la suerte, pero es muy reducido el "equipo' de preceptores para esclarecerlos y enseñarlos a enfrentar las vicisitudes de la vida.[1] Repito, no basta que el labrador plante la semilla en terreno bueno, las preserve de los insectos dañinos, de las lluvias torrenciales, de las asperezas de las heladas o de las violencias de los tifones. Aunque el suelo se encuentre bien abonado y las especies bien protegidas, es necesario podar las mismas "en el tiempo apropiado", cuando son tiernas, dando condiciones apropiadas al vegetal para que sobreviva naturalmente.

Y Abelardo acentuó lo manifestado con voz conciliadora y cordial:

—La "cualidad" del injerto de la naranja buena debe predominar sobre la fuerza impetuosa de la naranja brava; así la cualidad superior del espíritu humano debe sobrepujar la "tendencia" inferior del instinto animal de la carne.

—Entonces, ¿qué debemos hacer, querido hermano Abelardo, si después de grandes esfuerzos, capacidad, recursos e inteligencia para buscar una mejor solución a nuestros problemas asistenciales, aún fracasamos por ser imprevisores? —preguntó el presidente de la mesa.

—¡Trabajar y proseguir! Cada fracaso, inexperiencia, imprevisión y perjuicio, son nuevas advertencias y enseñanzas para alcanzar el éxito futuro. El mundo en que vivís tampoco es perfecto y está hecho de desilusiones; ¡mas el Padre continúa trabajando para nuestro eterno bien!

—¿No sería más lógico que dejáramos a los "infortunados" que cumplan el karma bajo la espontaneidad de la misma vida? ¿Qué podemos hacer ante la Ley Espiritual, que los obliga a sufrir los efectos de las actividades nocivas del pasado?

—En primer lugar, al hacer el bien al prójimo solo estamos "haciendo a los otros", exactamente, nuestro propio bien. Amar es evolucionar. Además, si esas almas fueron puestas desde muy temprano en el mundo sin la cobertura de un hogar y sin rumbo fijo, aunque parezcan niñas inocentes, ellas serán transformadas en materia prima carnal para la explotación del placer de otras criaturas inescrupulosas y perversas, que las corromperán desde pequeñas, sin darles oportunidad para su redención. Al comen-

[1] *Nota del Médium*: Por coincidencia de pensamientos del espíritu de Abelardo, con el asunto de idénticas características del hermano X, seudónimo de Humberto de Campos, referente a la diferencia notable entre "amparar" y "esclarecer" transcribimos "Lecciones en las Tinieblas", al final del presente cuento.

zar su infelicidad desde la infancia, les aumenta su rebeldía ante el Creador. La cooperación amorosa y desinteresada de mujeres y hombres, como Lavinia y Morales, en el ambiente purificado de las instituciones de ayuda, proporcionándoles agasajos, alimentación, diversión y amistad, y aún así, no se corrigieran por fuerza de las pasiones inferiores, jamás podrán olvidar el bien recibido. Mas si fueran arrojadas desde muy temprano en el mundo, no quedan en deuda, ni tienen obligaciones con la humanidad. Pero, no olvidemos que el Padre trata de redimir por el amor y no por el dolor, pues ésta es la solución drástica cuando fallan todas las inspiraciones superiores. Bajo el amparo de las instituciones venturosas, no podrán odiar al mundo que las protege desde sus primeros pasos en la vida carnal.

Abelardo terminó de hablar, y como era su costumbre, antes de emitir el concepto final del asunto puesto en consideración, agregó pausadamente:

—En verdad, queridos hermanos, nadie odia con sana conciencia el bien recibido, pero sí ha de arrepentirse de los beneficios que destruye por su maldad. Marilda y Sonia deben odiar a los hombres que trataron de hacerlas infelices, pero no pueden prolongar ese odio hacia la "Casa Magdalena", en donde vivieron momentos de felicidad, tanto en la infancia como en su juventud.

—¿Es aconsejable proseguir con la obra desenvuelta a través de la "Casa Magdalena" a pesar de los fracasos surgidos? —preguntó el tesorero de la institución.

—Depende de la disposición espiritual de los hermanos —acentuó Abelardo.

—Desearíamos tener mejores esclarecimientos del asunto.

—Si es que desean ayudar al prójimo, sin ambicionar glorias, lucros ni títulos en el Paraíso, yo recomiendo y también aconsejo lo mismo que dijo otra entidad espiritual, a través del excelente médium que nos indicó "Ayude y Pase".[2] De esa forma la caridad es totalmente desinteresada y exclusiva del Bien por el Bien mismo, sin necesidad de indagar sobre los resultados o recompensas.

—Y nuestros sentimientos amorosos, por ventura ¿no influyen

---

[2] *Nota del Médium*: Concepto del espíritu de André Luiz, por intermedio de Chico C. Xavier, insertado en la "Agenda Cristiana".

sobre los desheredados, por los cuales tenemos responsabilidades? —inquirió Lavinia.

—A pesar de disponer de los mejores sentimientos de amor y abnegación en favor de nuestros hermanos infelices, jamás podremos liberarlos de la rectificación espiritual por los errores cometidos en el pasado. El ángel no es el producto de una fabricación en masa, sino de la conquista gradual y real del mismo ser. Cada uno de nosotros tendrá que progresar delante el proceso general que estimula y reajusta, impulsa y corrige, orienta y gradúa. Los espíritas, principalmente, saben que la Ley Sideral no se modifica ni se desvía en su ritmo educativo para atender privilegios y sentimentalismos humanos. "Quien siembra vientos, recoge tempestades", pues si la "siembra es libre, la cosecha es obligatoria".

Cambiando el tono de su exposición, Abelardo continuó diciendo:

—Jamás podríamos olvidar la renuncia, el afecto y la acción benigna de los batalladores de la "Casa Magdalena". Meditemos sobre la naturaleza y cualidad espiritual de las criaturas que no merecen un hogar. ¿Por qué? Bajo la lógica de la Ley Kármica, son almas atrasadas que en vidas anteriores despreciaron a los padres y sus respectivos hogares por los placeres de la materia. Egoístas, livianas, sensuales, ociosas o rebeldes, cuidaron únicamente de sí mismas, e hicieron de la vida humana una constante diversión. Pagaron todo el bien recibido con la ingratitud más fría. Mientras tanto, la pedagogía espiritual preconiza que el "espíritu será beneficiado según sean sus obras" y no conforme al "amor ajeno". Aunque se encuentren amparadas, ellas tendrán que aceptar la cosecha buena o mala que hicieron en el pasado.

Abelardo hizo una nueva pausa, dejando entrever que estaba disponiendo todo lo necesario para dejar finiquitado el temario tratado:

—Marilda y Sonia descendieron a la carne para cumplir una prueba de desventura esquematizadas por las imprudencias de otrora. Sin dudas, que la Ley Kármica las marcó con la orfandad, sin tener acceso al hogar amigo, que ya habían despreciado anteriormente. Planificaron la actual existencia conforme a las líneas de fuerzas espirituales generadas kármicamente, que no les daba derecho a la cuna dorada y acogedora. Gracias a los sentimientos generosos de las personas bondadosas, fueron acogidas

71

en la "Casa Magdalena" y comenzaron a usufructuar del confort, placeres y favores, que aún no tenían derecho. Todavía, la Ley Espiritual, que no es punitiva, pero sí educativa, esperó de ambas la regeneración en esa nueva oportunidad y sólo volvió a actuar cuando verificó que ellas, incautas, volvieron a repetir los mismos errores del pasado, cediendo nuevamente a los impulsos de la animalidad inferior. Almas primarias, reaccionaron enojadas e insatisfechas contra la primera advertencia justa y disciplina correctiva. Aunque estaban amparadas materialmente, no estaban suficientemente esclarecidas para enfrentar las dificultades y sufrimientos de la vida cotidiana y fueron atraídas para la prostitución, por las tendencias ancestrales de anteriores vidas.

Lavinia se mostró inquieta y nerviosa y preguntó al guía:

—Por ventura, hermano Abelardo, ¿nosotros fuimos insuficientes para tratar a esas huérfanas?

—En verdad, no faltó amor ni protección a las jóvenes frustradas, pero sí esclarecimientos para que pudieran superar las celadas que les deparaba la vida profana. —Insistió Abelardo cordialmente—. No se puede culpar a los integrantes de la "Casa Magdalena" por esa omisión involuntaria, cuando sus servidores mal consiguen atender las necesidades materiales de las internadas.

Y Abelardo añadió, con una sonrisa fraterna:

—Además, todo eso ya sucedió con anterioridad a nosotros mismos.

—¡No comprendo! —exclamó Lavinia, algo confusa.

—Criaturas como Sonia y Marilda, todavía no consiguen dominar los deseos, las tentaciones y las dificultades de la vida humana, mientras ellas no fueran convenientemente educadas en lo espiritual. Hasta las almas de mejor padrón espiritual, a veces fracasan en el intercambio con las pasiones humanas. Espíritus primarios son los que reaccionan ante la primera contrariedad, desmereciéndose por la diferencia del trato ajeno y rebelándose cuando les impiden la realización inmediata de sus deseos.

—Sin embargo, eso no es suficiente para que se justifique el vuelco hacia la prostitución —insistió Lavinia, desconforme.

—Me ajusto a los hechos ocurridos, sin examinar sentimientos ni hacer críticas a vuestras buenas intenciones. Aunque la ternura, la devoción y renuncia sean virtudes que os glorifican ante Dios, por eso, no se ha de modificar la aplicación correcta y educativa de la Ley del Karma sobre los espíritus errados. Examinamos *fríamente* la vida agradable y sin obligaciones onerosas de Marilda y Sonia transcurrida en la "Casa Magdalena" hasta los diecisiete años de edad, en comparación con los contrastes que ambas debían afrontar en el trabajo penoso de mujeres casadas con hombres pobres.

En la "Casa Magdalena" caminaban sobre delicados pisos de madera, reposaban en cómodos sillones y dormían sobre colchones confortables y agradables, protegidas por blancas sábanas, además del vistoso acolchado que daba el toque grato de sentirse en un verdadero hogar. Vivían despreocupadas y alegres, asistían a la sala de proyecciones y a los hermosos y saludables programas de festividades en los días domingos. Durante el verano dormían tranquilamente en los amplios y ventilados aposentos. En sus dolores y enfermedades siempre tuvieron asistencia médica. Cumplían las tareas escolares en medio de los floridos jardines y se alimentaban a gusto, con abundantes sobremesas. Durante la Navidad y Pascua, los espíritas les ofrecían presentes y bombones de chocolate, o les festejaban los aniversarios en conmemoraciones joviales con las bebidas, tortas y velas. Desgraciadamente, debido a su primitivismo espiritual y ciegas por el egoísmo y amor propio, llegaron a la edad juvenil sin desenvolver la paciencia, resignación, coraje y estoicismo, virtudes necesarias para las mujeres emparentadas con la pobreza. Sin dudas, que habiendo jurado venganza contra sus benefactores, terminaron cavando su propia ruina, en franca rebeldía contra la disciplina y los estatutos de la "Casa Magdalena", y después no pudieron superar los contrastes violentos y óbices imprevistos encontrados en el mundo.

—Agradeceríamos al hermano Abelardo que nos aclarara respecto de "esos contrastes violentos" que Sonia y Marilda tuvieron que enfrentar al dejar la "Casa Magdalena" —solicitó el director de la casa.

—Para empezar, debemos examinar los motivos psicológicos que minaron la resistencia espiritual de esas dos desventuradas, para poder sacar ilaciones provechosas para el futuro. Tal vez hubieran sobrevivido en un ambiente confortable, similar a la institución vuestra; pero, en base a su pasado delictuoso, la Ley Espiritual no les permitió otros favores que no sean el hogar pobre y los compañeros inciertos y de pocos recursos. La infancia y la juventud de Sonia y Marilda, en vuestra institución, fue un premio anticipado al cual todavía no eran merecedoras. Entre la vida agradable de la institución y las obligaciones propias de las mujeres casadas, se formó un gran abismo que no pudieron transponer. Los salarios deficientes de sus compañeros les hacía la vida difícil, atizándole el fuego de la rebelión en sus débiles almas. El choque o los contrastes, entre ambas vidas, fue un cambio muy violento del "bien" hacia lo "malo", de la ociosidad para la responsabilidad, es decir, el camino emprendido desde el "confort" hacia la "miseria", de la "alegría" para la "tristeza".

Todo cambió hacia lo peor; el piso limpio y elegante de la Casa Magdalena, fue sustituido por las tablas mal pulidas de un cuarto, que hacía parte de una casa de feo aspecto en un barrio bajo; la cocina a gas o los utensillos pulidos de la cocina moderna, transformáronse en una negra y humeante cocina, donde la vajilla era de barro y hierro; el colchón, confeccionado de paja mal oliente no ofrecía el descanso reparador. El antiguo y lujoso aposento, amplio y claro, con hermosas cortinas de seda, donde pasaron su infancia, jamás podría compararse al cuarto oscuro y empobrecido, cuyas ventanas estaban adornadas con un simple trapo de algodón a cambio de cortinas. Los baños modernos y las limpias instalaciones de la institución, nada tenían que ver con aquella casillita de tablas entreabiertas, cuyo aspecto era sumamente desagradable. Durante el riguroso invierno, Marilda y Sonia se levantaban a la madrugada para hacer el café y la comida de los compañeros madrugadores. La alegría de la sala cinematográfica y los juegos de diversión desaparecieron y fueron sustituidos por una radio de estante; la mesa siempre abundante de alimentos, golosinas y frutas de su antigua institución, mal podía compararse al guiso de porotos aguados con pedazos de carne, para la refección de los modestos operarios. La primera Navidad que ambas conmemoraron después de casadas, fue sin fiestas y sin presentes; de la Pascua ni se dieron cuenta, faltando los presentes de bombones de chocolate. Además, la pequeña economía del hogar se consumía en las enfermedades de los hijos pequeñitos, agravándoles sus vidas, llena de vicisitudes y desesperos.

En consecuencia, bajo la fuerza de la animalidad fustigante y por la debilidad espiritual, ellas juzgaron vengarse de aquel odioso destino de pobreza y responsabilidades, prefiriendo la prostitución a cambio de las preocupaciones y los deberes onerosos del hogar.

Abelardo hizo un prolongado silencio, dejando percibir que había terminado el asunto principal de su conversación. Entonces Lavinia, cuya voz mal conseguía disimular la protesta y la desilución interna que su alma sentía, preguntó rápidamente:

—¿Entonces poco vale nuestro amor y nuestra dedicación a los desheredados de la suerte, si además de no poder salvarlos de sus errores, todavía debemos asumir la culpa de sus deslices y frustraciones?

Abelardo tomó nuevamente al médium y con voz suave, pero muy significativa, esclareció:

—Mis hermanos, vuestra generosidad y renuncia en favor de los infelices son sentimientos sublimes que os elevan delante de Dios, ratificando las virtudes superiores de la Vida Inmortal.

Y resumiendo todo su pensamiento fraterno, terminó diciendo:

—¡La verdad, mis queridos hermanos, es que "ninguno ayuda al prójimo, sin que se esté ayudando a sí mismo"!

LECCION EN LAS TINIEBLAS

Mensaje de Humberto de Campos, recibido por Chico Xavier, extraído de la revista "O REFORMADOR", de Julio de 1965.

En el valle de las tinieblas, sufrían cantidades inmensas de Espíritus infelices.

Risas, obscenidades, injurias y oprobios.

Se planeaban asaltos, se urdían crímenes.

El Espíritu bienhechor penetró en la caverna, apaciguando y bendiciendo...

Aquí, abrazaba a un desventurado, apartándolo de la turba, para poder entregarlo más tarde a los equipos de socorros; más allá, aliviaba con su suave magnetismo la cabeza atormentada de las entidades que desvariaban...

El trabajo asistencial continuaba siendo difícil, cuando un enfurecido comandante de esa turba, lleno de crueldad, al descubrirlo; se aquietó completamente e impuso respeto y serenidad, permitiéndole que la noble entidad del Bien pasara en medio de ellos sin ser molestado.

—¿Me conoces? —interrogó el recién llegado, asombrado y a su vez agradecido.

—Sí —dijo el enfurecido jefe de las sombras— yo era un enfermo en la tierra y curaste mi cuerpo que la enfermedad lo desfiguraba. Me recuerdo perfectamente del gran cuidado que ponías al lavarme las heridas...

Los circunstantes entraron en conversación de improviso y uno de ellos, de dura expresión, señaló al visitador y dijo al amigo:

—¿Qué más te hizo este hombre en el mundo para que nos veamos forzados a respetarlo?

—Me dio techo y hospedaje.

Otro más, volvió a preguntar:

—¿Qué más?

—Dio a mi casa el pan y la ropa necesaria, liberándonos de la desnudez y el hambre...

Surgió otro del montón y preguntó con ironía:

—¿Nada más?

—Muchas veces dividía conmigo lo que traía en su bolsa, entregándome el bendecido dinero para que la miseria no me arrasara...

Restablecido el silencio, el Espíritu bienhechor, fortalecido por todo lo que oía, agregó con humildad:

—Mi querido hermano, no hice nada más que cumplir con el deber que la fraternidad me imponía; mientras tanto, si te muestras tan generoso conmigo en tus manifestaciones de reconocimiento y amor —que reconozco no merecer— ¿por qué te entregas a la obsesión y a la delincuencia?...

El interpelado parecía sensibilizarse y moviendo tristemente la cabeza manifestó:

—¡En verdad, eres muy bueno y amparaste mi vida, pero no me enseñaste a vivir!...

¡Hermanos espíritas! Cultivemos la divulgación de la Doctrina Renovadora que nos esclarece y unifica. Con el pan del cuerpo, extendamos la luz del alma que nos permita aprender, comprender, razonar y servir.

Hermano X

INQUISICION MODERNA

Giordano Alencastro tenía veintidós años, rebosaba salud y era muy hermoso. Tenía amplia conciencia de su pródiga vitalidad; gustaba muchísimo de sentirse admirado en toda la ciudad, cuyo cuerpo parecía ondearse al caminar majestuosamente. La Naturaleza había exagerado; le había dado demasiado vigor y perfección en las formas. Su alma reflejaba felicidad, no había conocido jamás los dolores, ni las frustraciones tan comunes a la vida humana. En su persona, todo se había dado con exceso; sus manos, aunque eran fuertes y decididas para trabajar, demostraban cierta gracia en sus movimientos, con toques sinuosos y sensuales. Cuando reía, mostraba a través de sus labios bien formados, dos perfectas hileras de dientes blanquecinos, que hubiera sido la envidia de muchas mujeres bonitas.

Poseía una fuerza maravillosa y sin temor alguno, colocaba las cargas pesadas en los vehículos de la firma paterna. Cuando debía encarar algún trabajo complicado, no necesitaba ser sustituido por ningún empleado, todo lo hacía él, aunque más no fuera que por desafío, demostrando su prodigio de fuerzas extraordinarias.

—¡Deje de hacer todo eso, señor Giordano! —censuraba el negro Solano, peón del camión.

Giordano le golpeaba afectuosamente en las espaldas a Solano, exclamando satisfecho:

—¡Solano, el ejercicio es muy necesario! Da gracias a Dios que yo te pueda ayudar, pues esto para mí, es una bobada.

Y, acompañando a sus palabras con la demostración, ajustó sus musculaturas y en un envión medido y ajustado, levantó un cajón de azulejos, que dos personas juntas hubieran trabajado bastante para colocarlo en el camión. El negro admiraba el ritmo, la proporción y la segura coordinación de todos los movimientos de Giordano, quien se esmeraba en demostrarle la capacidad que poseía en su cuerpo sano y poderoso. Después reía, satisfecho y bromista al ver al negro que se rascaba la cabeza, sorprendido y que volvía a repetir la tradicional frase:

—¡Santo Dios, señor Giordano! ¡Ud. parece un guinche de carne y hueso!

Doña Blanca, la madre de Giordano, mujer de belleza incomparable, cuyo color de cabellos variaba conforme fuera la moda, atrayente y sensual, vivía feliz al contemplar al hijo preferido. Durvalino, el otro hijo, era todo lo contrario al primero; flaco, y se agotaba al mínimo esfuerzo que realizaba. Tenía los ojos muy tristes y usaba un par de lentes, que aún lo hacía más desagradable. Sus gestos demostraban timidez y ante la presencia de su hermano, casi se avergonzaba ante tamaña demostración de fuerza y vitalidad. Pero, Durvalino, además de ser simple y trabajador, era dócil y muy bueno. Lo único que le faltaba era vitalidad y atracción física, mas le sobraba riqueza espiritual. Su mente era dúctil y perspicaz, razonaba con precisión y rapidez. Mientras que Giordano, había abandonado el secundario en los comienzos, Durvalino se graduó en Derecho y aun cursaba Filosofía.

Inexplicablemente, Doña Blanca no ocultaba su frustración delante de aquel hijo, modesto y sin brillo alguno. Durvalino no se encontraba a gusto delante de su madre, en realidad le resultaba como si fuera una extraña; por eso dejaba el espacio libre para que se dedicara al hijo pródigo, aunque éste fuera glotón, sádico y sarcástico. Mientras tanto, él congeniaba bastante bien con Don Camilo —el padre—, español eufórico, poco inteligente y alborotado, que no obstante, se llevaba bien con ese hijo inteligente y hasta demasiado ordenado en sus cosas.

A pesar de la diferencia de temperamentos, ambos eran justos y bondadosos, además de hábiles y prudentes en la dirección de la industria de la madera, formada después de intensa lucha y perseverancia. Giordano, mientras tanto, se aprovechaba de las buenas ganancias de la firma, gastando grandes sumas en los antros del vicio situados en San Pablo y Río de Janeiro, encubierto siempre por el beneplácito imprudente de Doña Blanca. Ante cualquier sugerencia de Durvalino sobre el procedimiento negligente de Giordano, Doña Blanca se enfurecía y lo miraba en forma hostil e insultante:

—¡Póngase en su lugar, Durvalino! —exclamaba presa de ira—. Lo que usted hace en cinco años, Giordano lo realiza en un solo día. Por lo tanto, no se entrometa en su vida, que ya es adulto y sabe gobernarse!

Durvalino, disminuido bajaba la mirada, mientras que su madre volvíase bruscamente hacia su cuarto, cerrando la puerta con violencia. No había afinidad entre los hermanos; uno gozaba de fuerza y salud, cinismo y orgullo; el otro movilizaba todas las reservas de energías para poder sobrevivir. Giordano, gritón y abusador de sus dones, tenía acentuado aire hacia la maldad; Durvalino, era quieto, inteligente y desviaba sus pasos para no destruir al insecto imprudente que se ponía en su camino. Durvalino no gustaba asistir a la muerte de una gallina; Giordano se reía escandalosamente y hacía lo posible para demorar la muerte del ave al estrangularla sádicamente.

Una noche, a horas muy avanzadas, Don Camilo despertó ante el llamado urgente del teléfono interurbano, de San Pablo. Doña Blanca encendió la luz, aprensiva y temerosa ante alguna complicación amorosa de Giordano. Tal vez ni era cosa de tanta preocupación; apenas un pedido de dinero para cubrir algún gasto, fruto de la vida bohemia y tan natural para un joven lleno de salud. Don Camilo escuchaba el teléfono, con profundo pesar, luego tomó el pañuelo y se enjugó el sudor que le cubría la frente.

—¡Sí, sí! Voy en auto hasta ahí. No: él nunca tuvo tal cosa. Yo se lo agradezco, doctor; el señor hizo lo que debía hacer y tiene mi total aprobación. No hay duda; dejo todo a su criterio profesional.

Asentó el teléfono en la horquilla, miró incisivamente a Doña Blanca, y por primera vez, sus ojos brillaron severamente delante de ella.

—¡Yo sabía que eso iba a suceder!

Se levantó pálido y se puso a cambiar de ropa, ordenando:

—Cámbiate de una vez, Blanca. Nada adelanta mirarme con aire de mártir. Tu exceso de mimos destrozó a nuestro hijo. —Y en tono incisivo, exclamó:— ¡Giordano está a punto de morir en un hospital de San Pablo, después de una farra brutal!

Llegaron a San Pablo por la tarde del día siguiente, Doña

Blanca y Don Camilo, apesadumbrados y nerviosos entraron en la antesala del Hospital de Beneficencia Portuguesa. Luego fueron conducidos hasta el cuarto, mientras que un fuerte olor a medicamentos les entró por las narices. A pocos pasos de ellos estaba Giordano sobre una blanca cama; tenía los ojos cerrados y el maxilar levantado fuertemente, en un espasmo nervioso y bastante incómodo debido a los sufrimientos atroces que padecía.

Doña Blanca sintió que sus piernas se doblaban y la sangre le fluía a la cabeza, dejándola entontecida, comenzando a girar todo lo que veía. Don Camilo, al principio, quedó confuso, dominado por extraños recuerdos que le subían a la mente ante aquel cuadro doloroso. No amaba mucho a ese hijo, pero no podía comprender el extraño sentimiento que le hacía sentir aversión hacia él. Mientras tanto, las fibras paternas vibraron instintivamente, ante la posibilidad de perder al hijo.

—El médico no tardará en venir; el joven está inconsciente hace dos días —informó el enfermero, con impasibilidad profesional.— Su compañero de cuarto fue el que notó las manos rojas, el rostro congestionado y la respiración dificultosa. Si no fuera así, el joven, tal vez, ya hubiera muerto.

—Pero, ¿cuál es el diagnóstico de los médicos? —preguntó Don Camilo, una vez sobrepuesto de la primera impresión.

—Sólo el doctor Loureiro podrá decirles el diagnóstico exacto. El joven fue operado de un tumor maligno en el lado derecho de la cabeza.

Más tarde, el médico responsable por el caso confirmó cuanto el enfermero había dicho. Doña Blanca estaba desesperada, y recordaba perfectamente los dolores de cabeza que aquejaban a Giordano frecuentemente en los últimos meses. Se sentía herida en su amor propio, ante los miembros de aquel hospital, que habituados a los dramas cotidianos de la vida humana, hablaban de una forma impersonal y objetiva, desinteresándose de su dolor de madre.

Finalmente, llegó la peor noticia, cuando los médicos comunicaron a Don Camilo la trágica realidad: el joven tenía un cáncer avanzado en el cerebro, a la altura del hueso parietal derecho. Los nervios motores estaban comprometidos y aunque sobreviviera, quedaría ciego, sordo, mudo y posiblemente inmóvil para el resto de su vida. Algunos días después, Don Camilo alquiló un avión y condujo al hijo, inconsciente e inmovilizado, para su ciudad en Río Grande do Sul. Allí comenzó el interminable calvario para toda la familia, que pasó a vivir alrededor del "cadáver vivo" del hijo, cuyos días tormentosos pasaban sin solución alguna.

Transcurridos los tres primeros meses de aquella tortura interminable, Giordano aún permanecía inmóvil, con los ojos cerrados, respirando con cierta dificultad y con leves estremecimientos en las extremidades muertas. Del lado derecho del cráneo, donde había sido trepanado, emanaba un líquido fétido. La piel, antes rosada y tersa se iba oscureciendo de a poco, tomando el color sepia, dando la impresión de marchitarse, los trazos apolíneos de ese cuerpo antes esplendoroso, se destruían ante los impactos del sufrimiento acerbo. Giordano era el centro convergente de los complicados equipos y aparatos médicos. El dorso de los pies estaban perforados por agujas que le inyectaban un líquido color café. El suero le goteaba por los brazos entumecidos formando edemas que eran reabsorbidas a costa de compresas de agua caliente o de aplicaciones de pomadas anticongestivas. El plasma sanguíneo se filtraba en los flemones, mientras que el tórax dificultosamente respiraba el oxígeno artificial. Cuando la muerte se aproximaba, debido a la sofocación inminente, el enfermero acudía rápido, accionando el cruel aparato, cuyo tubo de metal penetraba por la tráquea abierta para obligar a los pulmones a su trabajo normal.

En la familia todo era desolación. Doña Blanca aún resistía, algo rebelde, a la fatalidad de aquel destino inexplicable, poniendo en juego todas las reservas egocéntricas para no caer en la desdicha. ¿Por qué Dios le dio un hijo tan hermoso y después lo destruía tan estúpidamente? ¿Por qué Giordano debía rebosar de vida y salud, mientras que Durvalino era enfermizo y titubeante? Sus bellos ojos perdían el brillo y se apagaban, poco a poco. La vanidad se abatía, impotente, ante la obligación de ser espectadora de su propia ruina, viendo y viviendo las fases convulsionadas de aquel hijo adorado. Desorientada, le cubría mil veces los pies perforados y acariciábale el macabro turbante de gasas, cuyos estremecimientos se manifestaban cuando pasaba la mano por la terrible depresión dejada por el cáncer.

El calendario, implacable, marcaba ciento cuatro días tormentosos y de lenta destrucción para Giordano. El enfermero hacía su ronda habitual; le tomaba la temperatura y la presión, graduaba la maquinaria como un hábil técnico, moviéndose por el cuarto como un verdugo moderno. Cambiaba la aguja de la vena del pie y en un gesto apático buscaba otro punto de la piel, mostrando cierta satisfacción profesional, cuando, percibía el éxito de su trabajo. Las manos de Giordano estaban flojas, inertes y descarnadas. La piel toda acribillada por las agujas hipodérmicas y llena de manchas rojas y azules. La tráquea producía el ronco y característico ruido, luchando por un poco de aire. Los tubos de goma oscilaban sujetos a los aparatos, presionando sus líquidos hacia el enfermo.

Un día, estaba Durvalino pensando en su hermano que se estaba acabando y que jamás le diera un momento de alegría o confort. Nacido del mismo vientre, nutriéndose con la misma sangre, y sin embargo, siempre le fue extraño y hostil. Súbitamente, movido por una singular intuición, pidió silencio a todos, y se inclinó sobre el oído de Giordano y le habló incisivamente:

—¡Giordano! ¡Giordano! Si me estás escuchando y tienes conciencia de lo que te está sucediendo, haz un esfuerzo, reúne todas tus energías dispersas y concéntrate a fin de poder mover la pestaña derecha de tu ojo. ¡Solamente la pestaña derecha! Esa será la señal, para que nosotros sepamos que estás consciente. ¡Si puedes, repite la señal otra vez!

Ante la sorpresa de los presentes, curvados sobre él, ansiosos observaron que Giordano parecía quedar más quieto, inerte, como una coordinación impuesta, mientras cesaban los temblores de los pies y de las manos y aminoraba los estertores de los pulmones. Transcurridos algunos segundos, después de la espectativa dramática, la pestaña izquierda [1] se estremeció fuertemente, como la única señal de vida de ese cuerpo inmóvil. Y, ante la sorpresa de todos, repitió dos veces más la señal, atendiendo al propósito de Durvalino. Después, como si el gran esfuerzo realizado le exterminaron sus energías, Giordano tuvo un estremecimiento y volvió a caer en la acostumbrada apatía.

—¡Misericordia! El nos escuchó durante todo este tiempo que estaba postrado —exclamó Doña Blanca, entre sollozos de dolor y humillación. Y terminó diciendo, con voz de mártir— ¡Solo le dimos noticias malas y desesperantes!

---

[1] *Nota de Atanagildo*: En base al avanzado estado canceroso de Giordano, en el lado derecho de la cabeza, sólo podía mover el párpado izquierdo, bajo la acción reflexiva.

Llevóse la mano al pecho, y en un gesto de angustia desfalleció. En aquel momento expiró en la mujer todo el orgullo y la arrogancia por haber generado un hijo tan atrayente y saludable. Bajo el impacto de su vanidad herida, había caído al suelo; pero al despertar; Doña Blanca no era ni la sombra de su anterior y ostensiva figura.

Realmente, dolorosa era la verdad, pues si los familiares ignoraban el curso implacable y rectificador de las leyes espirituales, Giordano no estaba inconsciente, pues mentalmente despertó de su trágica situación. A pesar de su impotencia motora, los sentidos estaban agudizados y lo relacionaban con el mundo exterior. Oía la voz inconformada de su madre, el lloro silencioso de sus parientes, los comentarios funestos alrededor de su lecho y la noticia siniestra del cáncer. Sufría el más terrible de los suplicios imaginados por ser humano alguno, sin poder liberarse del cuerpo mortificante. Esperanzado por el recurso ininteligible de Durvalino, quiso gritar, en un clamor interminable y potente, que pudiera oir cualquiera, no interesaba quien fuera. Su mente se superexcitaba bajo el impacto de extraños recuerdos, mientras escapaban de su cuerpo las últimas energías que su alma imponía al organismo físico. Oía gritos horrorosos, sentíase diferente, estaba alejado de sí mismo, era un delirio infernal. Se notó fuera de la carne inmóvil y masacrada, como fluctuando en un lugar extraño y que alguien le gritaba:

—¡Mátenme, por el amor de Dios!

Giordano se sintió aturdido y asombrado, pues la voz era de Durvalino, que se debatía a su frente, los brazos y las piernas las tenía aseguradas por fuertes correas a las tablas de un aparato de tortura. Además, él, Giordano, ordenaba sin piedad: "Apriete el torniquete; ¡Apriete! Y un hombre de rostro bestial obedecía. Durvalino seguidamente se diluía en una nube blanquecina. En su lugar, para asombro de Giordano, apareció Don Camilo, con garras en los pies y en las manos y apretándole el cráneo con el torniquete, además, y cambiando de método para escarnecerlo, le aplicaba tenazas calentadas al brasero, sobre diversas partes de su cuerpo, arrancándole desesperados gritos, a la vez que decía:

—¡Mátenme! ¡Jamás traicionaré a mis compañeros!

Giordano enfurecido, tomado por un odio enloquecido hacia don Camilo, en un asomo de venganza y tal vez impedido por el deseo de liberarse de la tortura, esperanzado en que lo mataran,

84

consiguió escupirle el magnífico traje clerical, que vestía en carácter de Monseñor. Aún dominado por la cólera, su sorpresa fue aumentando, cuando a su lado y vistiendo el rico traje de abadesa, apareció Doña Blanca sonriéndole de modo muy sensual, diciéndole:

—¡Monseñor Valdez! Es inútil convertir a esos herejes tan endurecidos. No sólo perdéis vuestro apreciado tiempo, sino que perdéis la calma que os es habitual. —Y con una expresión de cruel placer, exclamó:

—Mándelos a la hoguera; ellos necesitan tanto la purificación de sus pecados.

Después de mirarlo en forma atrevida y pecaminosa, la abadesa Doña Blanca lo besó largamente. Giordano se sintió deprimido, pues el beso de su madre no tenía nada de maternal, sino la avidez y el fuego de una pasión insatisfecha. En seguida Doña Blanca también se fue esfumando de su traje de abadesa o Sor Concepción, como era su verdadero nombre en su encarnación anterior. Aterrado por las secuencias vividas en tan poco tiempo, retornó a su martirio carnal, tomando contacto sensorial con los familiares, pues escuchaba sus pasos y voces alrededor de su lecho. Después se vio envuelto en medio de un torbellino que le esfumó los últimos destellos de su conciencia, mientras oía la sentencia venturosa del médico de la tierra, junto a su cuerpo:

—¡No tengo más nada que hacer! ¡El señor Giordano falleció!

EL CANTOR

Rosalino Sampayo era un niño pobre, muy bueno y de buen genio. Siempre que escuchaba al negro Jerónimo tocar el violón, lo miraba embelesado, cuando sus dedos largos y huesudos se deslizaban sobre las cuerdas del instrumento, interpretando las mazurcas y los hermosos y románticos valses, soñando algún día, hacer lo mismo. Sería muy admirado. Atendería las invitaciones para tocar en los bautismos, en las fiestas de parientes y amigos, como lo hacía Jerónimo, en sus noches bohemias.

Frecuentemente Rosalino pedía a Jerónimo que tocara el vals "Abismo de Rosas".

El negro, siempre afable y sonriente, satisfacía su pedido ejecutando con maestría aquellos pasajes vivísimos y rápidos sobre la extensa gama del encordado. Rosalino quedaba embebido, como si estuviera hipnotizado por la melodía romántica y recordativa.

Cuando Rosalino alcanzó los once años de edad, el Padre Tiburcio —vicario de la Iglesia del Señor Buen Jesús— lo invitó para que ayudara en la misa; Rosalino se sintió muy feliz. Salió corriendo para dar la noticia a su vieja tía Nica —hermana de su madre— que lo crió cuando quedó huérfano. Alegre ante la posibilidad de aparecer en público, vistió el ropaje blanco y bordado, sobre el sayo de color rojo de sacristán para ayudar a Fray Tiburcio a rezar la misa.

Era el monaguillo más compenetrado en el servicio religioso; se movía en el altar con la delicadeza de un picaflor sobre la perfumada flor. Siempre atento, y aunque era tímido, sonreía a todos por igual. Rosalino atravesaba la iglesia con la bandeja recolectora de dinero, agradeciendo gentilmente con suaves movimientos de cabeza, cada vez que alguien donaba unas monedas para ayudar al Señor Buen Jesús. Las niñas le sonreían enamoradas, admirándole su porte erguido, casi angelical, cuando cargaba la pequeña cruz de Cristo en las procesiones, precediendo a las "hijas de María", que cantaban el "Salve Reina" con sus voces encantadoras.

Algún tiempo después, la comunidad de la Iglesia del Buen Jesús resolvió organizar un coro de niños, a fin de participar de los festejos de la "Semana del Evangelio", con las otras asociaciones religiosas de los municipios vecinos. Fray Benito, muy experimentado en organizar coros desde su juventud, en Italia, además de ser un gran conocedor de las composiciones musicales de los grandes clásicos como Bach, Handel, Hayden, Mozart y otros especializados en piezas sacras, visitó las familias católicas más nobles y les pidió que les mandasen sus hijos para organizar el conjunto coral de la parroquia.

Después de muchos ensayos, y "tests" sobre innumerables candidatos, consiguió seleccionar cincuenta niños, que durante las primeras horas de la noche llenaban la iglesia con sus voces cristalinas, seguidas por la suave música del órgano, tocado por Fray Bernabé. Atendiendo a lo solicitado por Fray Tiburcio, las señoras cristianas confeccionaron los trajes adecuados para el conjunto coral. Formaba el mismo, una túnica blanca, con puños bordados, ostentando el emblema del Corazón de Jesús y un lazo de cinta roja al cuello, completando el uniforme un sayo azul oscuro que caía en pliegues.

El solista del coro infantil era el niño Gabriel, uno de los mejores alumnos de catecismo. Su voz, aunque un poco sonora y aguda, poco clara, sin embargo era voluminosa y se ajustaba a las necesidades de lo propuesto.

Se aproximaba la "Semana del Evangelio" y crecía la expectativa de los parroquianos para el estreno del "Coral de los Niños del Buen Jesús". El obispo vendría especialmente para rezar la misa campal y hacer las crismas, esperadas hacía más de tres años. Al faltar veinte días para los festejos, surgió un contratiempo al tenorcito Gabriel, pues enfermó de pulmonía, dejando perplejo y angustiado a Fray Benito, pues era urgente buscar a un substituto del enfermo. Intentó entre los demás niños del coro, pero quedó decepcionado. No conseguía una voz capacitada para interpretar sus arreglos musicales. Mientras tanto, las cosas deben suceder de acuerdo con la voluntad del Gobierno Oculto del mundo. Fray

Benito caminaba apresuradamente por el largo veredón del convento, meditando sobre el problema del nuevo solista, cuando paró, sorprendido, al oir la voz de un niño, suave y de agradable sonoridad, interpretando con ánimo y ternura el "Ave María" de Schubert, justamente, la melodía más ensayada por sus pupilos y escogida como pieza de apertura del programa sacro. Fray Benito corrió la ventana, asombrado, mas no pudo ver al misterioso cantorcito. Agudizó los oídos y le pareció que la voz provenía, inexplicablemente, desde la sacristía. Descendió excitado la escalinata de piedra y sin hacer ruido alguno, miró perplejo al monaguillo Rosalino, que amontonaba cajones vacíos, mientras cantaba desapercibido. Fray Benito sintió que los ojos se le llenaban de lágrimas y un dolor extraño le alcanzaba el corazón, rogando y pidiendo perdón a Dios por no haber experimentado en su conjunto coral a ese niño tímido y quieto. Entre las arcadas del lugar, aquella voz infantil se deslizaba sonora, armoniosa, con efecto acústico y sin resonancia alguna. El fraile subió los escalones dominado por una profunda emoción; se arrodilló delante del Señor Buen Jesús y le agradeció la dádiva de poder estrenar su coral de niños en el día fijado.

Enseguida, desde lo alto de la escalinata, llamó a Rosalino y en un abrazo fuerte y cordial comenzó a preguntarle sobre su cualidad de cantor precoz. El niño apesadumbrado y disculpándose por su osadía, contó que después de asistir a los ensayos, descendía hasta ese lugar y allí repetía los trechos más fáciles y comunes, por el solo hecho, que gustaba cantar. Jamás tuvo deseos de suplantar a nadie del coro.

—Y tú, ¿qué sabes cantar, además del "Ave María" de Schubert? —preguntó Fray Benito un poco afligido, dado que faltaban tan solo 15 días para el ensayo general.

—¡Bueno! —respondió Rosalino, más repuesto— Yo encuentro que sé más o menos aquellas músicas que el señor llama de cantatas y oratorios...

—¿De Bach, Hayden, Mozart y Beethoven? —preguntó el fraile un poco más reconfortado y con cierto aire de felicidad.

—Yo encuentro que sí, Fray Benito, si así es que se llaman los nombres de las músicas que el señor hacía cantar a los demás niños.

Y después de una pausa, Rosalino agregó, mientras Fray Benito iba hasta la ventana para enjugar algunas lágrimas, mal disimuladas:

—También sé aquellos dos "Ave Marías"...

—¿De Verdi y Bach-Gounod? —exclamó Fray Benito, levantando las manos hacia lo alto, delante del Buen Jesús, con una sonrisa franca e inundado de lágrimas— ¡Gracias! ¡Gracias, Señor! ¡Estamos salvados! Y olvidando al niño, salió corriendo rápidamente a fin de dar la noticia a los demás frailes.

Fray Benito dedicóse en cuerpo y alma a educar la voz de Rosalino, el cual era muy dócil, receptivo y atento, asimilando las recomendaciones con increíble facilidad. Aprendió la respiración disciplinada entre las extensas frases melódicas; impostó la voz de modo que al fluirle de la garganta, en vez de comprimirla aliviaba la tensión de los músculos occipitales, evitando la voz nasal, muy común en el espasmo vocal. A los pocos días el cantor demostraba tener la voz afilada, conmovedora y expresiva.

Su participación en el "Coral de los Niños del Buen Jesús" fue un acontecimiento, haciendo embelesar a los fieles en la transcripción musical de los oratorios, cantatas y páginas sacras arregladas por Fray Benito. La iglesia quedaba totalmente repleta de gente. Se decía, que muchos anticlericales y ateos la frecuentaban, solamente para asistir al cántico angelical de Rosalino, remarcado por el fondo de las voces o por la sonoridad grave de la "coral" de los niños, en una suave mezcla de sonidos y fragancia de incienso y del olor peculiar de las velas de estearina.

Rosalino creció. Su voz mejoró de timbre y volumen. Quedó más nítida y sonora. Rápidamente se sintió desahogado en la vida de pobre y pudo realizar el sueño de su niñez; aprendió a tocar el violón. Ahora ya podría compensar aquellos días en que miraba boquiabierto admirando al negro Jerónimo, mientras punteaba las cuerdas con maestría nunca vista. Se volvió un cantor de fama nacional; pasó a cantar en las radios, grabó millares de discos y su fama atravesó las fronteras del Brasil. De inmediato pasó a ganar muchísimo dinero, pudiendo llevar una vida venturosa. Se casó, pero por causas inexplicables, su hogar no tuvo la gracia de un hijo. Tal vez fue ese el motivo que lo desajustó con la esposa, la cual ya vivía algo contrariada por sus actividades de cantor, siempre obligado por las noches y debiendo gastar "extras" a fin de mantener su línea artística. En esa época conoció a Lumila, joven de muy rara belleza y madre soltera de dos hijos pequeñitos, frutos de la unión común de un compañero fallecido. Rosalino se sintió atraído por ella, y llegó a creer que la había conocido antes, en otros lugares. Separado espiritual y físicamente de su esposa, resolvió enfrentar a la opinión pública. Compró una casa para Lumila y comenzó a vivir con ella.

La nueva compañera, tolerante y comprensiva, tal vez por fuerza de su condición insegura, le brindaba cariñoso afecto, sin hacerle notar, ni irritarlo por la vida bohemia que llevaba. Así, Rosalino resolvió los problemas de orden afectivo, pues el financiero, hacía tiempo estaba resuelto. La vida transcurrió en un mar de rosas, como dice el dicho popular. Era uno de los cantores mejor pagado de Brasil y daba a su nueva compañera y a sus dos hijos adoptivos, una vida regalada.

Mientras tanto, algo le hacía estremecer en la vida —¡era el fuego!—. Parecía una tontería o fobia, pero cuando tomaba una revista y observaba el rotograbado de un incendio, explosiones o automóviles en llamas, se sentía afectado por un temor, que se reflejaba como un brillo febril en sus ojos. Esa fobia, cada día se agravaba más. En una reacción casi infantil, evitaba asistir a los films cinematográficos cuya argumentación se basaba en el fuego destructivo. Jamás subía a un avión o se comprometía a cualquier cosa, cuando sabía que el fuego estaba cerca.

—Rosalino, ¿no es mejor consultar a un médico, sobre ese nerviosismo que sientes delante del fuego? Dios permita que eso no llegue a enfermarte —le decía su compañera.

—¡No! Eso es algún complejo o resentimiento que he tenido en la infancia y que yo mismo debo resolver —respondió Rosalino, sin esconder su preocupación.

—No sé realmente que está pasando conmigo, pues delante del fuego o de las llamas, aunque las vea en pinturas o en fotografías, me pongo angustiado. ¡El fuego me horroriza! —Y volviéndose hacia Lumila, agregó— ¿Te acuerdas, cuando comenzó el fuego en el "Edificio Oriente", delante de nuestra casa? El fuego alcanzó las bases de las ventanas. ¡Quedé tan atemorizado que tuve necesidad de tomar calmantes para los nervios!

Rosalino ensimismado, siguió mirando inciertamente a la vez que tomaba asiento, miró nuevamente a su compañera.

Ella le dijo apresuradamente: ¿por qué no consultas a los espíritas?

—Ya los consulté. Me dijeron que deben ser recordaciones

de otra vida, cuando fui quemado en algún incendio. Por eso, asocio el fuego de mis recordaciones pasadas, sintiéndome afligido ante la sensación de un peligro inminente.

Calló unos instantes, preocupado, para decir·luego en un tono dramático:

—Everaldo, médium espírita y amigo mío, dice que yo fui quemado en las hogueras de la Inquisición, en otra encarnación por haber pecado de hereje. Mientras tanto, yo de pequeñito sentí la más tierna devoción por la Iglesia Católica, y a veces, llego a lamentar por no haber sido un obispo o algún padre, cuyos vestidos clericales tanto me atraen. Ningún niño se sintió tan alegre como yo al vestirme de monaguillo en la Iglesia del Buen Jesús. Esa hipótesis me parece bastante contradictoria, de haber sido quemado como hereje en las hogueras de la Inquisición, cuando siento la más ardiente devoción y amor al Catolicismo.

—Bueno, Rosalino —insistió la compañera— alguna cosa debe ser cierta de parte de los espíritus, si tu no encuentras otro motivo para justificar esa nerviosidad contra el fuego. ¡Yo creo que debe ser alguna cosa de otra existencia, como dicen ellos!

Rosalino cumplía los cincuenta años de edad, siendo como siempre, afable, generoso, paciente y muy simpático. No era egoísta ni especulador. Sembraba venturas, atendía necesidades, hacía donativos a las instituciones de caridad y ayudaba a muchos amigos para solucionarles sus problemas financieros, gracias a su gran fortuna. Era cantor de respeto. Amaba a su tierra y ponía todo el corazón para cantarle. Escogía las más bellas canciones, eliminando lo que era torpe, intencionado y desagradable. Prefería cantar estrofas sin malicia y evitaba todo aquello que fuera antipático. Cantaba limpio y seguro, además de tocar con mucho arte el violón.

Una noche lluviosa y fría, en lo acogedor de su hogar, Rosalino se sintió dominado por los recuerdos de su infancia, conmoviéndose al pensar en Fray Tiburcio, Benito y Bernabé, los tres eran humildes, bondadosos y santificados, que lo habían ayudado en su gloriosa carrera de cantor famoso. Enternecido al evocar la figura de los niños que fueron sus compañeros en el célebre "Coral del Buen Jesús", se le dio por pensar en la mortecina luz de las velas, del olor agradable del incienso y la quietud de las imágenes de los santos en los altares, adornados con relieves de oro y bajo un manto blanquísimo e inmaculado. Gustaría hacer algo por alguna institución de caridad. Al día siguiente hizo un contrato de proporciones con la compañía reproductora de discos, y grabó como solista entre el grupo coral, de los niños de la Iglesia de San Francisco, cuya renta total sería destinada a las criaturas pobres, sin distinción alguna. El disco fue todo un suceso, arrojando excelentes frutos para esos niños pobres.

Aquella canción fue como el cántico del cisne para Rosalino. Al día siguiente, al regresar de la firma grabadora situada en Río, su automóvil chocó violentamente, con la parte trasera de un ómnibus en la vía Dutra, cayendo precipicio abajo, pereciendo Rosalino entre los hierros del automóvil y quedando totalmente carbonizado. El fuego, como él tanto temía lo había alcanzado en aquella trágica forma. El terrible presagio, se realizó fatalmente.

Mientras las llamas voraces aniquilaban los restos de su automóvil, Rosalino era asistido desde el "otro lado" de la vida, por un singular equipo de espíritus vestidos de blanco. Lo habían envuelto en una densa nube de gas blanquecino con matices azules, que le penetraba por los poros periespirituales. Esa luz partía desde un aparato, parecido a los conocidos matafuegos que se utilizan en la tierra para combatir las llamas. Las personas encarnadas que habían acudido para sacarlo en medio de los hierros calientes y retorcidos, no podían suponer que el espíritu ya se había liberado de su cuerpo carbonizado.

Esos hombres o mejor dicho, los espíritus vestidos de blanco, lo apartaron del lugar y lo depositaron en una red maciza revestida con una especie de polvo muy parecido al talco, y que a su vez producía reflejos luminosos. Después, se pusieron en camino con marcha disciplinada fuera de la zona del desastre. Rosalino tenía las mandíbulas cerradas, las cejas arqueadas en un espasmo nervioso y su periespíritu se sacudía en un temblor convulsivo, como si estuviera huyendo de algo horroroso. En esos momentos, los hombres citados anteriormente lo sometían a la cura de fluidos sedativos. El cantor se iba calmando y su rostro se iba descongestionando, los labios aflojaban su tensión en señal de reposo. Ese proceso de ayuda, parecía exigir mucha paciencia y abnegación, pues los hombres blancos, en sucesivas etapas, permanecían día y noche para aliviar a Rosalino de las angustias y pasajes amargos que su mente recién liberada del cuerpo, le proporcionaban.

Transcurrió una semana y una mañana, en que el sol vaporizaba el rocío, posado sobre el verde musgo y el tejado de las casas, apareció en la puerta del puesto de auxilio "Los Samaritanos" en donde realmente se encontraba Rosalino, un señor vestido de túnica y zapatos blancos, muy elegante, cuyo rostro demostraba franca alegría, y por el maletín que llevaba, daba la impresión de ser un médico experimentado. En sus cabellos se observaba algunas canas, dándole aire de respeto y venerabilidad.

—¡Entonces, mis amigos! —exclamó con gesto pronunciado y afectuoso, a la vez que levantaba sus manos hacia lo alto— ¿Cuál es el problema?

El jefe de la expedición espiritual de esos hombres blancos, respondió a la pregunta:

—Lo mandé llamar, hermano Cristiano, porque Rosalino acusa señales de despertar su conciencia espiritual. Su espíritu, tal vez se liberó de las aterradoras imágenes del fuego y de las aflicciones de sus últimos momentos de la vida carnal, pero percibimos la interferencia de algunas ideas reflejas de existencias anteriores, asociadas a su mente excitada y es capaz de causarle alguna confusión mental al despertar en nuestro plano de vida. Creo que él, únicamente debería amoldarse a las etapas educativas de su última vida carnal, de cantor, así se podría ajustar mejor a la actual vigilia espiritual. Sin lugar a dudas, que nuestro humilde trabajo de ayuda fue muy beneficioso, además por las vibraciones sedativas enviadas desde la tierra por sus admiradores y amigos. Todo eso redujo bastante el período aflictivo, peculiar a ese tipo de desencarnación violenta, además de ayudarlo a reajustarse a su verdadera condición espiritual de la vida más allá de la sepultura.

El hermano Cristiano se sentó al lado del lecho de campaña, que estaba cubierto de sábanas blancas y sedosas. Concentró sus ojos, cual dos poderosas lentes y convergieron sobre la región del hipotálamo de Rosalino. Los demás compañeros se mantenían silenciosos y expectativos. Después de aquella concentración vigorosa, activa y minuciosa, exclamó satisfecho:

—¡La recuperación de Rosalino es excelente! —Y levantándose, hizo un gesto, como quien desea aliviar la musculatura periespiritual, agregando:

—Aunque todavía está estigmatizado por la prueba rectificadora del fuego, la cual presintió en todo momento en la vida carnal, Rosalino vuelve hacia nosotros en mejores condiciones a la de otros desencarnados comunes. Realmente, él se preparó bastante antes de bajar a la carne (nacer) para solucionar sus deudas kármicas de Sevilla, Portugal y Lombardía. Su nueva disposición espiritual de mansedumbre, bondad, desprendimiento, generosidad y honestidad, lo elevó de padrón sidéreo a punto de inmunizarlo en la desencarnación contra los efectos estigmatizantes de su contextura periespiritual. Merece, por lo tanto, la misa de las oraciones transmitidas por sus amigos, parientes, beneficiados y por el pueblo que lo quería, puesto que le aminoraban las angustias proporcionadas por la partida violenta de la materia.

El hermano Cristiano miró conmovido, hacia Rosalino, que permanecía inmóvil, diciendo:

—¡Apenas han pasado seis días y casi está recuperado!

En aquel momento entraban por el aposento focos luminosos, parecidos a las escamas de los peces, eran transparentes y de un color que matizaba entre el lila suave y el rosado nítido. Esas escamas se posaban en la zona cerebral de Rosalino y se deshacían en polvo centellante. Después de un rato, comenzó a desarrugar la frente y los pulmones parecían tomar el ritmo normal.

—Los encarnados jamás podrán imaginar el poder de la oración amorosa producida por los corazones llenos de gratitud, cuya naturaleza beneficiosa y energética tanto ayuda a los débiles, como suaviza a los sufrientes —comentó Cristiano.

Después de esa apreciación, puso la mano sobre el mentón de Rosalino y mirándolo espaciosamente agregó:

¡El cántico también es una oración! Rosalino, a pesar de haber sido un cantor popular, sabía escoger el tema que cantaba. Además de su voz sonora y cautivante, sabía atraer por las estrofas tiernas y respetuosas de las canciones afectivas, catalizando las mejores vibraciones de los sentidos humanos de sus oyentes, loando a la patria, al hogar, los amigos, la familia, a los niños y a la paz bendita.

Pasó su mano derecha por la frente, y la izquierda en la parte posterior de la cabeza de Rosalino, después levantó los ojos hacia lo Alto y con voz tranquila, profundamente afectuosa, oró:

"¡Señor de la Vida!

Fortalécenos para transmitir a nuestro hermano Rosalino las energías mentales de equilibrio y armonía, de poder y control, para que él se reajuste al ambiente de nuestra vigilia espiritual. Señor, ayúdanos, porque ya aprendimos a confiar en vuestro Amor y en vuestra Sabiduría."

Luego, el halo de luz que rodeaba la cabeza de Cristiano presentaba un color verde seda, parecido a las hojas nuevas, después se fue diluyendo y apareció un matiz amarillo claro, atrayente y con fajas de un delicado dorado.[1] A través de los brazos de la venerable entidad. fluía hasta sus manos, que estaban colocadas sobre la cabeza de Rosalino, aquel tono amarillo vivo que luego se esfumaba por las extremidades. Algunos minutos después Cristiano se mostró muy satisfecho y bien recompensado del trabajo espiritual efectuado, cuando observó que el amarillo dorado donado por sus manos, se polarizaba alrededor de la cabeza del paciente, formando un halo del mismo color, menos brillante, pero salpicado de manchas liláceas y fulguraciones violetas.[2]

—¡Bella recuperación espiritual! —repitió Cristiano, algo emocionado—. Algunos siglos de contradicciones, egoísmos, frialdad, fanatismos y codicia de Rosalino los rescató en medio siglo de su existencia humana, consiguiendo el desligamiento kármico por medio de la renuncia, ternura, humildad y filantropía. Es muy bueno, pues partió de la tierra con las credenciales de benefactor.

Después de unos instantes, el espíritu de Cristiano caminó hacia la puerta y haciendo una señal cordial con la mano derecha, se despidió de todos diciendo jovialmente:

—¡Ya verán! ¡Recuérdenlo; él mismo, con sus propias fuerzas, estoy seguro que alcanzará la "Mansión Esmeralda"! ¡Tengo plena seguridad!

Domicio, el jefe de los espíritus allí reunidos, extendió los brazos sobre el cuerpo inmóvil de Rosalino y comenzó a hacerle pases longitudinales, demorándose un poco en cada plexo periespiritual, e invirtiendo más tiempo en el vientre a la altura de la región del plexo solar. Después continuó lentamente hasta los pies, cerrando las manos y retrocediendo paulatinamente, como

1 El amarillo dorado representa en cromosofía astral los efectos de la mente; el tono claro y translúcido define objetivos intelectuales elevados y los matices oscuros o aceitosos, cuando se trata de personas que invirtieron sus cualidades para fines egocéntricos.
2 Los matices liliáceos y violetas definen la humildad, la resignación y la dulzura.

queriendo desligarse de la corriente magnética, en la conocida técnica de polarización. Después de unos prolongados instantes, Rosalino manifestaba estremecimientos en las manos y en los pies. Los labios moviéronse. Contrajo los párpados y una oleada de vida comenzó a correrle por todo el cuerpo periespiritual, sacándolo del largo reposo.

—La circulación periespiritual se restablece —explicó el pasista, volviéndose a todos los presentes, y agregó— ¡Como dijo el hermano Cristiano, la recuperación de Rosalino es una cosa sorprendente! ¡Así da gusto trabajar a la gente!

Levantáronle un poco la cabeza en la almohada y otro de los asistentes le aplicó en los labios un chupete que estaba ligado a un frasco, muy parecido a las tradicionales mamaderas de los recién nacidos y la apretó, como si fuera de plástico, haciendo que Rosalino tomara el líquido, que yo había visto en otros casos de asistencia periespiritual, cuyo color a fresa o cerezas, mostraba un aura radiactiva. Transcurrió cierto tiempo y después abrió los ojos, tranquilamente, y mirando a su alrededor, demostró un poco de sorpresa al enfrentarse con esos espíritus sonrientes y hasta divertidos, que lo rodeaban en su lecho. Después, él también sonrió, bastante lúcido en su conciencia espiritual, pues frunció la frente, en un esfuerzo recordativo y la fisonomía le brilló de júbilo.

—¿Estoy en la "Mansión Esmeralda"? —preguntó, emocionado.

—¡Todavía no, hermano Rosalino; pero vamos para allá! —replicó Domicio, muy gentil.

—¿Uds., son el "equipo blanco"?

—¡Para servirlo, compañero!

Todos los presentes se inclinaron delicadamente, con gesto de extrema cortesía. Rosalino se sentó en el lecho de campaña, se colocó un caprichoso vestido ceniza claro, que le alcanzó un compañero. A una señal del jefe la caravana, sin excitarse, ni dramaticidad alguna, se puso en camino hacia la superficie de la tierra, hasta alcanzar una de las playas de Santos. Allí vivían diversos trabajadores del reino vegetal, dirigidos por un espíritu de aspecto rudo, alto, robusto y majestuoso, pero era cordial y muy servicial, el que los atendió solícito:

—Maestro Guaciro —exclamó Domicio, cuya forma especial y lisonjera para tratar, agradaba bastante al interpelado— Quiere tener la bondad de manipulear alguna cuota de energía vital de algunos frutos vegetales, que pueda revitalizar al hermano Rosalino, porque desde aquí haremos un vuelo largo hasta la "Mansión Esmeralda".[3]

—¡Con todo placer!— contestó la entidad de aspecto primario, vestido muy simple y color verde mar, lo que no podía disimular el porte imponente de ser un cacique brasileño. El mencionado, reunió media docena de salvajes y después de algunas instrucciones, se introdujeron entre la fronda de los árboles frutales, perteneciente a ese lugar terreno, donde estaba situado el puesto espiritual de ayuda, denominado "Maestro Guaciro".

—Reposemos un poco, mientras nuestros hermanos cooperadores del reino vegetal preparan el "tónico vital" en base a la extracción de las emanaciones que los árboles creados por el Padre contienen —dijo Domicio, sentándose en el césped verde, cuyo toque periespiritual activó los efluvios luminosos del "éter físico", que fluía desde el pasto tierno.

Reparando Domicio en la actitud de Rosalino, y presintiéndo las elucubraciones mentales o memorización del pasado, le dijo con tono afectuoso y consejero:

—Aproveche este momento, hermano Rosalino, para hacer el rechazo de los recuerdos constrictivos, que le anulan el poder de la mente. Límpiese lo mejor posible para poder llegar a la "Mansión Esmeralda" liberado de las cosas pasadas, ya que va a comenzar una nueva y venturosa vida. Destruya las sombras oscuras del espíritu y nuestro vuelo espiritual será más seguro y rápido.

Rosalino agradeció, asintiendo con un mirar comprensivo. Se recostó en un hermoso tronco de magnolia, entrecerró los ojos, sumergiéndose en un mar revuelto de imágenes agitadas de su mente, por causa de la hipersensibilización periespiritual. Bajo el fabuloso poder del espíritu, señor de la memoria sideral de todos los gestos, pensamientos y actos pasados, se introdujo en el pasado, colocándose en el exacto momento que tuvo comienzo aquel débito espinoso con la contabilidad divina.

Se vio sentado junto a una pesada mesa e investido en las

---

[3] Aconsejamos al lector a compulsar el capítulo "Entre los Arboles" de la obra "Los Mensajeros" y el final del capítulo "Ciudadano de nuestro Hogar", de la obra "Nuestro Hogar", ambas describen acontecimientos similares y fueron dictados por el espíritu de André Luiz a Chico C. Xavier. Ediciones en castellano de la Editorial Kier, Bs. Aires, Rep. Argentina.

funciones de monseñor Domingo Serrano, uno de los jueces del Santo Oficio, de la Inquisición de Sevilla, en el siglo xv, bajo el reinado de los reyes católicos, Fernando e Isabel. El también había sentenciado herejes, judíos, renegados y relapsos católicos a las abrasadoras hogueras, en nombre de la Justicia de Dios. Adquirió así, el terrible *karma del fuego*, en aquella existencia clerical, donde había confundido la devoción, la fe y el sentimiento religioso, con sus propias pasiones de codicia, ambición, fanatismo y venganza política. Cansado de vidas pasadas censurables, saturado de innumerables y bajas compañías que lo acosaban desde las sombras, terminó por entregarse a la inspiración divina del espíritu e inclinóse obediente al crucial programa de la purgación de los tóxicos periespirituales. Rosalino sufrió cuatro veces consecutivas las torturas de las hogueras de la Inquisición, a las cuales, él había condenado a diversas personas, siendo quemado en Aragón, Lisboa y Sevilla. En la penúltima existencia, había encarnado en Italia, en Lombardía, en la figura de un bello y famoso cantor de caminos, cuya voz encantaba con sus trovas amorosas, aun todavía, se dejaba tentar por la codicia y la falsedad. Se unió a una joven aldeana, heredera de una excelente fortuna, pero en vez de cumplir con la promesa conyugal, no sólo abandonó a su compañera con sus dos hijos, sino que la despojó de toda su fortuna. Mientras tanto, el *karma del fuego* bajo la implacabilidad de la Ley, estaba a la espera, y el trovador Rosalino, como también se llamaba en aquella época, fue saqueado por los bandidos, sin dejarle un solo centavo de la fortuna que pertenecía a su infeliz compañera. Al pretender ocultar los valores que tenía, los salteadores lo golpearon brutalmente, ataron su cuerpo, le prendieron fuego y lo arrojaron semivivo por un barranco abajo.

Rosalino al terminar su evocación pasada suspiró largamente, comprendiendo el motivo porque el fuego le torturaba el alma. Temía el fuego como enemigo y verdugo, seguro que sería alcanzado por su voraz y destructiva causticidad, ante el primer descuido. ¡Huía de él siempre! Irritábase ante su imagen, aunque sólo la viera en fotografía. Se asustaba ante la claridad de los relámpagos, de las luces de los faros de los automóviles o de pensar en los aviones en llamas. Mas ahora, se sentía calmado y venturoso. Gozaba de inefable paz en el espíritu, con la esperanza de haber cumplido con el destino tormentoso y de haber conseguido la buena nota espiritual. Además, también rescató la deuda que había contraído con Lumila y sus dos hijos adoptivos, habiéndole devuelto, a través del canto, la fortuna arrebatada en Italia, cuando era un bello cantor de trovas románticas. Ojalá estuviera definitivamente liberado de las angustias del fuego y pudiese vivir en futuras existencias educativas en la carne, sin ese resentimiento atemorizante. Rápidamente, sin poder dominar el fenómeno ideoplástico mental, Rosalino se vio inexplicablemente delante de enormes lenguas de fuego que avanzaban en su dirección. Sorprendido, pero no frustrado, se quedó esperando tranquilamente el fuego, casi divertido ante tal visión. Jubiloso y desahogado, comprobó que el fuego ya no era su adversario o verdugo. Era el amigo purificador en su propia ley, donde los "semejantes curan a los semejantes".

En ese momento, el Maestro Guaciro volvió. Su silueta recortábase contra el sol de la tarde, pareciendo un gigantesco jefe Tupinambá. Traía consigo la preciosa sustancia vital, extraída de las emanaciones etéreas-físicas de los árboles frutales. Bajo la técnica y consejo de Domicio, Rosalino se puso bastante receptivo para absorber por los poros del periespíritu y por la respiración, la carga de energías del "tonus vegetal" que le era suministrado en forma incomprensible para los terrenos encarnados.

Después de un largo rato, la caravana dirigida por Domicio, se deslizaba segura, sustentada por la energía mental originada por la maravillosa sincronía espiritual. El cielo estaba claro, de un azul transparente. La superficie de la tierra matizaba el panorama con los tonos verdes oscuros de las florestas de los campos.

El litoral surgía remarcado por lo extenso de las playas arenosas y recortado por el océano bañando las costas de Santos, San Vicente y Guarujá. Rosalino se sentía como el ave feliz que retorna al nido querido, situado entre flores siderales.

Tiempo después divisó a lo lejos, como una apreciada joya, suspendida del espacio, la silueta de la "Mansión Esmeralda", estación venturosa para los espíritus que la habitaban, que refulgía luminosa entre el armiño del éter multicolor. En aquella comunidad espiritual transitoria, verdadero "oasis" de reposo para las almas fatigadas por el ascenso en busca de la conciencia cósmica, en donde Rosalino también había pasado algún tiempo para apresurar sus sentimientos o entrenándose en sus buenos propósitos, para tomar energías espirituales necesarias a fin de tener éxito en la prueba kármica, que le había tocado vivir recientemente.

A su frente apareció un inmenso portal, de color azul suave y adornado por un halo liláceo muy delicado. ´Cuatro columnas de alabastro refulgente soportaban la arcada, cuyo tono azulado se esfumaba hacia un verde de hoja nueva. La luz interior dejaba ver los adornos y arabescos, comprobando la sublimidad angélica del lugar. Encantadoras cortinas de color lila rosado con pendientes plateados, se balanceaban bajo el impulso de la misteriosa brisa cargada de perfumes y combinaciones olorosas, que evocaban a los lirios, narcisos y jazmines de la tierra.

Rosalino, tocado en lo más íntimo de su ser, no pudo contener las lágrimas que le afloraron a los ojos delante de ese lugar tan edénico, de esa comunidad espiritual, que tan gratos momentos había pasado antes de reencarnar en Brasil. Inmediatamente escuchó un conjunto de voces infantiles cantando una sublime melodía, y quedó conmovido al reconocer el primer verso de la "Novena Sinfonía" de Beethoven, cuando las voces humanas se mezclan con la orquesta y alcanzan el "climax" apropiado, en el pasaje "El Querubín está delante de Dios",[4] cuya melodía era el saludo tradicional de la "Mansión Esmeralda", a los hijos que volvían liberados de la carne, después del proceso rectificador kármico.

La cortina lila rosada se abrió de golpe y Rosalino sintió vibrar las fibras íntimas de su alma, ante las arboledas frondosas y el camino de arena fina y sedosa, que lo encaminaba hacia la hermosa comunidad de reposo espiritual y preparación reencarnatoria.

La mansión se extendía a lo largo de innumerables pabellones de gusto oriental, en medio de flores y vegetaciones encantadoras envueltas en la musicalidad de los pájaros cantores y de una gran variedad de colores. Posó sus rodillas en el suave suelo y lo besó con ternura y afecto. El hijo retornaba a la patria querida, después de un período prolongado de ausencia. En ese momento, una delicada mujer, rodeada de una hermosísima luz, se acercó a Rosalino y lo atrajo hacia ella, cual abrazo amoroso, diciéndole satisfecha:

—¡Rosalino, hijo mío, seas bienvenido a nuestro hogar!

---

[4] Himno con orquesta y coro de la Coral beethoveniana, cantada en alemán: Under Cherub steht vor Gott."

Mientras eso sucedía, él se cobijaba en el seno de aquella alma, que algunas veces había sido su madre carnal, en la tierra, y lo había convencido para que aprovechara su tiempo y se liberara de sus pecados del pasado, aceptado el sufrimiento rectificador. En esos instantes se aproximó a ellos, un grupo de niños, vestidos con ropaje rosado y un tipo de sayo color azul claro, los que ofrecieron un ramo de violetas y rositas pequeñas, de suave fragancia. Rosalino se enterneció delante de los niños del cielo que lo obligó a recordar al Coro de los Niños de la Iglesia del Buen Jesús, en aquellas tradicionales ofrendas de flores, que simbolizaban la recordación y el amor.

De repente, vio a su costado, a un espíritu luminoso que empuñaba una batuta refulgente y comenzó a dirigir el coro de niños que estaban a su frente. Dio la vuelta rápidamente y quedó boquiabierto, mirando con indecible asombro.

Fray Benito, rostro blanco y barba capuchina, estaba vestido con un magnífico hábito blanco, de mangas largas y cordones de carmín puro. Sonrió jubiloso, sin desimular su emoción angélica y exclamó, a la vez que extendía su mano derecha con gesto cordial:

—¡Hola, Rosalino!

Levantando la batuta y haciéndola girar en el aire, como era su costumbre hacer en la Iglesia del Buen Jesús, en la tierra, comenzó a dirigir con voz angélica y afectiva:

Miró a Rosalino y le dijo amorosamente: —¡Vamos niño, es el momento de hacer su solo!

Los niños, que más se parecían a serafines rosados, comenzaron el coro suave y encantador, Rosalino elevó su voz atrayente y cristalina, pronunciando las primeras frases musicales de la tiernísima "Ave María" de Schubert.

EL ASERRADERO

Mes de junio. El sol resplandecía en el cielo azul claro, plateando con toque mágico a las dispersas nubes. En los tejados brillaba y se deslizaba la humedad de la noche, pues aunque hacía bastante frío, todavía no había helado. El barracón del aserradero estaba situado sobre la cuesta de una colina, en la cual se veía los cedros y pinos, esparciendo por el aire su olor resinoso. Las grietas pronunciadas desaparecían bajo las toneladas de aserrín de un color parduzco, que debido a la enorme cantidad no era posible emplear. La chimenea perteneciente a la casa de la máquina desprendía humo muy negro al comienzo del encendido. Los operarios salían de las casas, algunos vestían blusones de franela, otros menos abrigados, tiritaban de frío. Cuando hablaban o tosían soltaban vapores de sus bocas que se confundían con el humo azul de sus cigarros. Escuchábase el mugir de los bueyes al ser atados a los carretones para tirar los pesados troncos. El camino hacia el bosque subía escarpado entre los barrancos de pasto amarillento, y se perdía a lo lejos, en medio de las grandes plantaciones de pinos y otras especies industriales.

Súbitamente se escuchó un silbido largo y sonoro, que respondía el eco, muriendo a lo largo de las cuestas. Era el pito que señalaba todas las mañanas, la hora de entrada al trabajo, apresurando a la gente para sus servicios, y a su vez, era la oportunidad para colocar los relojes en hora, ya sea en la morada de los pobres, como en la rica mansión. En lo alto de la sierra la campaña invitaba a los más desahogados a la misa de las seis. Los camiones calentaban sus motores y todo comenzaba a ponerse en movimiento. El aire se llenaba de los cacareos de las gallinas, el grito de las aves y papagayos, gruñidos de los porcinos, mugir de los bueyes, balidos de las ovejas y el graznido característico de los patos. En una atropellada salida dejaban sus lugares de descanso, guiados por los gritos de sus cuidadores.

Leonardo, maquinista improvisado por haber muerto el viejo Gustavo, a quien antes ayudaba en la limpieza de la máquina y cuidaba del fuego, examinaba el manómetro de la Wolff, máquina moderna; la trataba mejor que a su mujer, pues decía: "sólo le falta hablar".

La máquina marchaba satisfecha, como si respirara tranquilamente, mientras que sus pulmones de acero expiraban el vapor por la elevada chimenea que estaba asegurada por grandes cables de acero. De vez en cuando, Leonardo abría la hornalla económica, adquirida últimamente por la firma "Industria y Comercio Hermanos Cardoso Ltda." y echaba hacia la boca llameante algunos trozos de madera, avivando el fuego y aumentando la humareda de la chimenea.

Estopa en mano, limpiaba aquí, refregaba allí, lustraba acullá, mientras pensaba en el rumbo inexpresivo de su vida en aquellos confines. Las dificultades humanas crecían cada vez más. Alcanzó los cuarenta años, bien de salud y fuerte de cuerpo; pero había fracasado dos veces en cortar los troncos en el bosque, una vez por exceso de lluvia, otra por causa de la maquinaria del viejo Cardoso. Aún sería un simple ayudante de camión si el viejo Gustavo no lo hubiera aceptado como ayudante de máquina. Leonardo pasó a ser foguista en la Wolff; la tarea le era bastante familiar, pues había tiempo que venía sustituyendo al viejo Gustavo en sus borracheras. Con todo eso, los miserables patrones fingían no percibir el cambio, dejando correr las cosas sin darle el aumento debido a causa de su nuevo puesto. Transcurrieron tres años y Leonardo continuaba firmando la planilla de pagos como si fuera el salario de un simple estibador de maderas. Tenía que encender el fuego por la madrugada, a fin de que entrara en funcionamiento la sierra "Tissot" a las siete horas de la mañana en invierno y a las seis en verano. Además, siempre era el último en salir y algunas veces hacía de sereno, durmiendo allí mismo, en la casa de la máquina, atento para despertar a la madrugada.

Leonardo compensaba la falta de interés de los patrones, tratando muy bien aquella "diabla" de hierro, acero y metal cromado —confidente silenciosa de algunos años de sus quejas y lamentos—. Necesitaba ganar más, pero lo estremecía la idea de enfrentar al viejo Cardoso, su patrón, portugués usurero y capaz de comerse las uñas para no gastar, reclamando siempre a todo el mundo.

Una onda de amargura le quitaba las ganas de vivir. El salario miserable del aserradero lo consumía en la comida y en las enfermedades que había en su casa. La situación era desesperada, cuando Leonardo supo que el viejo Joaquín Cardoso, había mejorado el salario de algunos operarios, puesto que éstos lo habían amenazado con ir a trabajar a una casa de tejas; entonces tomó coraje y resolvió intentar suerte pidiendo aumento de salario. Espió durante una semana los pasos del viejo Cardoso; quería tomarlo de buen humor. Lo vio sentado en el escritorio, a solas, leyendo y examinando los papeles que le llevaba el tenedor de libros Waldemar, que se fue a almorzar más temprano. Cardoso, como si fuera tomado por un mal presentimiento, levantó la mirada y sin esconder su antipatía preguntó, cauteloso y frío:

—¿Qué pasa, señor Leonardo?

A Leonardo le pareció que la sangre le faltaba en las venas. La respiración se le hizo agitada y no podía comprender porqué quedaba inactivo delante de aquel hombre viejo, obeso e inhumano, y fácil de ser tumbado por un brazo fuerte. Decidido y brusco, largó la bomba:

—Yo quería pedirle aumento, señor Cardoso. Las cosas andan cada vez más difíciles en mi casa. Tengo a mi mujer enferma y los niños crecen y necesitan más cuidados. El señor sabe, que mi dinero casi siempre va a parar al médico.

Cardoso ni pestañeó. Continuó removiendo los papeles, impasible y ajeno a la aflicción de Leonardo. Después, en un gesto de protesta, con voz serena y seca, advirtió:

—Leonardo, usted escogió la peor época del año para pedir aumento. La crisis la tengo encima y parece que ha de terminar con el aserradero.

Leonardo intentó una nueva arremetida.

—Señor, sólo basta que usted me dé el sueldo de maquinista y algunas horas extras, para yo quedar bien servido y satisfecho. ¡Me parece, que esto no es pedir mucho!

En ese momento, Cardoso dejó los papeles y miró al empleado con aire de seriedad y malhumorado:

—¡Rayos! ¡Hombre de Dios! Entonces, ¿no basta la confianza que depositamos en el señor? ¿Alguno lo sacó de la máquina, desde que murió el viejo Gustavo?

—Bien —dijo Leonardo algo indeciso—, pero es que el trabajo aumentó. Antes, yo era ayudante, ahora trabajo como maquinista de responsabilidad. Hasta de sereno cuando es necesario, sin ser recompensado.

—Si la firma tiene que pagar horas extras, entonces sería mejor que contratara a un maquinista de oficio, que entienda bien a la "Wolff". Y después de volver a chupar el cigarro maloliente, el viejo agregó —¿No tuvimos dos días la máquina parada en el mes de febrero, porque el señor no sabía regular las válvulas?

—Señor Cardoso; si las válvulas no estaban reguladas, es porque debe hacerse una vez por mes, dado el trabajo intenso que realiza. Ella trabaja de sol a sol sin parar.

—El caso es que el señor es el responsable, no yo. Podía hacer eso un domingo por medio. —Y con un gesto de censura exclamó: —¿Qué hace usted, los domingos dando vueltas por esos lugares, perdiendo el tiempo? ¿Bebe cachaza, juega al truco, va a bailar? Yo aprovecho los domingos para poner muchas cosas en orden.

—Bueno, la gente va para la casa de la suegra, tiene que visitar a los parientes o debe ir a una fiesta, después de todo somos mortales.

Cardoso comenzaba a mostrarse nervioso y no acertaba a poner en orden los papeles del escritorio, mientras tanto no podía dar cabida a ese nuevo gasto para la firma, que le estaba planteando Leonardo. Le dolía hacer concesiones. Sin saber porqué, alguna cosa extraña le hacía sentir placer en negar favores a Leonardo.

—Dígame Leonardo, ¿la otra vez, la "Wolff" no comenzó a patinar, bajó la producción y llegó a calentar las juntas de la máquina?

—Señor Cardoso, la máquina únicamente patinó por falta de resina para las correas; pero la culpa la tuvo el encargado del depósito, que dejó acabar el "stock" y no renovó el pedido.

Cardoso apartó la silla, se arregló la faja caída sobre la barriga y tomando la cafetera, miró a Leonardo y le dijo:

—¿Acepta?

Era el único eslabón humano de aproximación que a veces tenía el patrón con los empleados más viejos e importantes, puesto que él los consideraba materia prima, como si fueran los troncos para el aserradero o los alimentos que daban vida a las cosas.

—¡Acepto! —accedió Leonardo con esperanzas de ablandar al viejo, en esa espontánea invitación.

Mientras duraba el silencio entre sorbo y sorbo de café, Leonardo reflexionaba: "El viejo Cardoso era el ejemplo de dureza, miseria y egoísmo. Cada vez era más rico. Era el prototipo de maderero, característico de aquellas zonas. Siempre desconforme con las leyes fiscales y los impuestos del municipio. Se lamentaba del tiempo, la lluvia, la carestía, el arreglo de los camiones, el curuncho en las maderas y el aumento de los salarios. Conforme a sus quejas continuas, jamás tuvo lucros en la industria; mientras tanto había derrumbado la casa vieja y edificó una hermosa y amplia con las comodidades máximas que los adelantos le ofrecían. Compraba terrenos y plantaciones, que fácilmente aseguraba el stock para los cincuenta años venideros. Cada seis meses cambiaba la yunta de bueyes por otros más fuertes. A fin de año lloraba por los perjuicios que le ocasionaban los camiones viejos, pues debía cambiarlos por una nueva partida y tal vez, más pesados. Abría caminos en medio del bosque para facilitar el corte de la madera. Cambió las vías y las vagonetas que hacían el servicio dentro del aserradero. Cuando todo parecía de mal en peor, llegó la "Wolff" en amplio carretón proveniente de Curitiba a fin de sustituir a la vieja máquina "Lincoln".

—¿Quién tiene coraje de aumentar su industria, decía, con esa política errada del Gobierno, cuyos empleados roban con tanta facilidad? Si no fuera por la familia, hace mucho tiempo que habría desistido de todo esto. —Y Cardoso hizo un gesto pausado como dando a entender que todos sus bienes estaban dispersos.— Inclinó su cabeza y moviendo sus cabellos desordenados dijo: —Mire aquí; ¡perdí mis cabellos en esta empresa, toda llena de sacrificios! —Sirvió otro poco de café y le ofreció a Leonardo diciendo:

—¿Una más?

—¡Sí!

Mientras Leonardo volvía a tomar, pensaba, la familia de Cardoso tenía de todo y de lo mejor. Los hijos estudiaban en la ciudad; uno de ellos sería médico aquel año, otro ingeniero y el más joven cursaba derecho. Los dos más viejos, hijos de su primera mujer, dirigían la oficina instalada en Curitiba para la exportación de madera, y el despacho lo hacían desde el depósito instalado en Paranaguá. Los yernos cuidaban de un gran depósito de maderas instalado en Jaguaré, en San Pablo. Cuando visitaban al viejo, casi siempre traían automóviles último modelo, demostrando que el dinero era abundante.

Leonardo terminó de tomar su café y también de pensar. Pasó la taza al patrón y replicando a las quejas del dueño, le dijo:

—El señor está hecho en la vida; pero de esta vez es necesario que me dé el aumento, pues, ni siquiera debe considerarse aumento, sino, caridad. Mi mujer está esperando el quinto hijo, y hablando con franqueza, no puedo comprar las ropitas para él, cuando menos pagar a la partera.

La voz dramática de Leonardo casi hizo estremecer la bomba pulsante que el viejo tenía en lugar del corazón. En ese momento estaba en la ventana, mirando hacia el patio, donde los carretones descargaban excelentes troncos de madera, provenientes del bosque de Tijuca.

¡Leonardo! —interrumpió medio confuso—. No me juzgue mal, sinceramente, lamento mucho no poder atenderlo debido a la crisis, a los nuevos impuestos, fiscalizaciones arbitrarias, tasas de exportación y gastos enormes en el puerto de Paranaguá. Garantizo a usted, que ningún aserrador de este lugar va a poder aumentar a sus empleados. Ahí no para todo. ¿Sabe usted en cuánto aumentó el flete, los impuestos para las ventas y consignaciones? ¿Sabe?

Leonardo, nada sabía; apenas podía balbucear sin convicción alguna:

—Señor Cardoso, esta vez necesito ser atendido en mi salario, el asunto para mí, es demasiado serio.

Cardoso no escuchó la nueva petición. Violentado y protestando contra la carestía y el robo en los impuestos, metió las manos dentro de los bolsillos, y en un tono casi profético y desesperado dijo:

—Ayer, hablé con el capataz, el señor Zenatto y cambiamos ideas para dar de baja a los empleados más nuevos, porque según van las cosas, tendremos grandes perjuicios, ¡o vamos a trabajar solo de gracia! Y en una arremetida tipo filosófico, donde puso toda su fuerza verbal, exclamó: "Entonces el negocio va a ser, que de cada seis, sólo quedarán tres empleados".

Leonardo estaba desesperado. La madre ya de edad y reumática viviendo con él, su mujer enferma y poniendo en peligro la vida del futuro niño, sin poder lavar ropa para los de afuera, que significaba una ayudita. El segundo hijo, era un infeliz retardado, que se pasaba todo el día mirando hacia el techo, puesto que era paralítico y-yacía en cama. La suegra que lo ayuda un poco y vivía de la poca renta de una chacrita, en la colonia Muricy, se mudó para Curitiba, escribiéndole que pronto iba a vender su terrenito para no pasar más hambre el resto de su vida.

—¡Así es, la vida del operario es miserable! —murmuró en un tono vago y desconsolado.

En una tentativa algo estratégica, fruto de la desesperación, se aventuró a decir:

—Señor Cardoso, yo tengo que cambiar de rumbo a mi vida. Voy a meterme a cualquier cosa por ahí, para ganar un poco más de dinero. Así no es posible seguir, pues las cosas siguen igual, y en vez de mejorar, sólo empeoran.

Cardoso hizo caso omiso al interlocutor lacrimoso. Impasible calculó rápidamente el tiempo que Leonardo llevaba de servicio; casi nueve años de registro y muy cerca de alcanzar la estabilidad, que lo amparaba con indemnización doble. Y, con voz muy acariciadora agregó:

—Yo no acostumbro asegurar a mis empleados. Quiero que ellos progresen, aunque yo tenga que lamentar su partida. Un día, yo también abandoné mi empleo sin futuro, e intenté trabajar por mi cuenta. ¡Es cierto que fue un buen día! Pero, si tengo alguna cosa, lo debo a esa decisión de liberarme de mi antiguo empleo.

Después de una pausa, como poniendo la mira del fusil para ejecutar el disparo final, exclamó con disfrazado desinterés: El señor Travassos, maquinista de los "Hermanos Prevedelo" la semana pasada me pidió trabajo. Tiene por aquí cerca un terreno y quiere que sus hijos empiecen a hacer plantación. Yo no me interesé por él, para no dejar a usted sin trabajo. —Encogió los hombros, llenó de nuevo la taza de café y se la ofreció a Leonardo:

—¿Quiere una más?

—¡No! ¡Gracias! —contestó Leonardo, ya sin interés alguno, pues la ocasión no ofrecía nada más, y por otra parte, viéndose amenazado en su empleo, miró hacia la chimenea de la máquina y con gesto apesadumbrado le dijo al señor Cardoso:

—Bueno, voy a echar leña a la hornalla, me parece que se está terminando. —Inmediatamente salió del escritorio como a un perro que le habían dado una paliza. Junto a la "Wolff" descargó su tensión interna: —¡Ay, mi vieja! Este mundo está lleno de infelicidad; los patrones nadan en riquezas y lloran miseria, chupando la sangre a la gente. Dio un largo suspiro y dijo: ¡Pero Dios es grande!

La vida del infeliz Leonardo empeoró día a día. El quinto hijo nació con los miembros atrofiados y con una terrible infección en el cuero cabelludo. Marquito, otro de sus hijos, vivo e inquieto se rompió el brazo cuando se cayó de un árbol, debiendo ser llevado a Curitiba, para consultar a un especialista. Belinda, la mujer, intentó hacer algunos acolchados con las plumas de los gansos, para venderlos en San José; pero alguien, bastante malvado, corrió la voz que estaba tuberculosa y ninguno quiso comprarle la modesta producción.

Llegó el día más crucial para Leonardo, cuando el médico le exigió la internación de su mujer, pues estaba atacada de tuberculosis y en avanzado estado. El caso era serio, grave y peligroso, y por sobre todo contagioso. Leonardo no tuvo otra solución, iría nuevamente a conversar con el patrón de cualquier forma. Se acercó a él, una vez más, cabizbajo y nervioso:

—Señor Cardoso. Usted sabe que me encuentro en un callejón sin salida.

—Sí señor, lo sé.

Hasta yo mismo, no me siento bien últimamente. Tengo unos dolores que no me dejan dormir tranquilo. Levantó las manos a la altura de los riñones, agregando con tono apesadumbrado:

—Creo que son los riñones, ¿no es verdad?

—Debe ser —gruñó Leonardo, con los ojos fijos en las tablas del suelo—. Necesito un préstamo de dinero y que me sea descontado en seis veces. Estoy arruinado con las enfermedades. ¡Sólo pegándome un tiro en la sien, puedo cambiar mi situación!

Cardoso, mal desimulaba su ira, pues era hombre que perdía la cabeza cuando alguien intentaba sacarle algún dinero con motivos sólidos, que no podía negar. Una tempestad rugía bajo sus nervios en tensión. Restos de decoro humano le impedían sacar a luz su carácter mezquino, sórdido y duro. Entonces exclamó, con voz de censura y seria advertencia:

—Leonardo, yo no sé trabajar así, con empleados que a cada

instante me molestan pidiendo aumento, ayuda y préstamos. ¡Rayos! Necesito tener la cabeza bien asentada para poder dirigir esto; pagar las deudas y los compromisos en días fijos. Si usted trabaja y gana el sustento para su casa, se debe a que yo soy el que sufre las preocupaciones, ya que soy el indicado en hacer marchar la industria hacia adelante para tener resultados compensadores. Sé que sus gastos aumentan, pero ¿qué diablos hace usted de sus salarios? ¿Por qué no hace economía? ¿No guardó dinero para sus necesidades?

Y con gesto de hombre capacitado, añadió:

—¿Usted pensó qué sería de mí si yo no fuera económico, con la familia que tengo?

Leonardo estaba abstraído, ajeno a todo, sujeto a una sola idea.

—Si yo no precisara, no le pediría señor Cardoso. Mas, esta vez le hablo a su corazón. Sé que no va a dejarme sucumbir; tengo confianza en éso. Yo le pago; aunque tenga que trabajar día y noche, pero necesito internar a mi señor Belinda en el hospital con suma urgencia. Es un peligro para los niños. El señor pensó ¿qué sería si esa terrible enfermedad se le pega a los niños?

Cardoso había previsto todo eso y se había preparado para oír los argumentos del maquinista. No tenía diploma de profesión, alguna sin embargo era talentoso y mucho más eficiente que otros hombres de "cultura". Se defendía del mundo por la coraza de la obstinación, y que además era su método, prevaleciendo por encima de todo, su avaricia. No era hombre capaz de ayudar a nadie, jamás haría un negocio que no dejara ganancias. Eso era propio de su naturaleza egocéntrica y de su extraño goce de estar siempre especulando con todo. Ninguno habría de reír a sus costillas, dado que debía asegurar su sagacidad, capacidad y seguridad financiera. El no concedía préstamos, ni tampoco los pedía. Nunca se había arrodillado ante los gerentes de ningún banco. Pagaba todo al día, con descuentos. En el silencio de las noches, se deleitaba pensando en su gran eficacia, gracias a su desarrollada habilidad.

Allí estaba su empleado, con un motivo sólido y contundente. Sería capaz de conmover a una fiera y arrancarle el dinero. Pero, Leonardo ya era un caso perdido, estaba totalmente acabado, y para él significaba un mal negocio. Eso ponía a Cardoso frenético y su ira la llevaba solapadamente. Estaban intentando quebrarle la rígida línea que él tenía por hábito; querían perturbarle su modo tradicional de vivir, progresar, dirigir y lucrar. No podía "perder" o "ceder", verbos éstos que lo sonaban como una lengua extraña, por cuanto él estaba acostumbrado a exprimir solamente al verbo "ganar". Su alma vil y avara hacía cálculos veloces. De repente, se animó y percibió una solución, donde podía conjugar tanto el negocio con la ayuda solicitada.

—Leonardo, préstamo no le puedo hacer. Jamás haría una cosa contraria a mis hábitos. Usted sabe que no doy dinero prestado, pero tampoco le pido a nadie. En ese momento se dio vuelta y encarando resueltamente a Leonardo, le preguntó:

—¿Cuánto tiempo hace que usted trabaja en la firma?

—Más o menos unos diez años, el señor Waldemar es el que sabe.

—No necesito preguntar a Waldemar, dijo don Cardoso con un tono bastante amistoso. Yo confío en usted. En verdad, siempre confié. Escuche Leonardo. ¿Quiere hacer un negocio en el que usted puede resolver sus problemas y no necesita quedar debiendo favores?

Leonardo se puso inquieto y a la expectativa. La propuesta, seguro que sería ventajosa para el patrón.

—Depende señor Cardoso de la propuesta.

—¿Cuánto era el préstamo que usted necesitaba?

—Veinte mil cruceiros. Menos no soluciona nada.

—¿Usted se volvió loco? ¡Veinte mil cruceiros! ¿Y a pagar cómo?

—Descontando unos dos mil por mes.

—Y, ¿podría vivir con mil seiscientos, además del descuento que le debe hacer el IAPI? Si usted no consiguió equilibrarse con el salario de tres mil seiscientos, ¿cómo va a vivir con menos?

—Pues, así ha de ser señor Cardoso. Yo no tengo la culpa, es la mala suerte que me persigue.

Cardoso fue hasta la ventana, apreció la situación e hizo cálculos rápidos y fríos, sin emoción o complacencia alguna. Como ese caso, era similar a cualquiera de sus negocios, ese también debería estudiarlo como para darle lucro o perjuicio. Se volvió decidido y le propuso:

—Si pide la renuncia, le pago la mitad de la indemnización y la mitad de las vacaciones. Así resuelve su situación, recibe los quince mil cruceiros y queda sin deudas. ¿Qué le parece?

Leonardo se mostró muy afligido, mientras interiormente comenzó a rebelarse. Sintió un asco enorme por ese hombre obeso y viscoso, cuyos ojos, detrás de los lentes, tenían la expresión de las aves de rapiña. Su indemnización contando el preaviso, dos vacaciones completas y nueve años de servicios registrados, debía sumar unos cuarenta y cinco mil cruceiros, conforme le había dicho el abogado del sindicato de Curitiba.

—Señor Cardoso, tengo unos cuarenta y cinco mil cruceiros para recibir la indemnización, incluyendo dos vacaciones, nueve años de firma y el aviso previo de la Ley. El señor me paga treinta mil y yo inmediatamente me voy.

—El patrón ni pestañó; quedó desconcertado y no disimuló su ira.

Leonardo, nada se ha dicho aquí. Yo no le hice ninguna propuesta, ¿entendió? Le ofrecí la oportunidad de resolver su situación sin deber a nadie.

—Y, encogiéndose de hombros, le volvió a decir: —¡Usted acepte mi oferta si quiere!

Se movió agitado en el escritorio, arreglando el tintero y juntando los papeles. Y en un ímpetu decisivo, casi agresivo, exclamó: —Para liquidar su caso; ¡le doy veinte mil cruceiros, ni uno más! Se dio media vuelta y dio por finalizado el negocio.

Al día siguiente, Leonardo aceptó los veinte mil cruceiros de Cardoso. Estaba desesperado. Firmó los papeles de dimisión, envió a su mujer al hospital y pagó sus deudas más urgentes, inclusive al médico que atendió a Marquito. A la noche quiso beber una copa, en lo del polaco, y comprobó sorprendido, que ya no tenía dinero. Estaba sin dinero y sin trabajo. Una semana después volvía a ser ayudante y trabajador a destajo, cuyo salario no pasaba de los 2.000 cruceiros y el trabajo era bastante más duro que el puesto de maquinista de la Wolff. Los gastos en su casa pasaban de los 4.000 cruceiros y poco a poco se fue despreocupando, a tal punto, que siempre terminaba en el bar del polaco. Pronto se acabó el medicamento para el hijo paralítico, el que desde esos momentos fue atendido por la vecindad en sus mayores necesidades. Marquito y Onofre, menores, vagaban por los alrededores. El recién nacido, estaba en la casa de los padrinos, hasta que hubiera una nueva solución. Belinda tenía los días contados. Poco tiempo después falleció en el hospital de Curitiba. Leonardo comenzó a beber y echaba toda la culpa de su desgracia al miserable viejo Gaspar, por haberle aceptado la oferta que terminó por sumirlo en la desgracia.

Una idea fija comenzó a ocuparle su mente; su desgracia se llamaba Cardoso. La idea mórbida era que el viejo patrón debía ser el responsable de todo el sufrimiento que él y su familia estaba padeciendo. Su rabia aún aumentaba más, en base al potencial del alcohol que ingería frecuentemente. El hijo le había nacido paralítico, y el otro se le había quebrado el brazo, quedando defectuoso. La mujer murió tuberculosa y la última de las niñas, sólo era piel y hueso. Muerte, tragedia, dolor y llanto los atribuía a la avaricia, astucia y habilidad del viejo Cardoso, que lo hizo infeliz, forzándolo a abandonar el empleo, ilusionándolo con una miserable indemnización. Ahora, todos estaban en la miseria. Los dos menores, vivían de limosnas y robando a los camiones en los caminos. Hilario, el más viejo, con dieciocho de edad, entró de noche en el depósito del viejo Cardoso y robó varios respuestos de las máquinas, que después vendió por poco dinero en el aserradero de los Provedelos. Cuando Leonardo se enteró, su hijo ya estaba preso en San José, debido a la denuncia presentada por el viejo Cardoso, que estimó el robo de dos mil cruceiros, en más de veinte mil, así aprovechaba y se aliviaba de los impuestos, tal como se lo había aconsejado el tenedor de libros, el señor Waldemar.

Fue el máximo para Leonardo. Comenzó definitivamente a beber cachaza y andaba a los tumbos por el monte, gritando como un loco, diciendo que iba a incediar el aserradero de los hermanos Cardoso y que exterminaría aquella raza infame. Bebiendo sin control, con la ira exacerbada por el instinto animal, un día se armó de un garrote y fue a golpear a la puerta de su antiguo patrón. Rompió los vidrios de las ventanas, mientras el·personal de servidumbre abandonaba las camas en ropa de dormir. Después de intensa lucha, consiguieron dominarlo, aunque seguía dando putapiés y gritando soezmente, dando salida a la violencia que mal podía contener su alma. Un empleado tomó el Ford y trajo al cabo con un pelotón de soldados del destacamento.

Al día siguiente, cuando a Leonardo se le fueron disipando los vapores del alcohol, se vio con gran sorpresa, en la miserable prisión de la jefatura local. Se levantó lentamente y se acercó a la ventana de la prisión, desde donde vio a un gran camión lleno de maderas que subía la cuesta de Pitanga, rumbo a la

113

Capital. La mañana estaba quieta y fría y cubierta de un cielo ceniza oscuro. Las casas de madera, esparcidas en grupos, a lo largo del camino, parecían acompañar al camión. Pasó un caballero a caballo que tenía en la cabeza un sombrero grande de cuero, inclinado hacia adelante, de donde le caía un cordón bordado hasta el hombro, el que pasó a trote largo muy cerca de la prisión. Los niños con delantales blancos parecían manchitas moviéndose por el camino en dirección a la escuela de doña Cotiña Leonardo se acercó aún más a la ventana y estiró su pescuezo a la izquierda; allá estaba el aserradero de los Cardosos. La Chimenea de la Wolff soltaba el humo negro bajo la dirección del nuevo maquinista Fontana. Según decía la gente, ese nuevo empleado ganaba muy bien. Llegaba a sus oídos el grito de los conductores de los bueyes que arrastraban los troncos hasta la cima de la cuesta. En lo íntimo de su alma, el corazón de hierro de la Wolff parecía pulsar junto a su pecho, avivándole los recuerdos de aquella irreparable separación.

Todo eso, entró a fondo en el alma de Leonardo, sentía un gusto amargo en la boca y un espasmo angustioso en la garganta. Recordóse de su juventud; siempre había sido alegre, fuerte y bien dispuesto, tomaba los trabajos pesados y aún jugaba fútbol en el club de los italianos, en Curitiba. Era aficionado a los bailes y gozaba de mucha simpatía entre las jóvenes. Se casó con Belinda. Fue un fiesta que duró dos días seguidos, pues los suegros todavía no habían quebrado el almacén. Ella era una joven muy bonita, atenta y trabajadora, aunque siempre sentía debilidad, quejándose de cansancio por cosas de nada. Recordaba de la alegría de su primer hijo —Hilario—, ahora preso en San José y acusado de un gran robo por el miserable del viejo Cardoso, que había exagerado el monto del valor sustraído. Indudablemente, el viejo infame fue el autor de su infelicidad y el verdadero responsable de su desdicha.

—Cuando salga de aquí, voy a matar a ese viejo malvado —exclamó movido por un pensamiento de venganza.

Se recostó sobre la pared del calabozo y se puso a pensar cómo podía eliminar a ese viejo avaro. ¿Usaría armas de fuego? ¿Pero, cómo comprar sin dinero? ¿De una puñalada? Mas, si fallaba sólo podía atontar al viejo. En fin, Leonardo, hombre sin valor para exigir su salario al que tenía derecho, reunió todas sus energías disponibles y delineó el plan definitivo, para introducir veinte centímetros de una cuchilla de acero cortante, en el vientre del viejo Cardoso. Con las manos crispadas, los ojos inyectados por el odio, el pecho respirando agitadamente de la rabia que le salía por todos los poros, gozaba anticipadamente de los estertores de la agonía de su ex patrón. Lo mataría como a un cerdo.

Al día siguiente, todo el lugar se alborotó con la trágica noticia; al abrir la puerta de la celda, para soltar a Leonardo curtido por la bebida de la noche anterior, el cabo de policía lo encontró ahorcado con un cinto de cuero que pendía de uno de los travesaños.

Un pesado miedo había tomado cuenta del espíritu de Leonardo. Se sintió arrebatado por un torbellino diabólico hacia las grutas, donde el aire se revolvía impregnado de un polvo grasoso y demasiado sofocante. A veces se sumergía en un terreno pantanoso y le subía hasta la nariz el olor neuseabundo de animales podridos. Otras veces, casi perdía el sentido golpeando contra rocas invisibles, que le destrozaban las carnes y le producían dolores terribles, principalmente en la región del cuello, donde él creía que el cinturón se había roto y le había frustrado el suicidio.

Hacía ingentes esfuerzos para ajustarse a los acontecimientos; pero una sustancia cualquiera, impetuosa e incontrolable salía de él mismo, a borbotones, fluyéndole por las narices, los ojos y la boca, con un olor acre y gusto amargo, que terminaba descontrolándolo. ¡Necesitaba huir, huir hacia ótro lugar! Abría los ojos, desmesuradamente, tratando de mirar a su alrededor. Mientras tanto, no lograba entrever nada más allá de aquel aire pesado. De repente, la extraña fuerza lo arrastraba hacia las grutas, los pantanos neuseabundos o túneles pegajosos donde soplaba un viento frío y cortante. A veces, veía algunos puntos rojizos y siluetas negras, sarcásticas y feroces que pasaban junto a él, en una procesión grotesca, como si fueran largas filas de árboles pasando ligeramente cuando uno las mira desde adentro de un vehículo. Oía voces, insultos, palabras obscenas, susurros macabros, aullidos de lobos y risas siniestras. Algunas veces se formaban frases completas, que sólo eran quejas, gritos de socorro, ayes dolorosos y clamores desesperados, carcajadas alocadas, cantos obscenos, que lo dejaban alarmado. Quedábase quieto, auscultando, sin poder verificar el origen de todo cuanto estaba sucediendo. De repente recibía tremendas bofetadas que lo tiraban al suelo viscoso y duro, gritando de dolor y desesperación. ¿Cuánto tiempo duró eso? Leonardo no tenía conciencia del tiempo, pero necesitaba salir de esos momentos tormentosos.

Un día sintió algo diferente. Era como la calma que sigue a la tempestad. Se encontraba en un estado de coma permanente, adherido al suelo, cuando creyó escuchar una voz familiar, que le decía en lo íntimo de su ser haciéndole vibrar el corazón lleno de esperanzas:

—Leonardo; el recurso más eficiente para que el hombre se una a Dios, es la oración. Ora sin preocupaciones ni interés personal, semejante a las personas que recitan el "Padre Nuestro", antes de ir a dormir. No es necesario rebuscar palabras apropiadas, basta tener confianza en el Creador y el deseo sincero de ser ayudado. ¡Vamos! Pide a Dios que dé paz y alivio a tu espíritu atribulado. ¡Abre tu alma, así te podremos ayudar!

Quedó escuchando algunos momentos, y abriendo los ojos percibió una ligera claridad que iba ganando el ambiente; por primera vez, quedó silencioso y en extraña expectativa. Desapareció ese hollín pegajoso, aunque presentía que revoloteaba a lo lejos. También se había aliviado algo del tremendo peso que le aplastaba el cuerpo agotado y del dolor penetrante en la región cervical. Aflojó los nervios y regresó con el pensamiento a la infancia, cuando su madre, doña Miloca, mujer simple y trabajadora, lo hacía arrodillar sobre la cama y le daba la siguiente recomendación:

—¡Ahora vamos a rezar al Papá del Cielo para que te cuide mucho y te dé buenos sueños!

¡Qué extraña era su vida! Y la voz que le sonaba en el interior, era muy parecida a la de su madre Miloca. Leonardo, mentalmente de rodillas y olvidando su personalidad humana, logró juntar las manos, como el niño que no tiene problemas. Con la ternura de una criatura abandonada en el mundo y pidiendo el socorro divino, comenzó el "Padre Nuestro".

Debió haberse dormido inesperadamente, pues cuando abrió los ojos el sol entraba a raudales hacia la cabaña donde se encontraba. ¿El Sol? Aquello era una luz tan radiante que parecía venir de todos los lados de la cabaña. Penetraba dentro de él mismo, ¡o venía de su propia alma! Su corazón aceleró la pulsación cuando oyó el canto lejano de la tórtola, de pecho azulado y del sabía (ave cantora del Brasil) que se parece al suave rugir del carretón cuando sube la cuesta. Sentía el mensaje agreste de la naturaleza tocándole las narices, mezcla de olor a pinos y resina recién cortada. ¡Tenía una pesadilla tenebrosa! Creía que se había ahorcado en la prisión de Pitanga, mas ¿cómo se explicaba tamaño desacierto, soñando cosas tan desagradables? ¡Era cierto, que había bebido demás y tal vez se había refugiado en aquella cabaña y se había dormido, sacundiéndolo aquellos sueños pesados, de cuadros mentales terroríficos, tan propio de las pesadillas! Sentíase bien dispuesto, sin los efectos tormentosos de esos influjos.

Súbitamente, percibió que estaba acostado en una "cama rara" y tenía a su lado una mesita de madera tosca, con un jarro de agua color azul verdoso, transparente y casi luminosa, además de unos bizcochitos pequeños, parecidos a las almendras. ¿Quién había sido el generoso? Bajo un impulso incontrolable, tomó la copita junto a la jarra y se sirvió del agua esmeraldina y traslúcida, bebiendo lentamente con admirable placer, ingiriendo los bizcochitos que se diluían en la boca, como copos de nieve, dejándole un gusto como almendra o avellanas. Prodigiosa vitalidad surgió en su cuerpo cansado, que casi lo indujo a caminar, trabajar, hacer gimnasia o desperezarse. Se refregó las manos con fuerza y se sorprendió porque algunas chispas parecían brotarle de las puntas de los dedos. Probó nuevamente y aquello volvió a repetirse, aunque de manera muy sutil. Ahora distinguía mejor el canto de los pájaros. Había en el aire un olor a canela brava y otras especies que eran de su conocimiento. Reconoció el grito afectivo de los periquitos que volaban en bandadas, casi a la puerta de la cabaña y el barullo que hacían las hojas secas arrastradas por el viento. Se sentó a la orilla de la cama y puso los pies fuera del lecho, y al pararse, notó como si se balanceara gustosamente.

Fue en ese momento, que dentro de la cabaña construida de pino, se acentuó la luz, y pudo ver recostado sobre el umbral de la puerta, un hombre robusto, con un sombrero grande y echado hacia la frente. Usaba botas de cuero, color castaño, muy lustrosas, una bombacha de gaucho, blusa salmón; un pañuelo de seda blanco salpicado de manchas color vino, anudado en la garganta, le caía sobre el pecho. En la mano derecha tenía

117

una vara que golpeaba despacito en la bota izquierda. Su cara era redonda y sus ojos demostraban un aire de confraternización tan pura, que Leonardo ni esperaba que le hablara:

—¡Buen día, señor!

—¡Buen día!

—¿Usted es el dueño de esta cabaña?

—¡No amigo, apenas soy uno de los celadores del lugar! —Y sonrió abiertamente, sin disimular un aire de diversión en los ojos.

—¡Pero! —dijo Leonardo, rascándose la cabeza—. ¿Cómo vine a parar aquí? ¡Me parece que abusé demás de la bebida! —Y bajó la cabeza medio avergonzado.

—Nosotros lo trajimos hace unos días para aquí —exclamó el visitante que vestía de gaucho—. Recibimos órdenes de allá. —Y señaló hacia lo alto, mientras Leonardo fruncía la frente sin entender.

—Bien; quiero presentarme. Yo soy conocido por Pedro y dirijo una patrulla de "recolección de almas" en dificultades en las regiones de los charcos purgatoriales. Hemos sido entrenados hace siglos, y siempre que retorno de mi vida carnal, vuelvo al trabajo de mi especialidad. —Rió mostrando los dientes perfectos.— Fue una lucha recogerlo, ¡pues cómo se debatía! ¡Santo Dios!

Extendió su mano, con gesto cordial y concluyó:

—Mi parte está hecha; ¡el resto lo hace su pariente! Quedo a sus órdenes, señor Leonardo. Y retrocediendo hacia afuera, desapareció, quedando Leonardo boquiabierto, juzgándose ser víctima de una alucinación; en ese momento vio en la puerta de la cabaña a su padrino Jerónimo, fallecido mucho tiempo atrás. Con los ojos desorbitados, agachado, como quien va a saltar de improviso, sin embargo quedó paralizado viendo al padrino aproximarse con acento cordial y abriendo la boca, con una amplia sonrisa.

—¡No se perturbe, Leonardo! Ahora usted puede saber la verdad—. Y golpeándole el hombro, lo hizo retroceder medio asustado, a la vez que le aclaró sin atenuante alguno—. Usted actualmente es un "muerto", un "fallecido", como yo ¿entiende? Lo peor ya pasó. Agradezca a Dios y a los buenos samaritanos de esta región, que lo ayudaron a salir del umbral y entró en contacto con nosotros.

Leonardo no era un espíritu primario; en existencias pasadas había participado en instituciones de avanzada cultura y religiosidad. Su memoria sideral era bastante flexible en cuanto al entendimiento espiritual, a pesar de que en su última encarnación había sufrido apreciable reducción intelectual, a fin de no escapar a la prueba kármica de la humillación y tolerancia. Esa luz extraña en la cabaña, las palabras del gaucho, las de su padrino y la liviandad del cuerpo, lo hicieron despertar a la condición de espíritu inmortal. Golpeó sus manos sobre la cabeza al tomar conciencia de todo, soltando un prolongado suspiro de alivio, como el esclavo que se libera del cautiverio atroz. Lentamente, preguntó con cierta timidez:

—Padrino, me suicidé, ¿no es verdad?

—¡Sí! Pero, no vuelvas a recordar cosas mórbidas del pasado. Concentra todas tus fuerzas dispersas, para acompañarnos en el raudo vuelo hasta la colonia "Miirim".

—Creo que podré ir sin perturbación alguna, presiento, que ya lo hice otras veces. Y poniéndose de pie, preguntó:

—Debo haber sido arrastrado hacia los charcos, donde sufrí los horrores infernales. ¿Cuánto tiempo estuve allí?

—Jerónimo reflexionó y agregó:

—Más o menos doce años del calendario terreno, porque usted reencarnó con un esquema biológico de vida física, previsto para los cincuenta y cuatro años de edad. Se suicidó a los cuarenta y dos, es decir, cortó el hilo de la vida, doce años antes del tiempo fijado en su programa de pruebas. En consecuencia, tuvo que sufrir tormentos y martirios en las regiones purgatoriales, correspondientes al período de regreso anticipado y en calidad de rebelde espiritual.

—¿Cuánto tiempo hace que estoy aquí? —preguntó Leonardo, señalando la cabaña.

—En este puesto de socorro usted entró en estado de coma periespiritual hace treinta días aproximadamente, traído por los auxiliares del señor Pedro, ese valeroso espíritu que esconde su torrente de luz en aquel cuerpo de gaucho, y se priva de vivir en las regiones venturosas, para recoger a sus hermanos infelices estacionados en los purgatorios del más allá.

Jerónimo fue hasta la puerta e invitó a Leonardo a salir, lo hicieron ambos, se introdujeron en el palpitante y vigoroso seno de la naturaleza, llena de colores y oxígeno reconfortante. Después que aspiró profunda y pausadamente aquel elemento vita-

119

lizante de la mañana, observó deleitado cómo los pájaros volaban en caprichosos sentidos, unas veces rasantes y otras, haciendo contorneos llamativos.

—¡Bien, mi querido ahijado! —interrumpió Jerónimo, muy afable—. Concentre todas sus energías y póngase a orar, para no pesar en el vuelo. Presiento que nuestros compañeros se aproximan.

Leonardo dio dos pasos, y con voz suplicante, exclamó:

—Puedo aclarar mi esquema kármico, antes de seguir, pues deseo neutralizar cualquier resentimiento contra los que me "lijaron" en la carne.[1]

—Sí. Respondió Jerónimo, ¡si es tu deseo!

—Por ejemplo, ¿el viejo Cardoso? ¿Qué era yo para él?

Jerónimo sonrió, tratando de sintetizar la respuesta en pocas palabras.

—En el siglo pasado vivía en Lisboa un riquísimo propietario rural, conocido por el comendador Enrique Paiva Azevedo, el cual apoyaba y abusaba de la política de la época. Era un hombre miserable, corazón endurecido, inescrupuloso, egoísta e insaciable. Su fortuna y propiedades cada día crecían más a través de procesos maquiavélicos contra los desprotegidos; era un robo sistemático de tierras. Explotaba a los aldeanos, secuestrándoles los bienes con documentación falsa, siendo responsable por innumerables desesperos y fugas de sus perseguidas víctimas.

—Ese hombre fui yo, ¿no es verdad?, interrumpió Leonardo afligido.

—¡No! Ese hombre fue el viejo Cardoso en su anterior existencia. Y, como usted mismo pudo comprobar, poco y nada avanzó como maderero miserable en Brasil.

—Entonces, ¿por qué tuve que estar a su lado, perturbándome con su impiedad? ¿Por qué me dejó en la ruina, ante la desgracia de mi señora e hijos?

Jerónimo quedó en silencio, reflexionando sobre lo que iba a decir, pareciendo disfrutar de los hermosos alrededores, luego manifestó.

—Enrique Paiva de Azevedo no podía ejercer presiones ines-

---

[1] *Nota de Atanagildo:* Lijar, es un término muy usado en el Espacio, para definir el pulimento kármico que se produce entre los adversarios del pasado, cuando se encuentran encarnados en existencias posteriores.

crupulosas y robos al patrimonio ajeno, si no disponía de instrumentos vivos que le amparasen sus propósitos deshonestos. Para esos fines, contaba con la fidelidad canina del capitán Lamontano y cinco soldados, individuos inescrupulosos, bien pagados y protegidos por la política local.

Leonardo tuvo un presentimiento.

—¿Cómo se llamó ese capitán en su nueva existencia carnal?

Jerónimo rió sin malicia y dijo:

—No debemos dramatizar las consecuencias que nos proporcionan nuestros actos, y el capitán Lamontano volvió a reencarnar en la tierra, como un tal Leonardo, y los soldados que tanto lo ayudaron en sus desajustes inescrupulosos, nacieron como sus hijos; Marquito, Odilón, Hilario y Leontino el más jovencito. Sin embargo, Lamontano, por momentos sentía fuertes remordimientos y hacía serias promesas consigo mismo para abandonar aquella vida censurable; pero, a su vez, Carmela, su amante, mujer ociosa y muy bonita, lo estimulaba para que procediera equivocadamente. A ella no le importaba el hambre y la miseria de los demás, siempre que pudiera aprovechar la vida y darse el lujo de ostentar joyas valiosas y participar en los banquetes con su apuesto "capitán". ¿Cuántas adolescentes habían prostituido o quebrantado su vida a fin de que ella aumentara sus vicios y fortuna?

Leonardo miró a Jerónimo, hizo un gesto de comprensión y preguntó:

—Belinda, ¿no es verdad?

—Sí, así es, asintió Jerónimo con un movimiento de cabeza.

—¿El viejo Cardoso entonces fue mi "lija"? Sin embargo, yo no había sido su amigo en el pasado?

La Ley lo imantó junto a él, pues en la situación de penuria y súplica que usted demostraba, Cardoso lo presintió como algo familiar de su pasado y puso en acción todo lo ruín que su espíritu poseía.

—Bien, yo me comprometí con la Ley y fui "lijado" por el espíritu dañino que pude servir en el pasado, pero le pregunto lo siguiente: ¿Por qué eso mismo no le sucedió a él, Don Enrique Paiva de Azevedo, transformando posteriormente en Joaquín Cardoso?

Jerónimo fijó sus ojos sobre una pequeña elevación, a unos

cincuenta metros de distancia y Leonardo también pudo observar algunos espíritus, que parecían haber llegado en esos momentos.

Jerónimo, como queriendo darle un corte al asunto, dijo con seriedad e inteligencia a Leonardo:

—Usted ya alcanzó bastante sensibilidad para entender y aprovechar con capacidad de conciencia, el curso rectificador, y de esa forma, usted pudo usufructuar mucho más del beneficio kármico que le arrojó su última prueba en la carne. El viejo Cardoso, espíritu demasiado "compacto"[2] todavía no podía aclarar interiormente sus propias vicisitudes y dolores morales. El es como un instrumento que va moviendo las energías animalizadas y el egoísmo del "yo" inferior, a fin de compensar los males practicados contra sus hermanos, desenvolviendo, acumulando y pagando con intereses, todo cuanto explotó y sustrajo a los demás.

Y haciendo una señal amistosa a los recién llegados, Jerónimo manifestó:

—El viejo Cardoso trabajó como un moro, en la última existencia, privándose hasta de sus pequeñas alegrías personales, castigado por su propia mezquindad, calculando y recalculando, la fortuna fabulosa que tendría que dejar a los cuarenta y siete descendientes, como eran sus hijos, nueras y yernos, devolviendo a esas, sus víctimas del pasado, un buen porcentaje de lo que les había robado en Lisboa, cuando era el avariento y corruptor don Enrique Paiva de Azevedo.

Tomando de la mano a Leonardo y a la otra entidad más próxima, Jerónimo ordenó al grupo formado por ocho espíritus:

—Vamos, mis amigos. La seguridad y el éxito de nuestro vuelo (volición) depende fundamentalmente de la armonía de los pensamientos y de la confianza recíproca.

En un solo y fuerte impulso mental, todos ellos eleváronse por encima del suelo terráqueo y momentos después, desaparecían en medio de la cortina etérea iluminada por el sol, llevando consigo a un hijo más, que la Ley rescató a través del dolor y las vicisitudes de su débito contraído con el propio planeta.

---

[2] Término usado en el Espacio para nombrar al espíritu "no vibrátil" a los impulsos de la conciencia espiritual. Es la entidad primaria e inconsciente, todavía muy subyugada por el automatismo instintivo.

UN MAL NEGOCIO

Claudionor estaba recostado sobre la ventana del lujoso vagón de la Central de Brasil, mirando al río que se extendía paralelo a la vía, como queriendo besar los durmientes, allá a lo lejos. El río, por momentos se escondía detrás de las sierras, para volver a surgir en las curvas imprevistas, contrastando con los puentes y el verde tupido de esos encantadores lugares. Después de transcurridos unos minutos, comenzó a verse Guaretinguetá, mostrando las torres blancas de sus iglesias, el caserío esparcido a lo largo de la costa del río y el puente del cemento, que parecía tener dos rígidas piernas.

Claudionor se deleitaba venturoso ante las perspectivas de llegar a Río, la ciudad maravillosa. Ansiaba conocer el mundo de sueños, de colores, de luces y especialmente, Copacabana, la playa más linda del mundo y el lugar de mujeres más bonitas. No veía la hora de encontrarse con las rubias cobrizas y las morenas encantadoras, cuyos cuerpos ondulantes descansarían bajo las sombrillas de la playa.

Tenía diecisiete años y el padre, Eduardo Pereira Benavides, era un industrial "self-made-man", emigrado desde pequeño de Portugal y dueño de una gran fortuna. Mandó a su hijo a cursar derecho a Río de Janeiro, pues según su manera de ver, un abogado formado en la Capital Federal, valía mucho más que los diplomados en San Pablo. Benavides, miserable y descuidado, trabajaba día y noche y tenía para vivir quinientos años sin trabajar, empecinándose en que su último hijo fuera "doctor". Desgraciadamente, en la lucha por la vida, no pudo darle la misma educación a sus otros dos hijos mayores, Camilo y Cristiano, casados y gerentes de las filiales de Sorocaba y Campinas, hombres totalmente responsables. Teresa, la única hija, se había casado con Marquitos, uno de los mejores proveedores de materia prima para la industria de artefactos metálicos. Sólo quedaba Claudionor, nacido en "cuna dorada" y destinado a ser el crédito de la familia Benavides, respaldado por el título académico.

—Este niño no sale a ninguno de la familia —decía Benavides, sonriente—. ¡Ah! ¡Eso no! Claudionor tiene otro temperamento y es muy inteligente. ¡Muy inteligente! Y con gesto de regocijo, frotándose las manos, agregaba ingenuamente: ¿A quién saldrá este niño? ¿A mí, que fui a la escuela hasta el segundo grado primario? ¿O a ti, Margarita, que eres una analfabeta?

—¡Gracias por la parte que me toca! —respondió la esposa con aire de sentirse molesta.

Camilo, el mayor, no era hombre de estudio ni cultura alguna; pero tenía espíritu inquisidor, y en forma irónica interfirió:

—¿Claudionor inteligente? Usted es muy bondadoso de su parte, padre mío. El señor confunde vivacidad con inteligencia, pues no debe olvidar, que nació de un padre rico. ¡Usted quería verlo trabajar duro y levantarse de madrugada, como nosotros lo hicimos!

Camilo, se levantó de la mesa y mirando al padre que estaba como tirado en la silla, con los pantalones debajo del ombligo y con un mondadientes entre los labios, agregó con aire de mofa:

—Claudionor jamás vistió pantalones sucios ni remendados, pero iba detrás de cada enagua que pasaba por la calle. Por lo menos, en eso, debe salir a alguien de la familia. ¡Eso sí que se lo garantizo!— Y rió cínicamente.

—¿Acaso soy un indecente; se piensa que ando detrás de las mujeres? ¿Que yo soy capaz de dejarme explotar por esas perdidas? —respondió Benavides con ojos que mataban.

Mientras tanto, Claudionor llegó a Río y se hospedó en un modesto hotel, próximo a Copacabana, reservando el dinero, ahorrado en los gastos del transporte hasta el centro de la ciudad. No sacaría la matrícula hasta dentro de unos días y trató de conocer, primero, los lugares más pintorescos, como un reconocimiento anticipado a la campaña de placeres y diversiones, que ya tenía programada. Se deleitaba ante las hermosas jóvenes cariocas, esparcidas por la blanca arena de Copacabana, como si fuera un festival de carnes y colores vistosos. Todo era novedad para él, se movía como un príncipe en un reino encantado y mal se contenía en decir al mujerío que era el hijo de Benavides, uno de los más ricos industriales paulistas. Todavía fruncía la frente, molesto, al recordar que debía estudiar en la facultad de Derecho para recibirse de doctor y para la familia. No tenía propensión para el estudio, pues a duras penas consiguió pasar el secundario, durante el cual, simuló muchísimas veces estar enfermo para justificar los períodos de ausencia y tener que volver a repetir materias en los exámenes finales. No necesitaba preocuparse por el futuro, pues la fortuna a heredar por la muerte de su padre, le daría para vivir holgadamente el resto de su vida, sobrándole el tiempo para andar detrás de las mujeres bonitas.

Claudionor al mes de estar en Río, era conocido como el hijo de un caudalado industrial metalúrgico de San Pablo, que cursaba Derecho. Eso lo convertía en centro de atracciones codiciosas de jóvenes casaderas, cuando visitaba la residencia de sus compañeros de condiciones similares. Se mostraba cortés, recatado y muy formal, aparentando una conducta ejemplar; pero por las noches se introducía en el otro extremo del barrio, con otros colegas de malas cualidades, en busca de fiestas en los cabarets y orgías en los apartamentos donde se reunían clandestinamente. Mientras tanto, se saturó con los excesos placenteros y además, recibía severas amonestaciones del viejo Benavídez por causa de los excesivos gastos, que sus aventuras ocasionaban. Sin embargo, Claudionor reconoció que tenía que hacer un paréntesis en su vida disoluta y necesitaba un poco de descanso para su cuerpo fatigado por las orgías.

En esa época conoció a Lucilia en una fiesta campestre, en Niteroi. Le llamó la atención los trazos finos de su rostro seráfico, que demostraba a las claras que era un alma buena. Lucilia surgió como un oasis, aminorando el calor de sus agitadas pasiones. Era el sedativo esperado, para un joven inquieto y neurótico. Joven tranquila, de hablar simple y elevado, sin las simulaciones que ostentaban las jóvenes modernas, yendo tras los cantores de características afeminadas, era la fuente agua pura para mitigar una sed insatisfecha. Sintió por ella una extraña pasión, puesto que reconocía estar cansado del cinismo y forma primaria con que trataban las mujeres pervertidas. Ella descandía de una familia pobre, pero de muy buen renombre. Su padre había fallecido en un desastre en la estación Central de Brasil, donde era el jefe de maquinistas, mientras su madre, profesora del curso secundario, consiguió criar a su hija dignamente y hacerla diplomar en Filosofía.

Claudionor no era guapo, pero sí, jovial y simpático. Fuerte y vivaz, de ojos medianos y chispeantes que resaltaban en su rostro moreno, sus labios gruesos tenían el gesto de la agresividad sensual. Lucilia, al percibir sus deseos ardientes, instintivamente se puso en guardia, como la sensitiva ante el toque extraño. No lo repudiaba, pero sentía cierto impulso hostil hacia su persona, y hasta creía que lo había conocido anteriormente, en otros lugares.

Claudionor puso en juego toda su astucia, energía y elocuencia para conquistar a la joven. Ningún hombre había sido tan cortés, atento y respetuoso, asediándola por todos los medios. Le enviaba flores en cuanto se presentaba la primera oportunidad. Le obsequiaba libros caros de poesía y obras de muy buena literatura, que llegaban a tocarle el corazón. Jamás regresaba de San Pablo sin traerle delicados y valiosos presentes. Finalmente consiguió la amistad de doña Elena, madre de Lucilia, a su favor. Elaboró cuidadosamente a sus amigos para que le hicieran llegar buenas referencias, respecto a su persona. Ya estaba cursando el tercer año de Derecho y comenzó a dedicarse con ánimo, pues sabía que eso influiría en el concepto de la joven.

Doña Elena, asombrada por la generosidad y afecto de Claudionor, comenzó a influir en forma persistente en el ánimo de su hija, ponderando los excelentes predicados del joven paulista.

—Lucilia —le decía con tono consejero— Claudionor es un joven recatado, culto y sensato, que siente los más bellos propósitos por la vida. No soy yo la única que lo dice; es la opinión de todos aquellos que lo conocen. Además, él siente idolatría por ti y exalta tus cualidades de joven que están por encima de las ilusiones y futilidades del mundo.

—¡Madre! no tengo motivos de antipatía hacia Claudionor, porque siempre me trató con gentileza y respeto. Sin embargo, siento angustia y temor al sólo pensar en la posibilidad de ser su novia. ¿Por qué ese presagio tan desagradable, madre mía?

¡Hija! Todos tememos el futuro, que sólo a Dios pertenece. Cualquier perspectiva de cambio en nuestra vida, nos despierta serios presentimientos, buenos o malos. Eso, a veces, nos pasa por exceso de imaginación o por un pesimismo injustificable. No quiero influir en tu destino, pero yo creo que Claudionor sería capaz de hacerte muy feliz.

La sugestión materna, suave y convincente, la manifestación de sus amistades, siempre ponderando a Claudionor, dándole un elevado padrón de moral, terminaron por vencer la resistencia de Lucilia, que pasó a corresponderle. Meses después, Lucilia comenzó a pasear, ir a los teatros, fiestas, cinematógrafos y cenas en los mejores restaurantes de la ciudad. Claudionor, lleno de felicidad, disponía de sus horas libres para disfrutar de la acogedora amistad de doña Elena y del suave amor de Lucilia. Cuando cursaba el quinto año de Derecho, estaba oficialmente de novio, contrariando las protestas airadas de la familia Benavides, que no quería verlo casado con una "pobre"; mientras tanto, fijó su casamiento para el término del curso. Así, a costa de asedios calculados, de innumerables obsequios y de la influencia de sus amigos, no sólo consiguió conquistar a Lucilia, sino que neutralizó a su más serio rival, Odilio. Ese joven era de excelentes cualidades morales y el anterior posible candidato del corazón de Lucilia.

Terminaba el año 1930 y Claudionor se recibió, en medio de una atrayente fiesta preparada en el Teatro Municipal. Días después, los recién recibidos solicitaron la colaboración del gobierno para visitar Buenos Aires, para integrarse a una caravana de estudiosos a fin de establecer un mejor contacto con la cultura e instituciones jurídicas porteñas. Antes de viajar, siempre gentil y atento, Claudionor preparó una larga lista de cosas que debería llevar, sometiéndola a la consideración de doña Elena, para que escogiera lo más conveniente. Esta protestaba atónita por lo valioso de todas las cosas a encargar.

—Querida Lucilia —le decía él, muy jovial—, lo mejor y más hermoso del mundo, aún es poco para ti. ¡Quiero hacerte la mujer más feliz de la tierra!

Llegó el día de la excursión festiva; el navío pintado de blanco, se apartó lentamente del amarradero, surcando suavemente las aguas de Guanabara, dejando gran cantidad de espuma detrás de su majestuoso porte. La orquesta de a bordo tocaba la marcha "Ciudad Maravillosa", sonando como fondo sonoro, el pito del navío. La caravana de jóvenes recibidos vibraba alegre; los novios recostábanse en la baranda de metal dorado y bien pulido, haciendo señas a los parientes y amigos, mientras agitaban banderitas brasileñas y argentinas. Claudionor, con entusiasmo infantil y eufórico, cruzaba las manos sobre la cabeza y después las abanicaba en forma frenética, haciendo reír a doña Elena y a su hija con sus gracias.

—¡Que Dios los acompañe! —dijo doña Elena, con los ojos llenos de lágrimas—. Tengo en Claudionor al hijo que tanto deseé después de mi hija, para ser mi apoyo en la vejez. Y suspiró profundamente.

Quince días después la caravana regresaba de Buenos Aires. En las calles, junto al muelle se movían los familiares y amigos de los estudiantes recibidos, ansiosos de abrazarlos. Doña Elena y Lucilia, sorprendidas, no vieron desembarcar a Claudionor, lo que despertó un mal presagio en el corazón de la joven. Heráclito, el joven que compartió el cuarto de estudiante con Claudionor, liberándose de los brazos de sus familiares, se acercó alegre y sonriendo hacia Lucilia:

—¡No se preocupen! —Claudionor descendió en Santos y subió hasta San Pablo, para abrazar a sus viejos y dejarles los presentes adquiridos en Buenos Aires. Después volverá a Río, pero me pidió que le diera la noticia y estos recuerdos. El resto de los paquetes él los traerá personalmente.

Aunque la noticia no era tan grave, Lucilia y doña Elena se sintieron molestas por la decisión repentina de Claudionor, dado que él mismo había dicho que irían todos juntos a San Pablo, después de su llegada de Buenos Aires, a fin de preparar sus papeles para el casamiento. Además, los padres habían estado con él en Río, durante una semana, cuando se recibió. Algo extraño había en aquella repentina forma de comportarse, interrumpiendo el proyectado viaje.

Al fin de esa semana, los malos presentimientos se comprobaron. Claudionor escribió diciendo que postergaría el casamiento para dentro de tres meses, alegando motivos imperiosos, que desearía aclarar personalmente en Río. Transcurrida una semana de la fecha anunciada, mandó una breve carta, diciendo que debería viajar apresuradamente a Buenos Aires, para adquirir urgentemente materia prima para la firma. Eso fue el comienzo del calvario para doña Elena y culminó con un acontecimiento funesto. Nunca más ella vería a Claudionor, mientras que su hija se enfermó de gravedad.

Desgraciadamente, el hecho en sí, fue quitando el brillo de la fisonomía de doña Elena y el deseo de vivir. Lucilia, su querida hija, tan noble y bondadosa, al saber que Claudionor se

128

había casado con una hermosa joven platina, se suicidó con un fuerte hormiguicida.

—Lamento muchísimo, doña Elena, que Lucilia haya destruido su vida por una persona tan mezquina, como lo era Claudionor. Siempre lo desprecié porque trataba de disimular su avidez egoísta —decía Odilio, el más sincero y fiel de los amigos de la familia—. ¿Tanto lo amaba ella, que fue incapaz de vivir sin él?

Doña Elena se levantó, abrió el cajón de una pequeña cómoda y retiró una hoja de papel. Se la extendió a Odilio, con gesto de amargura y los ojos en un mar de lágrimas. El reconoció la letra pequeña y delicada de Lucilia:

"Adiós madre.

No puedo sobrevivir después de lo sucedido; antes de que viajara Claudionor a Buenos Aires, fui débil y él se aprovechó de mí. Perdóneme, querida madrecita, no sé vivir manchada.

Lucilia"

Durante su primer año de casado, Claudionor fijó su residencia en Buenos Aires, a expensas de la familia y con el pretexto de hacer un curso de perfeccionamiento jurídico. Sin embargo, el verdadero motivo era el temor de enfrentar a cualquier persona de las relaciones o conocimiento de Lucilia y doña Elena. Solamente regresó a San Pablo cuando supo que doña Elena había muerto, cosa que pasó después de unos pocos meses de haberse suicidado Lucilia. El viejo Benavides le entregó la gerencia de una nueva filial, en un populoso barrio paulista, nombrándolo abogado consultor de la firma, para atender las complicaciones que la industria y el comercio debían enfrentar con los poderes públicos.

Después de un año de casado, Claudionor comenzó a percibir la terrible equivocación cometida; Zulmira, su compañera conocida en las fiestas de Buenos Aires, lo sedujo de tal forma, que no veía la hora de poseerla, y después, conseguido su objeto, comenzó a demostrarse tal cual era. Era una joven de formas sensuales y vivía añorando todos los placeres materiales, demostrando en sus modos y acciones un primitivismo grosero.

Había sido criada por una tía viuda y muy rica, además de recibir cantidades de dinero por parte de sus padres, lo que le permitía vivir con hartura y ociosamente, dándose los caprichos soñados. Era egocéntrica y adoraba su cuerpo vistoso. Su cometido era hacer resaltar sus formas y tentar a los hombres, creando conflictos entre los jóvenes estimulados por las pasiones pecaminosas. Hermosa y afortunada, era codiciada y muy avezada en los requiebros amorosos, causando enormes problemas a causa de su volubilidad. Envidiada por las jóvenes y criticada por las viejas solteronas, Zulmira entraba a los teatros, cines, iglesias y fiestas sociales, como candidata de concursos de belleza, atrayendo la mirada voluptuosa del público. Se movía elegantemente y movía su busto hermoso y palpitante; sus labios entreabiertos exhalaban fuego pasional.

Claudionor, espíritu esclavo de los impulsos inferiores, fácilmente perdía el control mental cuando era acicateado por el deseo. Al ver a Zulmira quedó deslumbrado por su figura voluptuosa, convenciéndose que jamás llegaría a tener tranquilidad sin aquella mujer. Mientras tanto, Zulmira, además de ser excesivamente sensual, gustaba vestir ropas atrayentes y muy costosas, que al poco tiempo abandonaba en su ropero lleno hasta el tope, pero que definitivamente no usaba más. Se arreglaba excesivamente y cargaba su cuerpo con cuantiosas joyas, como si fuera un salvaje civilizado. Gracias al progreso financiero de la firma, cuya fortuna el viejo Benavides había triplicado, Zulmira tenía un lujoso "Buick" de raros niquelados, que impresionaba mucho en aquella época. Acudía a todas las reuniones de las mujeres ricas, ociosas y hartas de la vida, dedicadas al culto prosaico del cuerpo perecedero. Pasaba los días comiendo dulces, bebiendo licores carísimos y fumando cigarrillos, que ella misma traía desde Buenos Aires en los viajes quincenales que efectuaba. Exigía plena libertad para sus actividades y gastos onerosos, mostrándose furiosa ante las veladas advertencias del viejo Benavides. Claudionor cada vez se sentía más cansado por la vida que le imponía, con sus frecuentes salidas a las excursiones y compromisos sociales. Como los deseos carnales una vez satisfechos producen tedio y con el tiempo, repulsión, terminó por deplorar el estúpido casamiento, sintiéndose inhibido ante las exigencias interminables de su esposa. Además, Zulmira cada día engordaba más y se sentaba a la mesa indecorosamente, a su vez gritaba ofensivamente a los criados. La boca llena de pan, confundiendo el acto de comer con el de hablar, era de una verbosidad avasalladora. Reíase a mandíbula batiente, sacudiendo el cuerpo por cualquier incomprensión demostrada por el viejo Benavides. Después de nacer Manuela, su primera hija, cambió muchísimo su porte y formas atrayentes. Su piel rosada fue perdiendo el color atrayente, poniéndose grasosa y áspera, Teresita, la segunda hija, fue responsable de sus noventa kilos, que Zulmira alcanzó durante la gestación dominada por un hambre insaciable.

Claudionor ya no era el joven necio e insensato de soltero. Por necesidad de su profesión, entró en contacto con abogados y jueces de cultura, excitando y afinando el raciocinio ante las serias reflexiones que la profesión imponía. El recuerdo de Lucilia y el sentimiento de culpa le herían el alma, sumándole las atribulaciones ridículas y los insultos recibidos de su mujer, sensibilizándole poco a poco el corazón para los futuros sufrimientos. Frío y meditabundo se sentaba a la mesa, observando de costado cómo su esposa se deleitaba con los sabrosos platos, y a su vez le observaba la papada y los brazos taurinos que iban deformando a Zulmira. Sus ojos grandes y bonitos, desaparecían tapados por la gordura del rostro. Sin fuerza de voluntad para ajustarse a dietas recomendadas por su médico, sólo se limitaba a poner en práctica algún ayuno esporádico, que definitivamente le triplicaba el apetito, recobrando los kilos y quedando aún más obesa.

Claudionor percibía la enorme diferencia entre la dulzura, el recato y la inteligencia de Lucilia, con sus modos femeninos, su vestir sencillo y agradable, comparados a la eclosión sensual y el primitivismo de Zulmira, cuya figura parecía tallada en un bloque de tocino. Hasta el fin de su existencia tendría que aguantar la gordura, la grosería, los trajes llamativos de su esposa mal educada, contrastando con la imagen delicada y soñadora de Lucilia, cada vez más remozada en su mente angustiada. Dios le había puesto en su vida dos mujeres hermosas; una, talentosa y moralista, la otra, imbécil y embrutecida. Era un sufrimiento masoquista, una continua tortura y además le atizaba el fuego de su infamia cometida. Pensando en Lucilia y viviendo con Zulmira, estaba reconociendo el castigo que se decretara a sí mismo bajo la fuerza del egoísmo y deseo puramente sexual.

A la noche, recogíase en la salita de fumar y apagaba las luces, en aquella postura sacrificial del maltratarse a sí mismo, recordando la cortesía y la pureza de esas dos criaturas sublimadas, como eran doña Elena y Lucilia. La antítesis era Zulmira, pues nunca le había escuchado hablar sobre algo constructivo,

131

que sólo apreciaba contar historias de bajas intenciones. Acostumbraba a detallar asuntos desagradables en la mesa, comentaba cosas repugnantes en contraste repulsivo con el alimento que debía ser ingerido, se deleitaba con las noticias de bajo tenor y no sabiendo contar anécdotas razonables, suplía su ignorancia e insuficiencia de espíritu, asociando expresiones indecentes. Le faltaba el sentido del buen humor, se reía desaforadamente ante la necesidad de emitir solamente una disimulada sonrisa; o guardaba silencio, cuando otros reían gustosos ante una sutileza de espíritu, que ella no había podido captar.

Ni bien nació Sarita, la tercera hija, Claudionor apático y frustrado ante el deseo de tener un hijo varón, para que lo sustituyera a su vejez, se decidió por la continencia sexual. Entonces Zulmira se puso furiosa, invocando los días apasionados, cuando era una mujer hermosa y sólo vivía para complacerla. Poco después, ante la indiferencia del marido, lo amenazó con traicionarlo, insultándolo groseramente y tratando de herirlo en su dignidad masculina, aunque él la dejaba sola, mientras subía la escalera de su cuarto, cerca de su padre, que también escuchaba los gritos y las palabrotas. Después que nació la tercera hija, Sarita, Claudionor decidió terminar con aquellas escenas indecorosas y de baja ralea, comprando una hermosa casita, retirada del centro de la ciudad, semioculta entre agradables cipreses y árboles de espesos follajes, bastante aislada de la indiscreta vecindad. Su esposa cada vez se ponía más quejosa e irascible, cargando la culpa de su frustración, obesidad e insatisfacciones en los hombros de su marido; Zulmira se desmedía en gestos y gritos para expresar su malestar. Estaba servida por un equipo de criados y jardineros, los cuales eran humillados delante de cualquier persona, con sádico placer, pareciendo compensar la perturbación espiritual, con el sufrimiento ajeno. Aun más, esperaba conseguir lo peor, a costa de intrigas, perfidias y acusaciones infundadas, despertando el oido y la rebelión de sus hijas, Manuela y Teresita, contra el padre, que desde ese momento pasó a ser ignorado por ellas, aunque él les dirigiera la palabra. A cambio de esa ofensiva sádica y maliciosa contra el marido, Zulmira se alió incondicionalmente a sus hijas, dándole todos los gustos, mimos y presentes, así como también, amplia libertad de acción, sin llegar a reprimirlas en sus aventuras de jóvenes imprudentes y volubles.

Era muy común que ella y sus dos hijas regresaran de madrugada al hogar de Claudionor, el que juraba que ellas estaban alcoholizadas. Cualquier situación era favorable y aprovechaba Zulmira para dar paso a su venganza, atormentándolo en sus sueños con simuladas perturbaciones hepáticas, presión alta y desmayos melodramáticos, faltando únicamente, que le dieran una paliza después de sufrir los peores insultos. Como no perdía el tiempo en castigar a su marido, también caía en desgracia la familia que además de miserables y malolientes, se pasaban criticándola debido a los gastos exagerados que hacía cuando debía cumplir con la sociedad.

Manuela y Teresita tenían sus automóviles propios y comenzaron a viajar con la madre hacia Río, alegando tener que atender obligaciones asociativas y filantrópicas. Cristiano, el hijo más viejo de Benavides, juraba haberlas visto con extraños en cierta boîte sospechosa de Río, pero Claudionor se mostró indiferente ante la noticia.

El escándalo pronto alcanzó a la familia trabajadora del viejo Benavides. Zulmira y sus dos hijas, en compañía de otras amigas volubles, habían sido arrestadas por la policía carioca, en un barrio aristocrático de la Capital Federal, en desenfrenada bacanal con jóvenes corruptos, en la que a la bebida ingerida se sumó la cocaína. Desgraciadamente, la tempestad no amainó, pues ante el repudio de la familia conservadora de sus virtudes ancestrales, Zulmira y sus hijas pasaron a vengarse, gastando fortunas en banquetes, pasando las noches en boites y locales de explotación viciosa. Durante el día dormían a más no poder, y de noche, cubrían de crema y polvo sus fisonomías demacradas por el desgaste orgánico de los tóxicos y alcoholes, en violenta ofensiva contra Claudionor, ante la negativa de financiar las orgías censurables. Bajo la arremetida insistente de la parentela, rebelaba ante tales acontecimientos, se vio obligado a desheredarlas por edicto público, eximiéndose de cualquier responsabilidad que asumieran sin su autorización. Pero, al regresar a su hogar, al día siguiente, lo esperaban nuevas sorpresas; Zulmira y sus hijas lo habían despojado de todas sus pertenencias, títulos transferibles, joyas y demás objetos de uso y utilidad. Interrogado el mayordomo, explicó que ellas, en compañía de tres sujetos amenazadores, habían llenado los dos autos con todo cuanto les fue posible cargar, dejando los guardarropas vacíos, llevándose la platería y la cristalería de la cómoda.

Al ver la ruina de su hogar, Claudionor reconoció el castigo merecido por haber dejado a Lucilia. Habían desaparecido las esperanzas de usufructuar en el futuro la deseada paz del espíritu. Algunos meses después supo que Manuela y Teresita desaparecieron con dos rufianes, cayendo en plena degradación moral. Zulmira falleció un año después; fue encontrada en estado de coma etílico, en un modesto hotel del suburbio.

Años después, Claudionor, envejecido y enfermo de los nervios, con 51 años de edad, desencarnaba en su lujosa vivienda. El destino, apiadado de su tragedia, le cerraba los ojos en presencia de la cariñosa hija Sarita, que había sobrevivido a la tormenta lodosa que se había desencadenado en su hogar, por su culpa.

—Ustedes podrán comprobar —decía Epaminondas, el mentor espiritual de nuestro grupo de estudios psicológicos de la esfera del "Gran Corazón", al narrar la historia de Claudionor—, cuán difícil y tardío es nuestro ascenso angélico en el programa rectificador de la carne. Además de las pasiones, vicios y circunstancias o deseos que nos asaltan en la existencia humana, todavía debemos recargarnos con el débito kármico de nuestras andanzas con los adversarios del pasado. Partimos desde el Espacio jurando aprovechar todos los minutos en favor de nuestra ventura espiritual, y ni bien entramos en el olvido impuesto por la carne, nos preocupamos únicamente por *ser ricos* o por satisfacer los apetitos animales.

Epaminondas hizo silencio, como queriendo reunir fragmentos de sus recuerdos milenarios, y prosiguió la explicación:

—Claudionor, en su existencia anterior vivió en Francia; abusando de su cuantiosa fortuna prostituyó algunas jóvenes, que confiaban en sus falsas promesas. Para ese fin utilizaba tres mujeres, que a cambio de abundante dinero le proporcionaban la mercadería carnal, joven y apetitosa, para poder saciar sus deseos lúbricos. Aunque había en sus víctimas cierta tendencia inferior, porque "las santas no se pervierten", y según la Ley espiritual, "cada alma coge lo que siembra", Claudionor asumió la responsabilidad directa de arrojarlas a la perversión sexual. Posiblemente, esas imprudentes jóvenes se degradarían de cualquier forma, bajo otros deseos lúbricos, pero lo cierto es, que nuestro amigo, fue el *detonador psíquico*, que les hizo explotar las tendencias hacia la prostitución. Como sabemos, "el amor *une* y el odio *imanta*", por eso se ligó kármicamente a las víctimas, que eran aquellas mujeres que le ofrecían la carne joven para sus satisfacciones carnales.

Después de una pausa, Epaminondas aclaró:

—Cuadionor atrajo hacia su intimidad de la última existencia, esas tres mujeres que luego imantó a causa de sus fechorías, por eso tuvo que sufrir la prueba de soportar la naturaleza primaria de esos espíritus inmaduros. Una de ellas fue Zulmira, y las otras dos, Teresita y Manuela, cuyas existencias tenían predisposición al libertinaje. Ninguna manifestó afinidad por él.

—¿Y Sarita? —pregunté.

—Sarita es la primera víctima de Claudionor "recompensada" de los perjuicios causado en su vida anterior, pues ella recibió excelente educación y vivió confortablemente, siendo la única heredera de sus bienes. En cuanto a las otras víctimas del pasado, han de ser indemnizadas en su oportunidad, agregó Epaminondas, con una sonrisa cordial.

—Lucilia es un espíritu de buena estirpe espiritual, estimado por su ternura y elevación, con algún crédito razonable en la contabilidad divina. Aunque haya fallado por el suicidio, fue ayudada en el trance crucial hasta donde merecía por los beneficios prestados anteriormente a otros. Bajo el impulso del "amor propio" de la personalidad humana, ella se olvidó de la obligación espiritual con Elena, que había encarnado especialmente para ampararla en la hora crucial de las pruebas espirituales.

—Pero, ¿no era demasiado chocante para un espíritu del quilate de Lucilia, tener que enfrentar el sarcasmo del mundo en la condición de "madre soltera"? —argumentó Laudalio, compañero de nuestras excursiones a la superficie de la tierra.

El mentor Epaminondas, de cabellera blanquecina y aspecto risueño, pero que denotaba la seriedad de sus manifestaciones aleccionadoras, aclaró seguidamente: —La verdad es que *"no cae un hilo de nuestros cabellos, sin que Dios no lo sepa"*, eso nos induce a creer en su justicia perfecta y de la protección que reciben nuestros espíritus por parte del Creador. Además, deben saber ustedes que el ciudadano angélico es aquel que desintegra la personalidad transitoria del mundo de las formas, matando al *"hombre viejo"* estructurado por la animalidad carnal y permitiendo que renazca en su lugar, el *"hombre nuevo"* sin vínculos a la sustancia material. En cada existencia humana rescatamos nuestras culpas o equívocos pasados, uniéndonos a todos aquellos que nos sirvieron para nuestros equivocados fines, contrarios a los buenos y plenos de felicidad.

Confortada por la generosidad de Elena en acompañarla en su encarnación, Lucilia aceptó la existencia de rescate y reajuste kármico para compensar ciertos acontecimientos desairosos para su responsabilidad en vidas anteriores. Claudionor, aunque era un espíritu inmaduro, le había prestado favores en España, habiendo reconocido un hijo bastardo de Lucilia, en cuyo tiempo falló en su promesa conyugal con Odilio, quien se suicidó desesperado. Es obvio, que nadie es inducido fatalmente al suicidio, porque inspiró a otros que lo hicieran, ni ha de ser despreciado porque en otra vida despreció a otros. La Ley prepara a los personajes del mismo drama pasado, colocándolos bajo circunstancias iguales, invirtiendo, algunas veces, la posición de la carne, a fin de que el espíritu compruebe que sólo recibe, conforme haya sido su siembra. Los conflictos, las frustraciones, las venganzas quedan a cuenta de las virtudes morales, de los sentimientos cristianos o de las pasiones inferiores del ser, pues el espíritu manifiesta en la materia, el potencial que tiene en su interior. El hombre que mata al compañero, no queda estigmatizado por el fatalismo kármico e implacable, de ser asesinado en la próxima existencia, pero siendo un ciudadano con afinidad a los asesinatos, entonces elige el medio criminoso para nacer. Su vida, por lo tanto, dependerá de su comportamiento con los delincuentes, a cuya compañía está imantado por los mismos principios.

Epaminondas sacudió los hombros para evaluar la responsabilidad ajena, completando su explicación de la siguiente forma:

—Si ese espíritu fuera humilde, resignado, bueno y tolerante ante los asesinatos donde le toca ir a vivir, mayores han de ser sus probabilidades de seguir con vida, pero si se resiste o hiere, devolviendo insulto por insulto, venganza por venganza, es evidente que aumenta las posibilidades de ser asesinado. Por lo tanto, no es la Ley del Kárma la que irremediablemente dispone que sea asesinado, sino, que es la propia imprudencia, obstinación o cólera lo que le crea las condiciones apropiadas para ese tipo de muerte violenta, como castigo del pasado.

—Sin embargo, Elena debe haber sufrido injustamente por el suicidio de Lucilia, pues se había encarnado para ayudarla en el reajuste espiritual, ¿no es verdad?

—Evidentemente, hermano Atanagildo, —replicó Epaminondas, asintiendo con la cabeza. —Jesús descendió a la tierra para ayudar a la humanidad y sin embargo, lo crucificaron y sabemos sobradamente, que él no era culpable de ningún karma de crucifixión. Sin embargo, quien pretende ayudar, también es un candidato a sinsabores, sorpresas, tormentos o frustraciones de sus discípulos o seguidores, como sucedió con Elena. Cuando en el Espacio prometió ayudar a Lucilia en la presente encarnación, lo hizo, a "cuenta" de sacrificios y dolores que pudiera enfrentar. Sin lugar a dudas, que sufrió muchísimo por la muerte de su hija, pero el sufrimiento cesó después que retornó al Espacio, al comprobar que todo eso estaba previsto en el esquema del proceso kármico de Lucilia, ya que era una candidata en potencia. Elena fue muy bien asistida y desencarnó bajo la terapéutica de los "fluidos desvitalizantes" dejando las atenciones de la tierra, algunos meses después de la muerte de Lucilia, pues su encarnación era más de naturaleza de protección, que expiatoria.

—Zulmira, Manuela, Teresita y Sarita, a su vez, Claudionor, doña Elena, Lucilia y Odilio, ¿pertenecen al mismo grupo espiritual?, preguntó Raúl, que participaba de nuestras conversaciones educativas.

—No son propiamente de la misma familia espiritual, si consideramos indistintamente los ascendentes genéticos siderales o afinidades de grupos y propósitos individuales, bajo la misma raíz espiritual. En verdad, sólo existe una familia, ¡es la humanidad! Primero surge el individuo, la familia, la tribu, la raza y la nación; después la aldea, la ciudad, el estado, el país, el continente, el globo, la constelación planetaria, y en fin, el Universo, En el futuro sólo habrá una familia sideral, oriunda de la misma fuente divina que es Dios. Por el momento, Zulmira, Teresita, Manuela y Sarita, juntáronse a la vida de Claudionor "imantadas" por el mismo karma. Son espíritus primarios, cuya encarnación todavía se procesa por la "fuerza de la atracción" de la carne, sin participar en ningún momento de la escuela espontánea o conciencia de obligaciones asumidas en los programas de redención espiritual. Siendo uniformes en su todo "psicofísico" están adheridos a las reacciones de la animalidad y son atraídos hacia el cuerpo orgánico por las líneas de fuera del magnetismo inferior. Viven existencias enteras totalmente indisciplinadas, cuya dirección solamente es ejercida por los deseos y pasiones. Reaccionan únicamente por los instintos primarios, como lo hace el animal cuando ataca o se defiende en medio de su especie, sin aspecto de sacrificio alguno. Siendo espíritus "inmediatistas" sólo buscan los momentos propicios para satisfacer sus instintos egocéntricos y placenteros, proporcionados por su sistema sensorial y con efectividad única para el mundo exterior. Sin escrúpulos ni preocupaciones por los perjuicios ajenos, pues no tienen la noción consciente del Bien, bajan a la carne y vuelven al mundo espiritual, casi inconscientes de lo sucedido en la existencia, prácticamente sonambúlica.

Muchísimos egoístas, son capaces de arrasar un sembrado de tomates, para sólo probar uno de ellos; incendiar una casa para calentar su cuerpo o dinamitar una fuente de agua, para sólo mojarse las puntas de los dedos. Cuando se muestran como católicos, transforman la Iglesia en un escenario de modas o exposición de joyas. Cuando ingresan en el Protestantismo, gastan fortunas en imprimir Biblias de oro y material lujoso, pero ignoran la caridad y jamás comprenden la desgracia ajena. Bajo la égida del Espiritismo, vampirizan a los médiums en el vicio de "darse pases" o piden recetas mediúmnicas para el simple dolor de rodillas. Obligan a sus hermanos a dejar su cama en las noches frías y de madrugada, para que se les atienda la dispepsia provocada por la excesiva ingestión de carne de cerdo, o para eliminar su resfrío a consecuencia del uso indebido de la cerveza o el whisky helado. Dramatizan la gripe más inofensiva a cuenta de una consecuencia cósmica, pero ignoran el cáncer del vecino antipático.

Epaminondas dejó de hablar, reflexionando sobre la descripción del tipo de almas que enunciara, cuya imprudencia los "imanta" para la consecución de vidas futuras y en forma educativa.

—No hay duda —continuó diciendo—, la inconciencia y el egoísmo son estados naturales para todas las almas en su principio formativo de conciencia espiritual, aunque con el tiempo sean otros tantos ángeles y diocesitos. No debemos condenarlas ni repelerlas, pues tales ascendientes también nosotros los tuvimos en otros tiempos y lugares. Mientras tanto, conviene que examinemos las características de ese tipo espiritual, antes de entregarnos a los servicios asistenciales en el mundo, porque des-

138

pués necesitamos mucha renuncia y tolerancia para vivir con ellos y saber soportar su bagaje inferior.

—En consecuencia —pregunté, curioso—, ¿podemos suponer que Claudionor estaba predestinado a sufrir tremendo colapso en su vida, en base al primitivismo de su esposa e hijas?

—¡No! No es así—, dijo Epaminondas. Si usted lleva a su palacio un simio, y su comodidad le permite tener cortinas de seda, cristalería de la mejor, muebles finamente lustrados, entonces usted no podrá quejarse que el animal le rompió la loza, le rasgó los muebles y se trepó por las ricas cortinas de seda. En verdad, eso no es una determinación implacable del destino, que debe suceder fatalmente, pero sí, es una consecuencia del estado natural y evolutivo del mono, dado que es un animal indócil y travieso. Por lo tanto, las compañías que atraemos hacia la órbita de nuestra vida espiritual nos acompañan durante las anteriores y presente encarnación, como también en las futuras, cuyos lazos no pueden romperse, sino, desatarse. Observemos que esos resquicios de lazos o afinidad de algunos de los envueltos en anteriores pruebas kármicas, nos molestan demasiado, aun cuando hemos tomado definitivamente el rumbo fijo de lo angelical, y nos encontremos totalmente liberados de ese magnetismo inferior.

—Supongamos entonces, que Zulmira, Teresita y Manuela tienen algo del comentado mono simio y que Claudionor atrajo hacia su vida; por esa causa tuvo que sufrir los daños, que son propios de la naturaleza espiritual y de orden primario, ¿no es verdad? —le dije yo.

Epaminondas sonrió con cierta finura:

—Bien, os di a vosotros un ejemplo rudimentario y sugestivo, en lo referente a seleccionar con cuidado las compañías para el futuro a fin de realizar el trayecto educativo de la vida carnal, y de poder evitar los serios inconvenientes debido a su inferioridad. ¿Pensaron en las ventajas que hubiera tenido Claudionor, si en vez de ligarse a los espíritus instintivos, como lo hizo, para gozar de una vida placentera, hubiera recurrido a los servicios de personas de la estirpe de un Francisco de Asís, Teresa de Jesús, Vicente de Paul y el propio Jesús?

—Sin embargo, ¿Claudionor no pudo haberse apasionado exclusivamente por Lucilia, bajo la premonición espiritual, que sólo ella podía ser la compañera elegida para su experiencia terrena?

—El tipo espiritual de Claudionor —fundamentalmente impulsivo, egoísta, inescrupuloso y desordenado sexualmente— toda vez que fuera colocado delante de su prueba kármica, como sucedió en la presente existencia, siempre gustaría del tipo plácido y dulce de Lucilia, para esposa, como un oasis para su vida animalizada, mientras que Zulmira, con sus formas ostensivas y excitantes, era muy buena para amante. Pero, para su desgracia, Zulmira era un espíritu astuto y egoísta, que percibió las ventajas inmediatas que le ofrecía el fuego volcánico que por sus entrañas corría y que sabía atraer al incauto por sus bellas formas. Ella supo controlarse hasta que lo llevó al casamiento, recién después accedió a sus caprichos. Sin duda, que él habría sacrificado la mitad de su vida, si hubiera podido subsanar el error cometido con Lucilia, librándose del tormento que fue ineludiblemente Zulmira.

—Una pregunta más, hermano Epaminondas, —dijo Raúl—. ¿Qué le hubiera sucedido a Lucilia, si no se hubiera suicidado?

—La Ley ya había colocado un óptimo compañero en su camino, que no sólo se casaría con ella, sino, que sentía un afecto verdadero, que se generó en vidas pasadas, y además, le habría reconocido el hijo espurio de Claudionor.

—Pero, ese hombre samaritano, que naturalmente estaría indicado para ser su esposo, ¿no quedó frustrado ante la muerte de ella? ¿Acaso no estaba programado así?

—No, hermano mío, no es así —replicó Epaminondas, atento—. Ese alguien nacido para amparar a Lucilia, también terminó por encontrar a otra Lucilia, espíritu afín y que dio cabida a sus permanentes iniciativas espirituales. ¿Comprendió?

Epaminondas se levantó y dio a entender que había terminado con las aclaraciones instructivas sobre la vida de Claudionor, cuyo espíritu astuto había cambiado el sublime amor de Lucilia, por la pasión atrayente y fugaz de Zulmira. Nuestro mentor y amigo, cuyo ánimo y humildad desimulaban sus conocimientos y experiencias del mundo espiritual, cerró la historia así:

—Claudionor, como la mayoría de los encarnados imprevisibles, se extasian con la belleza efímera de la flor del cactus, que sólo dura un día, y dejan de recoger la sencilla violeta, que es más duradera. Sin lugar a dudas: el pobre hombre hizo "un mal negocio".

FRUSTRACION

Margarita iba alcanzando el octavo mes de gravidez sin tener problemas; estaba tranquila y jovial, sin las manifestaciones violentas o desagradables, propias de las parturientas. Romualdo Moreira —su esposo—, abogado de renombre y buena posición, mal conseguía soportar la espera de los días que aún faltaban para llegar a ser padre. Su mente fértil y dinámica, ya había delineado el futuro de su primogénito. ¡Sin lugar a dudas, que sería un niño! Mentalmente lo vio crecer, alegre y robusto, luego deletrear las primeras letras del alfabeto en la escuela primaria, continuar con el secundario y finalmente graduarse de médico en la Facultad de Medicina local. El niño se llamaría Honorio, en homenaje a Honorato de Balzac, su autor predilecto a cuya vivacidad de espíritu se encontraba bastante afinizado. Aunque todavía era joven, poseía una regular fortuna, que le permitía asegurar la carrera de su hijo y ponerle el mejor consultorio de la ciudad.

En fin, Margarita se internó en el hospital dado que se aproximaba el tiempo previsto para nacer su primer hijo. Romualdo jamás dudó de que iba a ser niño, aunque su esposa aseguraba que sería una niña. Cuando aumentaron los dolores del parto, Romualdo comenzó a fumar frenéticamente, en un "va y viene" nervioso por la antesala de cirugía. El doctor Monteiro, médico muy amigo de la familia, apareció tranquilamente en la puerta y adhirió a la impaciencia del futuro padre, aceptando un cigarrillo. Romualdo preguntó nervioso:

—¿Va todo bien, doctor?

—Hasta el momento Margarita va óptimamente. ¡No se preocupe! —Miró el reloj pulsera y golpeó amistosamente el hombro de su amigo—. Creo que dentro de unos treinta o cuarenta mi-

141

nutos, usted será padre de un robusto niño—. Y sonriendo algo jocoso, dijo: —¡A no ser que venga alguna encantadora niña!— Y, volvió hacia la sala, arrojando fuera el cigarrillo a medio quemar.

Al cerrarse la puerta, Romualdo se quedó mirándola fijamente, con aire trágico, como si todo su futuro dependiera de lo que estaba sucediendo allí dentro. Se acercó nuevamente hasta la ventana y echó una mirada a la calle, donde una pandilla de niños gritaban y corrían detrás de una pelota de trapo. El hospital estaba construido en una elevación del terreno y desde allí se observaba parte de la ciudad. Los edificios altos, surgían detrás de las copas de los árboles de la plaza y sus ventanas reflejaban la luz del sol. Los canteros de césped estaban muy verdes y salpicados de varios tipos de flores. Algunas personas sentadas en los bancos de la plaza, disfrutaban de tan hermoso día de sol.

Romualdo intentaba matar el tiempo tratando de observar ese paisaje hermoso. Luego escuchó el ruido de la puerta del cuarto de Margarita, por donde apareció el médico. Caminó precipitadamente hacia el doctor Monteiro, pero ni siquiera reparó en la fisonomía triste que llevaba, denunciando malas noticias.

—¿Es niño o niña? —preguntó alarmado.

—¡Es hombre! —respondió el doctor con cambiado tono de voz, que inquietó a Romualdo.

—¿Qué sucede doctor?

—Romualdo, amigo mío; no desespere. Francamente, uno no sabe cómo comunicar ciertos hechos a un amigo.

Romualdo empalideció presintiendo la dolorosa verdad que se ocultaba detrás de las palabras del médico. Probablemente, Margarita había muerto después del parto, o tal vez, el recién nacido. Aflojó los nervios, como preparándose para recibir la noticia y poder dominar la emoción interna. En seguida habló en tono conformado:

—Bien, doctor Monteiro, ¿puede decirme qué es lo que pasó?

—Margarita está bien, dijo el doctor. —Y el niño, además de ser sano y encantador, sería todo un acontecimiento, si no fuera por la ¡"focomelia"!

—¿Qué? —exclamó Romualdo, sin atender al término patológico.

—Prácticamente no tiene brazos, respondió el médico, con cierto atropello de palabras.

142

—¿Sin brazos? ¿Cómo? ¡No puede ser!

Romualdo retrocedió con gesto de asombro y horror, dejando caer sus manos sin gobierno alguno. Sus ojos recorrieron las cuatro paredes de la sala. Algo atontado, hizo gesto de entrar en la sala de Margarita, pero luego cambió de idea, exclamando con voz desesperada:

—¡No! ¡No quiero verlo doctor! ¡Esperé minuto a minuto ese hijo! Viví paso a paso todos sus sueños y deseos en mi pensamiento. Acompañé sus pasos mentalmente desde la cuna, anticipándome a la ventura de verlo un médico de renombre. Quería que él resaltara aun más mi nombre hecho con sacrificios y honradez. Con gesto resuelto y sacudiendo la cabeza con inusitada frecuencia, dijo con tono decisivo e implacable. —Doctor, ¡no quiero verlo! ¡Jamás he de verlo!

—Cálmese amigo Romualdo, al comienzo todo es así. No es la primera vez que me toca ver cosas de este tipo, pero le aseguro, que después sentirá estima y ternura por...

—¡Es inútil, doctor Monteiro! Es inútil; yo no quiero ver a ese hijo de modo alguno. Esperé un compañero para mi vejez, no un mutilado que insulta a mi configuración física. ¡Cómo es posible, siendo un matrimonio sano, que genere hijos deformes? Eso es posible, doctor? —Se acercó nuevamente a la ventana, miró hacia afuera sin ver el paisaje—. ¡Yo no quiero verlo! ¡Nunca lo veré! repetía sin parar.

—Romualdo, la culpa no es de él. Eso cabe al Señor de la vida y debe ser el destino cuyo objetivo ignoramos —intentó decir el médico a fin de aliviar la tensión de Romualdo.

—¡No! A mí poco me importa quién sea el culpable, pues no transigiré un milímetro en mi decisión. No daré mi apellido a un atrofiado, que después lo llevará por el mundo como un estigma deplorable para mi sano linaje. ¡Que lo críe cualquiera, menos yo! —Y volviéndose al médico, le dijo: —El asunto está cerrado, doctor Monteiro. ¡Todavía no soy padre, ni tengo hijo alguno! —añadió en tono dramático. Después, intentó moderar su nerviosidad y preguntó:

—¿Margarita, lo sabe?

—No. Me pareció prematuro decirle la verdad, hasta que no se rehaga del parto. Podría esperar algunos días para saberlo, dado que tendrá que verlo desnudo. Añadió el médico poniéndose a meditar.

—Doctor Monteiro, quiere decirle a Margarita que fui llamado con urgencia para atender un asunto inmediato en mi escritorio. Necesito andar, andar mucho y pensar en esta desventura. Quiero estar a solas, conmigo mismo, para poder enfrentar a mi esposa y decirle el repudio que tengo respecto a ese hijo teratológico. Hasta luego doctor. —Salió Romualdo camino a la calle con las manos crispadas y los labios apretados; de inmediato se volvió diciendo con voz amenazadora:

—¡Por favor! No diga nada a Margarita, hasta que yo le avise, doctor. Primero decidiré qué es lo que voy a hacer con este caso tan desgraciado.

—Tranquilícese Romualdo; ella todavía no lo ha de saber hasta dentro de unos días.

Habían transcurridos seis años del incidente relatado, cuando un hermoso domingo, a las cinco de la tarde, Romualdo y Margarita descansaban en el balcón confortable de su granja, en el interior del Estado de Río, donde acostumbraban a pasar todos los fines de semana. Romualdo leía las revistas y los diarios, mientras escuchaba música de una radio; a su vez, Margarita se entretenía en bordar delicadas flores azules, en una toalla de seda. En la alfombra de lana, un niño robusto de cabellos dorados, de unos tres años de edad, se movía risueño, entre pelotas, cornetas, camiones, caballitos, y demás juegos para su edad. Margarita, movida por un recuerdo, levantó la vista del bordado y preguntó a Romualdo:

—Creo que nuestro primer hijo, estaría por cumplir siete años, en este mes ¿no es verdad?

Romualdo levantó la cabeza, intentando ocultar cierta alarma por la pregunta, y respondió con voz insegura:

—¡Sí! ¡Es verdad! ¡Qué pena que haya muerto al naçer!

—¡Murió!... Pero, ¿de qué? —insistió Margarita, intentando avivar la memoria.

—Murió de una "cardiopatía congénita", defecto del corazón —aclaró Romualdo, por el giro que tomaba la conversación.

—¡Ah! ¡Ya me había olvidado de qué había muerto!

Margarita era una mujer tranquila, cuya plácida fisonomía no demostraba que tuviera problemas ocultos y era fácil de convencerla. Dio un largo suspiro, causa de su sentimentalismo, y antes de inclinarse nuevamente hacia su bordado, rememoró:

—Imagínate, Romualdo, qué poca suerte. Habías esperado con tantas ansias aquel hijo. Hacías proyectos maravillosos. En fin, ni bien di a luz, él falleció. ¡Lo que es la vida!...

Romualdo, impaciente, trató de desviar la conversación, distrayendo a Margarita:

—Cuidado con Gerardito, Margarita, pues mira que se puede ir escalera abajo.

Inmediatamente, se puso a pensar en los hechos que ocurrieron hacía siete años, cuando aguardaba en la sala del hospital, que él tanto esperó, desde el primer instante de gravidez de Margarita. Fue el mayor impacto que había recibido en su vida, cuando el doctor le dio la noticia del caso teratológico. Miró de costado a la esposa, y no pudo sustraerse de cierto remordimiento por haberla engañado, después de comprar el silencio de la enfermera y conseguir la fidelidad del médico, para convencerla de la muerte del niño. Mas eso era para su bien y evitó que ella sufriera cualquier traumatismo moral.

Felizmente consiguió encontrar al matrimonio Venancio, sin hijos, de una modesta familia uruguaya, que adoptó al niño registrándolo con su propio apellido. En cambio, Romualdo le compró una buena vivienda y pagó algunos seguros para el niño. De esa manera, evitaba tener que verlo algún día, pues no habría motivos para hacerlo; estaba totalmente desligado de su paternidad. Enviaba una buena remesa de dinero para el matrimonio Venancio, a través de un cheque, ya que vivían en la frontera con Uruguay. Se había asegurado que nada ni nadie pudiera hablar de su paternidad vejada. A pesar de las investigaciones, exámenes de sangre, de los "genes" de ambas partes y del líquido raquídeo, no pudieron encontrar indicios de tara ni herencia mórbida. Simuladamente había mandado hacer exámenes a Margarita, pero los resultados fueron negativos, además de confirmar que su mujer era muy sana y de buenos ascendientes biológicos.

Romualdo sabía que el hijo atrofiado gozaba de muy buena salud; era de una vivacidad poco común; tenía los ojos azules y los cabellos dorados como la madre. A pesar de que su aspecto causaba sorpresa a los demás niños; era siempre jovial, bueno, emprendedor y talentoso. Había completado los siete años y ya sabía leer y escribir correctamente. El descreído padre, exclamó: "únicamente que lo haga con los pies". Sí —respondió Venancio, con tono de desafío— ¡el niño escribía con los pies! Y se llamaba Manuelito, nombre del padre de Venancio, nacido en Uruguay.

—Señor Venancio —le dijo Romualdo, algo molesto— cuando necesite alguna cosa, puede escribirme. ¡No necesita venir hasta aquí! El niño no me pertenece. Le di los papeles y el señor aceptó. Por eso, yo prefiero olvidarlo y ni siquiera deseo saber qué hace o piensa hacer. ¿Me comprendió?

—Comprendo, doctor Romualdo; el señor me habló del choque nervioso que tuvo cuando nació el niño. ¡Mas es una pena! Es un niño inteligentísimo, querido por todos y parece un ángel...

—Basta, señor Venancio, por favor, entiéndame.

Romualdo trataba de olvidar lo sucedido y quería quitar de su mente el nombre de Manuelito. Temeroso de un nuevo fracaso, esperó cinco años, contrariando la ansiedad de Margarita, de volver a ser madre. Ella vivía amargada y pasaba muchas noches de insomnio, leyendo, bordando u oyendo música, pero siempre lamentándose que daría todo aquello por la obligación de cambiar pañales, hacer mamaderas o cuidar niños. Margarita era el tipo clásico de mujeres maternales. A falta de un hijo, transferían todos sus cuidados, afectos y preocupaciones para el marido, advirtiéndolo continuamente de la lluvia, de la alimentación, del frío y hasta de los peligros del tránsito. La vida cada día se hacía más intolerable. Entonces, Romualdo resolvió arriesgarse, seguro de encontrar una nueva familia a quien dar su nuevo hijo deformado, si volvía a fracasar pues disponía de medios suficientes para hacerlo.

Sumergido en los recuerdos de algunos años atrás, Romualdo fue despertado por los gritos de alegría que daba el niño, el que en su inconciencia infantil, casi estrangulaba al gato imprudente. Aquel niño era su "oasis", la compensación que Dios le envió después del otro sin brazos. Le acarició los cabellos dorados, con gesto venturoso:

—Gerardito es un primor de salud y encanto, ¿qué sería aquel otro niño al lado de éste?

Y ante la interrogación silenciosa de Margarita, Romualdo corrigió a tiempo:

—Era débil de corazón. —Margarita también volvió los ojos enternecidos hacia el hijo, cuyos ojos azules resaltaban con sus cabellos dorados.

Pasaron más de quince años, después de la escena del balcón en la granja de las afueras de Río. Era una noche tranquila y de luna en el populoso arrabal de Río, donde se destacaba una hermosa vivienda, rodeada de árboles frondosos que se mecían a la suave brisa del mar. Las luces eléctricas iluminaban el vasto jardín de la residencia, a su vez se reflejaban en la piscina oval, que parecía engarzada en medio de un tapete de césped y flores. Un amplio portón adornado con argollas color aluminio, cerraba la entrada del largo camino de baldosas rojizas.

Faltaban quince minutos para las doce de la noche y el gran salón que daba al frente del edificio estaba iluminado. Era un aposento color coral, ricamente decorado, con amplias puertas de vidrio y recubiertas con hermosas cortinas color marfil. El piso estaba totalmente cubierto con una hermosa alfombra de persia. Cuadros valiosos, con marcos trabajados en fino oro, jarras y estatuas de alabastro, apliques a media luz y un riquísimo candelabro de Baviera, completaban la belleza del aposento.

Recostado en una confortable poltrona estaba Romualdo, mientras Margarita, a su frente miraba algunas joyas, que luego guardó en una caja tallada en madera fina. Ambos estaban acabados. Las fisonomías las tenían marcadas por el sufrimiento, reflejaban un aire de aflicción, fruto de algún dolor prematuro. Romualdo tenía sus cabellos canosos y algunas arrugas sobre el rostro, aunque contaba 47 años de edad. Enflaqueció demasiado y se notaba el esfuerzo constante que hacía para dominar la presión a causa de la tensión nerviosa. Margarita usaba el cabello en forma de rodete y su expresiva palidez, ahora había cambiado de color. Las arrugas tradicionales a los costados de los ojos eran una realidad, sus labios laminados denotaban la permanente contracción nerviosa. Alrededor de ambos se presentía un aire de infortunio y dolor moral, que el lujo y la belleza de aquel aposento no podían evitar. Romualdo hablaba y las manos se movían como si hicieran gestos de súplica, queja o desesperación. Un reloj situado en un rincón, como vigía implacable del tiempo y del sufrimiento humano, anunció con sus campanadas las doce de la noche. Romualdo se levantó, fue hasta la ventana y observó el camino que daba a la calle, esperando ver alguna cosa. No viendo nada, cerró la cortina desanimadamente y volvió a sentarse en la poltrona y juntó las manos, dominado por reflejos dolorosos.

—¿Nada? —preguntó Margarita, como si fuera una queja.
—¡Ni señal de él —replicó Romualdo, abriendo las manos
con gesto desesperado. —¿Qué nos espera esta noche? ¿Mañana?
¿Después? ¿O de aquí a un mes? ¿Cómo hacemos para decir eso,
Margarita? ¿Cómo solucionar ese terrible problema? ¿Qué culpa
tenemos nosotros en todo esto? ¿Dónde hemos pecado? —Caminó agitadamente, pasándose repetidas veces las manos por los
cabellos—. ¿Qué debemos hacer? ¿Abandonarlo? ¿Desistir de
la vida? —Hizo un rodeo con su mano, como si quisiera abarcar
toda su propiedad— ¿De qué vale todo esto sin él? ¿Y, paradójicamente, qué vale aun estando él?

Se acercó a un pequeño mueble, tomó un balde de plata
que contenía a una botella de whisky con hielo, y se sirvió una
copa, agregándole agua mineral.

—Debemos tener paciencia, Romualdo. Tal vez sea la edad,
aunque reconozco que Gerardito se pasó de la cuenta y nos está
matando de a poco —agregó Margarita con los ojos llenos de lágrimas. Confío en Dios y tengo confianza que aún se ha de regenerar.

—¡No lo creas, vieja! Gerardito ya tiene dieciocho años y
cometí la estupidez de darle amplia libertad. Me avergüenzo
de decirlo, pero nuestro hijo es un delincuente igual a tantos
otros. Pero, es nuestro hijo, si lo abandonamos, el mundo acaba
con él.

Caminaba nervioso, mientras bebía algunos sorbos de whisky
y agitaba la mano derecha, casi frenético.

—Margarita, tengo miedo de mi propia reacción, ya no
aguanto más esa espera maldita. Necesito vivir, desahogarme un
poco o reventaré con tanta tensión. ¿Qué hicimos nosotros para
merecer un hijo tan rebelde? ¿Qué hice, yo en fin, para ver man-
chado el ideal más puro de mi vida? Acaso, ¿no merezco un
hijo de mi estirpe moral? El primero... Bien, el primero falleció
al nacer, y Gerardito, sano y venturoso, se pervirtió en los albores
de la adolescencia.

Calló repentinamente, alarmado por la terrible asociación
de ideas que le invadían el cerebro. ¡El otro! ¡El deformado!
¡Sin brazos, el más necesitado, lo desheredó y lo entregó a su
propia suerte. Al hijo que nació sano y amparado por todos
los recursos de la naturaleza, le dio su fortuna, el confort y la
protección incondicional contra las sorpresas de la vida humana.

¿Dónde estaría el mísero e infortunado hijo? ¿Vivo o muerto? ¿En la miseria? Desde la muerte de los Venancio jamás supo nada de él; pero, estaba seguro que viviría bien con el peculio heredado de los padres adoptivos.

Nervioso, tamborileaba los dedos en el brazo de la confortable poltrona, en una evocación masoquista, por la vida turbulenta e irresponsable de Gerardito, el hijo adorado, al cual no le había negado ni el mínimo de los caprichos. Ahora comenzaba a razonar con la "cabeza fría", sin los defectos paternales que le cegaron los sentidos sobre la verdad de las cosas. Parecía haberse engañado conscientemente de los defectos mañosos del hijo querido, cuando manifestaba insensibilidad. Era el terror de todos los animales, principalmente de los perros, demostrando una voluptuosidad a toda prueba cuando dañaba a los animales, aves e insectos. A pesar de los costosos presentes, Gerardito apenas había terminado el colegio primario y huyó del secundario con buenas artimañas para no seguir estudiando. Hería la dignidad de los profesores, que a pedido de Romualdo agotaban la paciencia tratando de enseñar al niño, tan dañino, cínico y falto de respeto. Gerardito había conseguido hacerse expulsar de dos colegios, de alta tradición pedagógica. Insultó a las autoridades, que presentaban las quejas por sus daños mal intencionados y que en consideración al doctor Romualdo Moreira, trataban de que no trascendiera.

El futuro médico de sus sueños, se había malogrado, y el primero le había nacido sin brazos. Eso ahora lo irritaba. Sentíase traicionado en los sentimientos de padre amoroso y de hombre digno. Reconocía tardíamente, que el excesivo cariño, la tolerancia y facilidades en satisfacer al hijo de sus sueños, por el poder mágico de la fortuna, acabó por conquistar las cualidades malas del alma. Su dinero abría todas las puertas para liberar a Gerardito de la prisión, indemnizando a los perjudicados y cubriendo las fechorías, que ya eran una cosa común. Con todo eso, aseguraba al hijo en forma imprudente, en la confianza de que la Ley podría alcanzarlo. Rico y notable abogado de la ciudad, las autoridades deberían respetarlo o atenderlo en las actividades censurables de su descendiente.

Romualdo ahora comenzaba a sentir en lo íntimo del alma la violencia de su amor propio herido por la humillante frustración de su fruto. Reconocía que era el viejo ingenuo y sentimentalista, siempre pronto a solucionar las tropelías y deudas contraídas por el hijo. Recordaba el brillo que tenían sus ojos, cuando lo liberaban de la prisión ante sus compañeros de fechorías, gracias al prestigio y autoridad de su padre.

Se recostó en la poltrona, totalmente resentido de sus tonterías y sentimentalismo. Ingirió bruscamente el resto de whisky, entrecerrando los ojos en un impulso mórbido de autoflagelación, después de haber juzgado mentalmente las imposturas de su hijo desnaturalizado. Tenía que reconocer, honesta e imparcialmente, el cinismo y la maldad de Gerardito, que sobrepasaban a cualquier cualidad buena que pudiera tener y que nunca había manifestado hasta ese momento. El balance fue trágico y sin compensación alguna, pues el hijo demostraba completa falta de moral. Era un bruto, que se divertía con la bondad, el amor y la protección incondicional de los padres.

¿Cuándo había comenzado aquéllo? Cierta madrugada, sorprendido y lleno de rabia, Romualdo saltó de la cama para ir hasta la jefatura de policía, a protestar contra la infamia cometida contra su hijo, que había sido encarcelado por festejar sus quince años, de una forma muy extraña. Junto a sus amigos de andanzas, había reaccionado contra un agente del orden nocturno, inculto y con toda la culpa a su favor. También era verdad, que los jóvenes le habían roto las costillas y golpeado brutalmente el cráneo al guardia, pero eso había sido, porque él los había atacado peligrosamente. Por ventura, ¿esos feroces representantes de la Ley, no fueron jóvenes también? ¿No podían comprender la inofensiva festividad de los casi niños de quince años de edad? Romualdo tuvo que pagar la hospitalización del guardia herido e indemnizarlo por los días de inactividad. Algunas semanas después, fue un accidente con el guardián de la casa de cigarros, cuando Gerradito lo atropelló por falta de visibilidad, en una madrugada llena de niebla. Al cumplir los diecisiete años de edad, y a pedido de Margarita, el padre le regaló un auto deportivo, consiguiéndole una licencia precaria para conducirlo. Cuando Gerardito acarició la capota y los guardabarros dando muestras de sentirse ampliamente feliz; Romualdo tuvo la misma e inmensa alegría de su hijo.

—¡No hagas de las calles de la ciudad una pista de carrera, Gerardito —le había advertido el padre en tono de fuerte censura.

—¡Quédese tranquilo, padre mío! ¡Soy un maestro para manejar esta máquina! ¡Y, rio en forma sarcástica! Siguió diciendo algunas cosas más, con un lenguaje arrabalero y poco común, que llamó poderosamente la atención de sus padres.

—Gerardito bajó del automóvil y dio un fuerte beso en el rostro de su madre, que hizo cambiar de parecer al padre en esos momentos.

Transcurridos algunos días, llegó la noticia trágica. Gerardito como un bólido, corrió por la avenida Central y al rozar a otro automóvil, perdió la dirección y subió a la vereda aplastando contra la pared a dos niñas, una de once y trece años respectivamente, que estaban jugando. Romualdo llegó a la Dirección de Tránsito y vio o Gerardito tan pálido, boquiabierto y angustiado por lo sucedido que sintió que su corazón se partía de desesperación, y para dar mayor apoyo moral a su hijo, lo abrazó por su "mala suerte". Inmediatamente prometió librarlo de las consecuencias punitivas que recayeran por ese fatal accidente, solicitando al médico que le asistiera en ese lamentable trance. Romualdo puso en juego su prestigio y amistades, consiguiendo exceptuar a Gerardito de culpa por la imprudencia que le era atribuida. El técnico de tránsito, a cambio de una buena recompensa, dictaminó, que el accidente se debió a "la rotura inevitable del eje de la dirección". Margarita también había abrazado al hijo en medio de un mar de lágrimas, consolándolo por lo sucedido, puesto que eso le podía suceder a cualquier persona. ¿Quién estaría libre de atropellar a un transeúnte descuidado por las calles? Con referencia a la familia de las niñas atropelladas, gente modesta y de pocos recursos, se dieron por satisfechas al recibir una regia indemnización por el casual accidente.

Reviendo el pasado, Romualdo no dudaba de los sentimientos condenables de Gerardito —irresponsable y cínico—, hasta para comentar las cosas más trágicas. En esos momentos recordaba a alguien que hacía unas preguntas curiosas sobre aquel desastre, y él había respondido con antipatía y dureza de corazón:

—¿Usted sabe cómo fue? Aquellas imbéciles eran bobas. "Vivían demasiado tiempo en la vereda" y acabaron bajo las ruedas de mi auto deportivo.

Un penetrante frío le corrió a Romualdo por la espina dorsal, al caerle la venda de los ojos, ante la manifestación cruel de su hijo, al cual no supo apreciar a su debido tiempo. Además, después que pasó esos momentos difíciles, Gerardito volvió a manejar nuevamente su auto por las calles a grandes velocidades, y festejando cuanto de malo hacía, inclusive hablaba del accidente ocurrido, como si fuera la conquista de un trofeo. Debido a que estaba seguro de su impunidad, comenzó a desmandarse con una serie de disturbios y conflictos, hábilmente justificados por circunstancias e imprevisiones ajenas...

Romualdo abría su cartera y llenaba cheques cubriendo gastos hospitalarios y atropellamientos en la vía pública. Indemnizaba a las jóvenes que eran insultadas por el "matón" del hijo, o mandaba sustituir el mobiliario roto en los hoteles, bares y clubes deportivos. Consiguió liberar a su hijo de dos casamientos, que no eran ventajosos, pues las muchachas eran muy pobres, que de cierto hubieran deseado "chantajearlo", alegando violencia sexual, por tratarse de un hijo de padre rico. Margarita terminó por enfermarse, en vista de no tener solución esa serie de cosas tan desagradables. También asomaba un proceso dudoso de una conocida y voluble enfermera, obstinada en acusarlo con sus compañeros de una "violación" a su hija menor. Romualdo, según consejo de personas experimentadas, terminó por guardar el automóvil en el garage y suspenderle las partidas de dinero. Tres días después tuvo que comparecer ante la policía, para indemnizar a los dueños de dos autos robados y chocados contra los postes, debido a la fanfarronada de su hijo. Después tuvo que cubrir rápidamente una serie de cheques falsificados en su nombre, para pagar las fiestas nocturnas y las bebidas consumidas. Los jóvenes invadían los lupanares amenazando golpear a las infelices mujeres. Bebían en los bares y se divertían provocando a los clientes. Intentando pasar un ómnibus, Gerardito chocó a un Ford que pasó delante de él, tumbándolo. En ese desastre pudieron salir ilesos la mujer y su marido. A pesar de eso, la niña del matrimonio quedó aplastada en medio de los hierros retorcidos del automóvil, mientras Gerardito sólo sufrió la rotura del brazo izquierdo. De los cinco compañeros de su pandilla, dos murieron y tres fueron internados en el hospital, con algunas contusiones más o menos graves. Sólo así, la policía dictaminó que las causales del accidente, se debían a las carreras frenéticas de Gerardito y sus secuaces, pues además de embriagarse con alcohol, se drogaban.

Romualdo, por consejo del jefe de policía, su amigo íntimo,

accedió a detener a su hijo durante un mes, en su propia casa, sometiéndolo al tratamiento médico contra el vicio de las drogas. A pesar de la indocilidad, nervios y algunas amenazas debido a la excitación producida por la falta de alcohol y drogas, Gerardito permaneció durante los treinta días prescriptos, preso en el hogar. Pero, Romualdo no podía tenerlo allí definitivamente. Conversó amigablemente con él y le hizo prometer que se iba a regenerar, asumiendo nuevas formas de vida. Además, aquel período de tiempo, sujeto en el hogar, ayudaba a repararle la salud perdida y daba un poco de reposo a sus padres amargados.

Aquella noche, era la primera vez que el joven salía nuevamente, y sus padres estaban nuevamente a la expectativa de los acontecimientos. Aguardaban el regreso del hijo, que había prometido llegar antes de las diez de la noche. Sin embargo, la aguja implacable del reloj, ya apuntaba la una de la madrugada. El sueño y el cansancio dominaban a ambos; Romualdo se levantó animado, al escuchar el ruido de un auto. Se aproximó a la ventana. El vehículo venía a bastante velocidad y describiendo rápidas curvas, pasó por delante de la casa, rumbo al suburbio de la ciudad. Totalmente desconsolado, propuso a su esposa ir a dormir:

—Margarita, vamos a dormir. Es inútil esperar. Vamos y que sea lo que Dios quiera. Gerardito no tiene más respeto y consideración por nuestra dignidad y afecto. Para él, no somos más que simples "proveedores" de recursos para dedicarse a los placeres y vicios.

Ya se habían acostado, cuando sonó el teléfono. Antes de atenderlo, Romualdo tembló y Margarita se recostó sobre el travesaño de la cama, llevando las manos al pecho, en un gesto de profunda congoja. Del otro lado del aparato, se escuchó la reconocida voz del doctor Diniz, delegado de "Orden Social Público". Romualdo escuchó atentamente cuanto le decía, moviendo la cabeza, de vez en cuando, o murmurando algo inexpresivo.

—¿Murió? —preguntó fríamente, en un tono que hizo sobresaltar a Margarita. Después de un buen rato, respondió: ¡No doctor Dinis! Jamás saldré de aquí para atender a Gerardito. ¡Póngalo en la prisión sin miramientos ni dolor alguno! Dígale, que si quiere abogado, que haga la petición de los indigentes, pues mañana mismo lo voy a desheredar. ¡No! Doctor Diniz, soy hombre de una sola palabra. ¡No importa! ¡No tengo hijo! Eso fue hace mucho tiempo. Discúlpeme. Mi decisión es irrevocable; nunca más me volveré atrás. Buenas noches y le agradezco sus palabras de consuelo.

Colgó el teléfono. La fisonomía estaba contraída y con aire de severidad; miró hacia un punto impreciso, en el espacio, y dio un suspiro que le llegó al fondo del alma. Mientras tanto, su corazón comenzaba a sangrar, herido por el sentimentalismo paterno; aquella resolución terminaba definitivamente con la protección y miramientos hacia el hijo, que sólo había abusado de ellos.

—¿Qué pasó? —preguntó Margarita, afligida.

—Gerardito y su pandilla, otra vez.

—¿Qué hizo ahora?

—Apuñaleó al mozo del bar, donde bebían y se abastecían de drogas. Fue apresado de inmediato.

—¿Lastimaron mucho al hombre?

—¡Murió cuando lo llevaban al hospital!

Margarita respiró agitadamente. Y después preguntó: alarmada:

—¡Dios mío! ¿No vas a ir a la policía?

Romualdo extendió la mano hacia la mesita de luz, y antes de apagar el velador, con rostro muy serio, exclamó con voz seca, que hizo estremecer a la esposa:

—¡No voy, Margarita! Ni sé quién es ese tal llamado Gerardito.

Al día siguiente contrató corredores y puso en venta todos los bienes, y desheredó a Gerardito bajo presentación de cargos ante el Juez de turno. Días después se mudaba a Porto Alegre, decidido a recuperar su vida, destruida por ese hijo cruel. Resolvió hacer excursiones por América del Sur y llegar hasta México. Recuperaría los nervios destrozados y trazó un derrotero por Venezuela, Bolivia, Perú, Chile, Paraguay, para regresar a Buenos Aires y quedarse algún tiempo.

Mientras tanto, mal sospechaba el tremendo choque que le esperaba en la capital porteña, pues el destino se obstinaba en reavivarle viejas cicatrices. Paseaban por delante de un conocido teatro, cuando observó que en uno de los carteles anunciadores, ostentaba en castellano y muy bien pintado, algo que lo hizo estremecer. Quedó aturdido y tan pálido, que Margarita le preguntó acongojada:

—¿Qué pasa, Romualdo? ¿Estás enfermo?

—¡No! ¡No es nada! Vamos a esa confitería. Quiero sentarme a pensar. Necesito pensar. —Tomó el pañuelo, se secó el sudor de la frente, y dándole el brazo a su mujer, atravesó rápidamente la calle y luego se sentó en la primera mesita de la confitería.

—Romualdo, insistió su mujer. ¿Qué te pasa?

—¡Déjame pensar! ¡Déjame! —Seguidamente el mozo interrumpió y Margarita encargó dos refrescos.

El ya se había decidido. A la noche iría con Margarita al teatro. No fingiría más, aunque eso tuviera que darle nuevos dolores. Necesitaba conocer sus propias reacciones, la real naturaleza de sus sentimientos; reverse a sí mismo, analizar su dominio y carácter, que era tan terco. Y, aunque sufriera la tortura masoquista, ya estaba decidido, ¡esa noche iría al teatro!

Acompañado por su esposa entró a la sala que estaba colmada de público. Minutos después, la orquesta ejecutaba la "obertura" de "Caballería Ligera", de Von Suppé, ofreciendo a los espectadores graciosas y dulces melodías. Después de terminada la música y tras aplausos nutridos, se abrió el cortinado amplio del escenario, para iniciar el encantador espectáculo. Las bailarinas eran impecables, ágiles y flexibles, movíanse con la suavidad de las mariposas, acompañadas de la música del "Lago de los Cisnes" de Tchaikovsky. Cerró el primer acto con diversas danzas de la suite "El Amor Brujo", de Falla, después las movedizas "Danzas Eslavas", de Dvorak. El segundo acto, continuó con melodías agradables, pero matizadas con historietas cómicas, donde la gracia consistía en la finura del espíritu y no en la doble intención de la historieta en sí. Todo era limpio, de fino gusto y talento. La risa franca del público, explotaba por momentos, como si fuera tocada por un resorte, dado que los actores sabían extraer el momento exacto de sus movimientos y gestos con la intención de la obra, realmente, el autor demostraba tener quilates de espiritualidad. Había belleza, jovialidad, respeto, inteligencia y buen gusto, aliados al arte de elevada estirpe. Mientras tanto, los programas explicaban, que el autor de esa presentación era un sólo hombre. Finalmente, la orquetsa ejecutó bajo elogiable equilibrio sonoro, la "Marcha Triunfal" de la ópera "Aída", anunciando el comienzo del tercer acto. A los últimos acordes de la orquesta, apareció en el palco un integrante de la compañía, comunicando al público con voz vibrante:

—¡Señoras y señores! Ahora presentaremos a uno de los más valiosos triunfos del espíritu humano sobre la materia, demostrándonos, que el alma sana, es la dueña absoluta para dirigir al cuerpo humano. Y curvándose con respeto y galantería, señaló hacia la derecha, exclamando: —Señores y señoras, con vosotros Manuelito, el Maestro, el Enciclopédico y Poderoso, que hace con los pies, lo que millares de hombres ejecutan con las manos.

Una tremenda ovación, fue la contestación del público, mientras aparecía en el palco un joven como de unos veintisiete años de edad. Su porte airoso y atrayente lo realzaba más, cuando se movía con encantadora gracia. El rostro era impecable y seráfico, sus ojos, azul celeste resaltaban en contraste con sus cabellos dorados, que brillaban bajo las poderosas luces de los reflectores. Vestía una blusa de seda, verde claro, mangas cortas y cuello sport. Su pantalón de franela blanca a la española, bordado con finos dibujos y sujeto a la cintura por una faja, color cereza, que terminaba hecha un moño sobre su lado izquierdo. Hubiera sido un Apolo, si no le faltaran los brazos. La piedad fue el primer impacto del público al verlo físicamente, luego se transformó en aplausos entusiastas y exclamaciones de admiración, en base a su talento y habilidad poco común, para un ser humano de sus condiciones físicas.

Utilizaba sus pies, cuyos dedos eran largos y flexibles, gracias al intenso ejercicio. Manuelito había demostrado cosas fabulosas con la gracia y agilidad de un pájaro. Frente a la máquina de escribir, probó que era un eximio dactilógrafo. Tomó lapicera y tinta y escribió versos de distintos autores, con una grafía serena y armoniosa, alineando frases, aforismos y conceptos, que al ser distribuidos entre el público, lo aplaudieron insistentemente. Después, compuso en un papel apropiado, pequeños trozos de música ligera y algunas melodías conocidas, matizando todo delicadamente, pues ni bien la orquesta terminó de ejecutarlas, el público no cesaba de ovacionarlo. Después, se sentó en la banqueta, un poco alejado del piano y tecleando con los dedos de los pies, ejecutó la tierna página del "Sueño de Amor", de Liszt. Cambió rápidamente, para interpretar una pequeña rapsodia intercalada con trozos musicales de Chopin, destacando los sones aligerados de los agradables valses, para después girar hacia la marcialidad de las "polonesas" y la poesía encantadora de los "preludios" para finalizar con el tema fundamental del "Nocturno en Mi Bemol Mayor".

Minutos después, sus asistentes trajeron al escenario un instrumento de apariencia, poco común; se parecía a un acordeón en forma horizontal, pero sus fuelles en posición vertical, y bastante largo, cuyo teclado sobresalía fuera del cuerpo general del instrumento. Manuelito colocó el pie izquierdo en uno de los apoyos, cuya finalidad era accionar el fuelle, mientras que su pie derecho recorría el teclado, lenta o aceleradamente, extrayendo melodías maravillosas sobre fragmentos musicales de las "fugas, sonatas y preludios" de Bach, probando que también era un excelente organista. A continuación y prosiguiendo con el acto, hizo colocar el violoncelo de la orquesta en el suelo, mirando hacia arriba, se sentó cómodamente en la butaca, y tomando el arco interpretó sobre las cuerdas, algunas partes de la pieza "Poeta y Aldeano" de Von Suppé, incluyendo algunos trozos de la obertura de "Guillermo Tell", de Rossini, siendo delirantemente festejado por el público.

Manuelito sonreía agradeciendo con gestos muy elegantes. En seguida desdobló unas pequeñas hojas de papel y pintó, a la acuarela y rápidamente, dos miniaturas de paisajes del Río de la Plata; luego utilizó hojas más grandes, mojó los pinceles en tintas de diversos colores, y en forma ágil y segura, decoró tres fondos escenográficos, haciéndole ver al público, que él también era el autor de los magníficos escenarios de su compañía de variedades. Allí estaba vivo y sólido, Manuelito, director, decorador, orientador, argumentista, productor, compositor, poeta, creador y el principal artista del espectáculo. En fin, el hombre enciclopédico, "el poderoso", el triunfo del espíritu sobre la materia.

En la presentación final, se acercaron a él todos los artistas, mientras agradecían al público su cálido aplauso, sobresaliendo Manuelito por sus dotes y especialmente por su resignación y estoicismo ante la deformidad que tenía. Hizo una señal hacia la derecha del escenario y apareció una joven encantadora, de cabellos negros y con movimientos graciosos, acompañada de un niño de cinco años, sonriente, que vestía un trajecito español, semejante al de Manuelito; ¡su padre! El cuadro emotivo y absorbente polarizó de tal forma a los espectadores, que se pusieron de pie a gritar, con el encanto latino: "Gracias". "¡Muchas gracias, Manuelito!"

Romualdo estaba casi aplastado, con los ojos irritados por el esfuerzo para no atraer los sentimientos que le invadían el alma, que sólo conseguía gracias a su temperamento rígido y obstinado. Luchaba heroicamente para no llorar y en su mente hipersensibilizada se iba proyectando la síntesis de los contrastes de su atormentada vida. Manuelita y Gerardito, luz y sombra, santo y demonio, virtud y vicio, héroe y pusilánime. Y, ¿por qué no decirlo también? ¡Manuelito resultaba ser el hombre sano y Gerardito el deforme!

Levantóse de la butaca, empujado por aquel deseo de echar a andar, cada vez que tenía problemas neurálgicos o cruciales. Aunque reconocía que era demasiado tarde para arreglar ese mal, miró una vez más hacia el escenario y posó sus ojos sobre el hermoso trío; su hijo, la nuera y su nieto. Se arregló los lentes, desviando a tiempo dos lágrimas, propias de su sentimentalismo tonto que le contrariaba su temperamento pétreo.

Rápidamente miró a Margarita que estaba sobrecargada de lágrimas y le preguntó, un tanto desconfiado:

—¿Qué es eso, Margarita? ¿Conoces a Manuelito?

—¡Oh! ¡No! —respondió, sin conseguir ocultar los sollozos bajo el pañuelo, totalmente mojado por las lágrimas que había derramado durante la función—. ¿Por qué Dios me dio un hijo tan perverso, como Gerardito, y no me envió un hijo así, igual a Manuelito, aunque fuera sin brazos?

Yo terminaba de leer la biografía de Manuelito, Romualdo, Gerardito y Margarita, en el "Departamento de Fichas Kármicas" del "Gran Corazón", donde fui atendido por el espíritu de Samuel, que en su existencia terrena descendió de la raza hebraica. Allí se encontraban las especificaciones siderales [1] de un

---

[1] *Nota de Atanagildo*: Los "Señores del Karma" de la escolástica hindú, o "Mentores Kármicos" de la escuela oriental, controlan a cada espíritu desde los primeros reflejos de su conciencia, a través de fichas kármicas con el prefijo sideral de la familia espiritual a que pertenece, puntualizando sus evoluciones y graduación. El número sideral es la identifi-

puñado de espíritus, cuyo peregrinaje educativo se estaba haciendo en Brasil, desde tres siglos atrás. Era una especie de biblioteca o archivo de "fichas individuales", donde se puede conocer toda la historia, ligada a diversas personalidades por el mismo Karma colectivo. Recorriendo la ficha de Manuelito, conocí la vida de Gerardito, Romualdo y Margarita, como también podría conocer la vida de Manuelito, si estudiaba la ficha de cualquiera de los citados anteriormente. Animado por la afabilidad de Samuel, le hice algunas preguntas, que me respondió inmediatamente:

—Estimado hermano Samuel —le pregunté—, ¿cuál fue el motivo kármico de Manuelito para haber nacido sin brazos?

—Manuelito es una entidad de mucha elevación espiritual, querido amigo Atanagildo. Conforme usted pudo comprobar a través del "prefijo sideral" de la ficha kármica, superó bastante la graduación respecto a los miembros de su familia espiritual. Cuando Manuelito supo que Romualdo, entidad de su grupo familiar, iba a ser su padre en la tierra, y que él tendría que nacer como su hijo, para poder recuperarse de las imprudencias cometidas en vidas pasadas, puesto que había abandonado a sus hijós deformes, entonces solicitó nacer sin brazos a los "Señores del Karma". Deseaba vivir en la carne una existencia dificultosa, que le permitiese ejercitar y concentrar las energías espirituales en un esfuerzo, fuera de lo común, para mejorar los poderes creadores. Al principio, los "Maestros Kármicos" negaron lo solicitado, alegando que Romualdo no merecía en la familia carnal, una entidad de elevada graduación como lo era Manuelito, cuya presencia siempre sería beneficiosa para sus familiares en la tierra.

Después de algunos instantes de meditación, pregunté nuevamente:

—Amigo Samuel, ¿podría darme algunas aclaraciones más?

—¡Hable, hijo mío!

—Usted me dijo que Manuelito no necesitaba encarnarse

---

cación definitiva del "espíritu individuo", en todas sus encarnaciones y ascensos de orden sideral. Es natural, que si determinado espíritu se llama en la tierra, Juan, Rafael, Julio César o Sócrates, eso sólo habla de su existencia transitoria en la carne, una de las tantas experiencias en el mecanismo de la carne humana, y no del número citado anteriormente, que es sideral y permanente.

como un deformado, porque estaba exceptuado de culpa kármica, sino, que lo hizo espontáneamente para aprovechar esa encarnación en beneficio de esos espíritus que formarían en la tierra su propia familia y que además, se relacionaron en vidas pasadas y tuvieron incidentes entre sí. ¿Qué lógica tiene esa decisión y cuál es su significado? [3]

—Querido Atanagildo, usted sabe que la tierra además de ser un mundo de reajuste kármico, para nuestras equivocaciones, es una magnífica escuela de educación espiritual, muy provechosa, a pesar de lo primitivo de sus cualidades y del tipo psíquico de su humanidad. En la superficie de la tierra adquirimos los primeros pasos de la alfabetización del espíritu, para más tarde ingresar como corresponde al lenguaje de los ángeles.

Guardó silencio algunos instantes y luego agregó:

—Usted pensó en la persistencia, perseverancia y paciencia, como el dominio, entrenamiento y estoicismo que tuvo que tener Manuelito para alcanzar aquella flexibilidad y autodominio de los dedos de los pies, para igualar a los demás hombres. ¿Lo pensó? También es cierto que la naturaleza compensa la falta de ciertos órganos atrofiados. Se tiene amplio conocimiento, que el pulmón, el riñón y el mismo ojo humano, duplican su sensibilidad y capacidad para compensar la extirpación o incapacidad del compañero. Siendo niño, Manuelito tenía los dedos de los pies mucho más crecidos y dóciles que la mayoría de los niños de su edad, pero fue su energía espiritual la que trabajó como catalizador y le proporcionó pleno dominio de los pies. Además, su gloria ante los humanos, consistió en la demostración máxima de las facultades indiscutibles del espíritu inmortal para poder dirigir al cuerpo material.

Y como queriendo remarcar el efecto de sus palabras, el delicado espíritu de Samuel, nos dijo en tono de revelación:

—¡En el programa de recuperación espiritual de Romualdo, el que debía nacer sin brazos en su hogar, era Gerardito y no Manuelito!

—¿Gerardito? —pregunté sorprendido. Acaso ¿eso no era una

[3] *Nota del Médium*: Atanagildo es una entidad apta para esclarecer cualquier aspecto de los citados en la presente obra. Sin embargo, él prefiere armar los diálogos de esa forma, a fin de facilitar al lector una mayor comprensión de los asuntos trascendentales.

prueba demasiado severa para Romualdo? ¿Cómo iba a resignarse ante un ser tan deforme, de cuerpo y alma?

Samuel sonrió y me aclaró, inmediatamente:

—Mi buen amigo, usted mismo comprobó que Romualdo no quería saber nada con hijos deformes. Por lo tanto, poco le importaba que fuera Manuelito o Gerardito, el padre, siempre lo abandonaría al nacer. Obviamente, Romualdo agravó la prueba kármica para el futuro, vencido por la terquedad y el orgullo y por las características de sus vidas anteriores.

Gerardito, espíritu rebelde y mezquino, debió nacer sin brazos, puesto que le hubiera sido de gran beneficio para su alma, al no poder ejecutar los impulsos violentos e iniciativas peligrosas para la comunidad. Sin brazos, no podría hacer parte de las actividades comunes del mundo, ni conducir automóviles a grandes velocidades, hasta el punto de aplastar a las niñas en la calle o chocar e inclusive volcar vehículos, matando a sus ocupantes. No hubiera osado atacar a jóvenes de su edad, imponerse a las autoridades, golpear a las prostitutas, agredir a los vigilantes nocturnos, apuñalear a los mozos de los bares, robar automóviles ni falsificar cheques. A pesar de la fortuna de su padre, él no dejaría de ser el deformado que atraería la mirada de sus semejantes, despertaría sentimientos de piedad, y por último, le hubiera sido muy beneficioso, pues habría vivido en una condición más pacifista.

—Creo que en ese caso, Gerardito se hubiera rebelado más y hasta llegaría a ser más dañino, —pregunté, mirando el rostro de Samuel.

—Bien, eso sería muy natural y propio de su carácter destructivo, tal como si fuera "un ángel caído" o "espíritu exiliado", en constante rebelión contra los poderes angélicos, negándose al ascenso espiritual y vengándose de sus propios compañeros de itinerario terreno. Sin embargo, Gerardito además de nacer con brazos normales, en base a que Romualdo rechazó a Manuelito, recibió de sus padres todos los medios posibles para atentar contra la moral, en una ofensiva persistente y feroz, que terminó en trágicas consecuencias. Si hubiera sido deforme, habría intentado sublimar la deficiencia física con alguna realización educativa del espíritu. Mas, la Ley atendió la decisión de Romualdo, que rechazó a Manuelito y en su cambio, le envió a Gerardito, que parecía generoso y sabio, pero luego comprobó

161

que estaba muy sano de cuerpo, pero terriblemente enfermo del alma. ¡Qué pésima transacción hizo Romualdo con la Divinidad! —agregó Samuel.

Samuel esbozó una sonrisa jocosa y comentó alegremente:

—Francamente, Atanagildo; si yo hubiera vivido junto a Manuelito, en la Tierra y lo viese ejecutar con los pies en el piano, en forma tan primorosa a Beethoven, Chopin y Liszt, Von Suppé y Rossini, cosa que mediocremente hago con las dos manos, temblaría de vergüenza.

Golpeándome alegremente el hombro, mientras se definía en un halo mental luminoso, bajo la acción del pensamiento sublime, cerró definitivamente nuestro aleccionador diálogo.

—Atanagildo. Lo que es infelicidad irreparable para un hombre, puede ser glorificación para otro, sin que eso llegue a ser reparación kármica. Jesús recibió la corona de la gloria en el sacrificio de la cruz, pero, por lo que yo sabía, su crucifixión no fue un reajuste kármico, por haber crucificado a alguien en el pasado. Era el Maestro y prefirió vivir en sí mismo las lecciones que ejemplificó a la humanidad. Glorificó al infamante madero de la cruz, dejando el mensaje salvador, que extractado en su más simple expresión, dice así:

"SERVIR HASTA LA MUERTE"

y

"AMAR HASTA EN EL DOLOR"

ADIESTRAMIENTO MATERNO

La noche estaba tranquila y algunas nubes sueltas, plateadas por la luna de setiembre, corrían con apacible tranquilidad por el límpido cielo. En el caserón de Don Genaro, hombre que había emigrado muy joven de Italia, reinaba inmensa alegría para toda la familia y parientes cercanos.

Cristina, joven bellísima, contaba con diecisiete años y se casaba con Jamur, muchacho jovencito y muy presentable, pero un poco suelto de bolsillo para sus gastos, que mal había conseguido algunos muebles de pino para armar su casa. Jamur, descendiente de sirios, no fue bien recibido por Genaro y algunos miembros de la familia. Genaro deseaba un partido mejor para Cristina, tan linda de ojos y de cutis de porcelana, que parecía pétalos de rosas.

Genaro casaba a su última hija, y conforme decía: "pagaba todo doble". De acuerdo a la tradicional fertilidad de la raza italiana, tenía once hijos; tres hombres, fuertes y bien dispuestos y ocho mujeres, siendo Cristina la última en casarse. Don Genaro, que así gustaba que lo llamaran, tenía setenta años de edad y esperaba pasar el resto de su vida sosegadamente, junto a su esposa Carolina. Mientras tanto, hasta el presente, ese placer le fue imposible alcanzarlo, pues a medida que aumentaban los yernos, las nueras y los nietos, se le creaban nuevos compromisos que no le dejaban cumplir ese sueño dorado de la vida apacible de abuelo.

Alrededor del gran caserón de don Genaro, como queriendo matizar la fiesta, los árboles llenos de flores, exhalaban delicados perfumes, que hacían el ambiente muy encantador. Las mujeres corrían, de un lado para otro, preparando lo necesario para la comida, abrían cajones, armarios y a su vez destapaban botellas.

De la cocina provenía un aroma apetitoso del "rissotto" condimentado al gusto italiano, que a su vez se mezclaba con el olor de los lechones y pollos, por un lado, más los asadores que en fila abrasaban los costillares de ternera y cordero, una verdadera churrasquería se había armado en el galpón de don Genaro. Doña Rita, famosa por sus conocimientos culinarios, de vez en cuando metía el tenedor en la olla de hierro y levantaba los "spaguetti", analizándole el color y la consistencia, en un examen atento y severo.

—¡Quien desea vino, lo tiene en la heladera; quien no agrada del vino, tiene "chopes" en el barril, allá en el patio! —avisaba don Genaro, todo eufórico.

Se demostraba muy feliz cumpliendo como anfitrión, haciendo gala de sus abundantes recursos, en forma un tanto ingenua:

—Ustedes, ¿qué hacen ahí? —exclamaba, a la vez que las señalaba con el dedo, mientras que las mujeres no le prestaban la mínima atención. —¿Quién dijo que va a faltar comida? ¡Miren bien! ¡Porque en mi casa no va a faltar nada, y la gente se va a enfermar de tanto comer!

Doña Carolina sacudía la cabeza, como censurando a su marido, mientras le decía, en tono muy decidido:

—¡Genaro, vaya para adentro, hombre de Dios! ¡No se meta en la cocina, que son cosas de mujeres!

Se preparó para responder desaforadamente, cuando de pronto vio la figura encorvada del viejo turco Abrahán, que llegaba por detrás de la casa; después de haber saludado a los presentes, Genaro le sonrió jocosamente mientras asomaba un brillo sádico en sus ojos, pues el turco Abrahán, siempre conforme y bueno de genio, era el hilo a tierra de su carga sarcástica. Pero también era su mejor amigo y compañero para jugar al "truco", "tres siete" y a la "escoba de quince". Ambos pasaban los sábados por la tarde y los domingos, jugando en el fondo de la casa, mientras bebían vino del bueno y pellizcaban queso, aceitunas y algunos "bocadillos" preparados por la familia de don Genaro.

Genaro miró atentamente al viejo Abrahán, vestido con ropa negra y se notaba, fuera de lo común, que se había peinado de tal forma, que sus cabellos estaban extremadamente duros. Don Genaro, lo volvió a mirar en dos oportunidades, examinándolo detenidamente, de arriba abajo. Después en un tono gracioso, largó la acostumbrada sorna, diciendo:

—¡Esto sí que está bueno! ¡Tuve que casar a la Cristina, para que vos tomaras un baño y te cambiaras de ropas! —Y resonó una intencionada risita, mientras el turco encogía los hombros, indiferente y acostumbrado, aparentemente satisfecho por aquellas ironías, que nada tenían de injurias, pero demostraban una amistad sincera. Don Genaro también vestía un traje negro, que olía a naftalina, amenazando romperse a causa del cuerpo voluminoso de su dueño. Su rostro, estaba arrebatado por causa del buen vino. Acostumbraba a meterse las manos en los bolsillos del pantalón, tal como lo hacía cuando iba a ver las corridas de caballos. Estaba muy alegre con el bullicio de la gente, sintiéndose dueño de aquel gran motivo que a todos hacía felices, dado que era su última piedra colocada en la obra de su vida.

—¡Papá! Saque las manos de los bolsillos. ¡Qué costumbre, censuró Clarita, la penúltima de las hijas casadas, que pasaba riendo delante de él con una bandeja de aperitivos.

El viejo se dio vuelta con tono brusco, pero al reconocer a su hija, apenas se dio por enterado.

—¡Ah! ¡Sí! ¿Por qué no mandas a tu marido?

Y con gesto de desafío y molestia, encajó aun más las manos en el pantalón.

—La fiesta de Cristina, está sobresaliente —comentó el turco Abrahán sacudiendo la cabeza y mirando insistentemente la hilera de los asadores, que en ese momento el entendido clavaba el pinche reiteradamente sobre los lechones y pollos asados.

—¡Así es, hombre! —contestó Don Genaro, con amplia satisfacción. Y, eso que es un casamiento de gente pobre, de mucho trabajo. Conmigo no se da el caso que ningún convidado se vuelva a su casa con hambre y hable mal de la fiesta. Gusto de ver comer a la gente hasta que reviente, pues casamiento sin holgura, es comienzo de vida miserable.

Hablaba con tono petulante y capaz de escandalizar a cualquier persona extraña, que no le conociera su tono de chanza.

—Yo no voy a esos casamientos de alta sociedad —continuó diciendo, donde dan una copa de vino, unos pastelitos pequeños y unos bombones, para terminar. —Y, riendo ampliamente, sarcástico, sumamente divertido, y lleno de alegría continuó:

—Después del casamiento de los *"finos"*, dicen que los invitados, al terminar la fiesta, se van al restaurante a reforzar la dieta recibida.

Minutos después, las mesas estaban abarrotadas de alimentos. Comenzaron sirviendo la famosa "minestra", sopa hecha con queso "parmezón" rallado —tan al gusto italiano, acompañado de pan casero y manteca fresca. Después la gustosa mayonesa de huevo, aderezada con el exquisito aceite italiano, aceitunas, papas fritas, etc., etc. Finalmente tocó el turno a los costillares, pollos y lechones asados. Acompañando a los suculentos platos, se agregó ensaladas de tomates, lechuga, palmitos, pepinos y coliflor en conserva, reforzadas con aceitunas preparadas a la griega. La mesa daba para hartarse y el vino blanco, preparado por Don Genaro, hacía la delicia de los comensales.

—¡Qué diablos de gente! —gritaba Don Genaro. ¿Dónde está la cerveza? ¿Escondieron los refrescos de uva, naranja y maracujá, para las mujeres y los niños?

Después que se terminó la prolongada comida, se colocaron las sillas contra la pared, rebatieron las mesas improvisadas con tablas de pino, para dejar el lugar previsto para el baile.

Don Lorenzo, el acordeonista avezado y de más renombre de los alrededores, se preparó para sus ejecuciones musicales, cuando Don Genaro, lo interrumpió:

—Vamos Lorenzo, toque algo bueno, que sirva para bailar de verdad. Toca algunos "chotís" para los amigos madrileños, unas "polkas" de las mejores y las "cuadrillas", en vez de esa música que sólo se compone de "zambas", "tangos" y "fox-trots".

Lorenzo echó una mirada a los jóvenes y vio la cara de desagrado que las palabras de Don Genaro había ocasionado, al recomendar esa música anticuada para ellos. En un gesto compenetrado de artista y autoridad en la materia, replicó decisivamente:

—Los chotís y las polkas vendrán después, cuando los viejos quieran bailar; ahora vamos a tocar el vals para los novios y seguidamente, música para los jóvenes.

Cruzó las piernas, indiferente a la cara de desagrado de Don Genaro, inclinó la cabeza sobre el "acordeón" y "comenzó a tocar, mientras Jamur y Cristina, tomados del brazo y de la cintura comenzaron a bailar el vals.

Como los novios habían decidido viajar muy temprano para la hacienda del "Rosedal", se despidieron en lo mejor de la fiesta.

166

Buscaron a Don Genaro y lo encontraron con el tío Clemente, bastante tocado por el vino y cantando desafinadamente una cancioneta italiana. A su alrededor estaban los amigos, de su edad, con los ojos llenos de lágrimas, recordando a su vieja Italia, la patria querida.

Don Genaro al despedirse, no pudo con su espíritu mordaz, diciéndole a Jamur, en un tono paternal, pero algo inquisidor:

—Debe asentar cabeza. ¡La vida de casado no es ir de fiesta!

Después, retribuyendo el abrazo cariñoso de Cristina, secó sus lágrimas en un pañuelo rosado, exclamando, serio y conmovido:

—¡Dios te acompañe, hija mía, que seas muy feliz! —De repente, un poco alarmado, pasó la mano por la frente de Cristina y le preguntó: Cristina, ¿tienes fiebre?

—¡No es nada papá, es por los nervios del día!

La fiesta se prolongó hasta el amanecer. El cielo límpido anunciaba un día hermoso y lleno de sol. La suave brisa sacudía los árboles en flor, haciendo caer los pétalos suavemente sobre el césped. El caserón estaba casi vacío. Sólo quedaban algunos familiares y conocidos más íntimos, que intentaban tararear algunos pasajes de la ópera "Il Trovatore", donde Don Genaro hacía esfuerzos para hacer la parte de barítono. En ese momento estacionó frente al caserón un auto de alquiler, bajando Dagoberto, yerno de Don Genaro, aun con cara de sueño y con la fisonomía desencajada.

—¡Cristina está mal! —dijo bruscamente—. Jamur la llevó a la Santa Casa. El caso parece muy serio.

La sorpresa y la desesperación quitó el brillo a los últimos encantos de la fiesta; y cuando los últimos parientes llegaron al hospital, Cristina estaba inconsciente y ardiendo a causa de la elevada fiebre. El cuerpo rígido y los pies extendidos, como si quisiera empujar algo hacia el frente. Los médicos le habían extraído un poco del líquido cerebroespinal y esperaban los exámenes del laboratorio. A las nueve de la mañana, y con dolorosa expectativa, el médico diagnosticó: ¡meningitis!

La desesperación se vio en todos los rostros de los familiares, pues Cristina era muy querida por todos sus familiares y vecinos. Cuando el médico le informó a Don Genaro, que su hija podría salvarse, pero que su cerebro quedaría perturbado, o paralítica para el resto de su vida, el efecto del vino pareció disiparse, pues comenzó a llorar irremediablemente.

Pero, su hija querida, era joven y muy sana, de muy buena sangre y contrariando todo lo que el médico había dicho, sólo quedó con el brazo izquierdo defectuoso.

Pasaban los meses y ella sufría decepcionada porque no tenía ningún síntoma de gravidez, cosa que la hubiera hecho muy feliz. Se prestó a toda clase de "tests" ginecológicos y exámenes apropiados al caso, dando por resultado, que no podría gestar, pues la meningitis le había afectado los elementos y genes responsables para tener hijos.

Después de dos años de esterilidad, ella y Jamur decidieron adoptar una criatura y fueron a escogerla en la "Maternidad Víctor de Amaral". Era un niño fuerte, con unos pocos días de vida. Don Genaro, fanático por el "bel canto", escogió para el niño, el nombre de Manrique, en honor al personaje principal de "Il Trovatore".

El niño creció sano, y de una belleza algo rara, muy afable de genio, tenía un singular parecido a Cristina, que le daba el toque de ternura y amor. Desgraciadamente, al regresar de una fiestita íntima de la familia, en una noche oscura, fría y desagradable, en medio de una persistente lluvia, propia del mes de junio, Manrique enfermó de una fuerte neumonía. A pesar de todos los esfuerzos médicos y recursos terapéuticos de la época, falleció, dejando a Cristina enloquecida de dolor y Jamur, pensaba en la forma cruel que el destino se ensañaba con él.

La desolación volvió de nuevo al hogar y por dos años no resolvieron hacer nada, pero Cristina, superexcitada por su amor materno, sintió necesidad de volver a ocupar el vacío dejado por Manrique. Ambos se consultaron al respecto y nuevamente adoptaron otro niño, que compensaría la desaparición prematura del primero.

Trajeron para el hogar otro recién nacido, extraordinariamente parecido a Manrique. En esta oportunidad, Cristina le puso el nombre de Eduardo, contrariando la preferencia de Don Genaro, que ya había escogido otro nombre del personaje de otra ópera. Nuevamente vieron crecer al hijo adoptivo, sano y alegre, siendo tan tierno y dócil como lo había sido Manrique.

Cuando Eduardito alcanzó los cuatro años de edad, la fiesta de su aniversario coincidió con un domingo espléndido, rebosante de sol. Los niños de la vecindad corrían bulliciosamente por el jardín. En la mesa del festejado, había una enorme torta, decorada en forma de castillo con cuatro velas y una gran cantidad de confituras que serían la delicia de los niños.

Cristina se movía muy feliz en medio de los convidados, amigos y vecinos, agradeciendo los cumplidos por el cuarto aniversario de su niño, tan querido por la vecindad.

Eran casi las seis de la tarde, el sol se escondía y plasmaba un bello paisaje en el horizonte, recortado por las casas, que parecían poner un broche de oro, a ese día tan feliz para Cristina. Jamur volvía del partido de fútbol que su club favorito había tenido esa tarde. Descendió del ómnibus dos cuadras más allá de su casa. Desde allí vio correr a los niños por el jardín y la vereda, haciéndole señas a Eduardito, como acostumbraba. El niño, en un arranque impetuoso y lleno de entusiasmo, corrió al encuentro de su padre adoptivo, con una sonrisa en la cara y los brazos en alto. Jamur se agachó a la entrada del puente de cemento que atravesaba el pequeño río Tibagi, en el centro de la calle, a media cuadra de su hogar, y levantó los brazos para recibir afectuosamente a Eduardito. De repente, un grito desgarrador, Jamur saltó hacia el frente; pero, ya era demasiado tarde. Eduardito, con el afán de correr hacia Jamur para abrazarlo, al salir de las sombras de las casas, recibió los rayos solares de golpe, que lo cegaron momentáneamente, errando por muy pocos centímetros al puente, cayendo al lecho del río tres metros abajo, destrozándose la cabeza. Cuando Jamur gritó desesperadamente y corrió para ayudar al niño, ya estaba en los últimos estertores de vida. No se había ahogado, pues allí corría poca agua, sino, que se había destrozado el cráneo contra las piedras.

El agua continuaba corriendo tranquilamente, pero manchada de sangre y con algunos restos de sesos del hermoso niño. Los gritos de los niños atrajeron a Cristina, la que corrió desesperadamente hacia el puente; se paró y miraba con ojos fuera de las órbitas, sin soltar una sola lágrima, viendo caminar por el lecho del río a Jamur con el cadáver del niño querido, con los brazos totalmente manchados de sangre. Cristina llevó su mano al pecho y se desmayó, y desde ese momento le sobrevino un estado de crisis nerviosa, que amenazaba quitarle la vida.

La existencia de Cristina fue una desventura y nunca más se conformó con la impiadosa fatalidad del destino. Perdió el gusto por la vida y se volvió apática ante las emociones más excitantes. A pesar de todos los esfuerzos que hacía Jamur para consolarla, Cristina se transformó en una compañera desolada, pero sin negarle el justo afecto de esposa. Tres años después, sus familiares intentaron despertarle nuevamente el interés por la vida. Para tales efectos, Don Genaro, Jamur y otros de la familia, colocaron en la puerta de la casa, a altas horas de la noche, un niño que habían retirado de un orfanato espírita.

Cristina al principio lo rechazó, luego, la posibilidad de criar un nuevo hijo, en base a que su amor materno no la abandonaba, teminó por aceptarlo. Inmediatamente comenzó a vibrarle en su alma, el instinto de madre, haciéndole comprender íntimamente, que ella jamás viviría tranquila si no ofrecía su sentimiento materno a alguien.

Esta vez Jamur puso al niño el nombre de Elías, en memoria de su abuelo paterno. Ese niño tuvo una infancia común a todos los niños, con las enfermedades propias de su desarrollo y que también son las preliminares, para aprender a soportar los dolores futuros. Infelizmente, al poco tiempo, Elías demostró ser un niño de mal genio, irritable y destructivo, sin parecerse en nada a los dos anteriores. Además de tener el mal carácter, cada vez se volvía más antipático para todos en general, pues castigaba a perros y gatos, mataba a los pájaros que estaban a su alcance y destruía nidos, insectos y gusanos. Era un enorme placer arrancarle los botones a las flores y los frutos verdes. Rompía los juguetes de sus compañeros y destrozaba todo cuanto sus manos tocaban. Era brusco, intolerante y obstinado en sus hazañas malévolas. A los trece años comenzó a demostrar adversidad por sus padres y mal lograba contenerse ante las suaves advertencias de Cristina. Jamur puso en juego toda su inteligencia y le hizo mil promesas de recompensas para inducir a Elías a que estudiara o trabajara. Todo era en vano, pues el niño era totalmente negativo y cultivaba las peores amistades de su barrio. Cuando llegó a los dieciocho años, los padres estaban extenuados por el esfuerzo realizado, de criar aquel hijo bruto, indócil e inescrupuloso. Cristina había vendido todas sus joyas para cubrir el pago de algunas facturas y cheques falsos de Elías, mientras que Jamur, había empeñado algunos sueldos para evitar la infamante prisión de su hijo adoptivo.

Elías, sin escrúpulos de ninguna especie, tomaba todos los

valores y bienes de su padre, para gastarlos en fiestas nocturnas en los prostíbulos de más baja ralea de la ciudad. Finalmente, en un "día aciago", descubrió que no era hijo legítimo de Cristina y Jamur, tornándose rebelde y vengativo. Aprovechando la ausencia de sus padres, un buen día cargó con todas las cosas de más valor del hogar, y huyó en compañía de una mujer de pésima reputación, hacia el norte de Paraná. Allá comenzó a cometer toda clase de delitos, hasta que fue prendido y condenado a cinco años de cárcel.

Cristina, la mujer hermosa de tan lindos ojos y de piel muy fina, se transformó en una persona de cara enfermiza, cabellos blanquecinos y con aire de tristeza; su alma se dejó llevar por un dolor invencible e inmensurable. Su espíritu dudaba de toda posibilidad de bien para su persona, ya no cantaba con aquella voz dulce y cristalina, ni tampoco se la veía reir más.

La Ley espiritual que es magnánima, en un momento oportuno le proporcionó el esclarecimiento que tanto necesitaba, para poder comprender el móvil de su triste existencia. Cierta noche de gran tormenta, fue obligada a pernoctar en la casa de Nilza, su hermana, casada con Dogoberto —devoto espírita— en la misma noche que tocaba sesión mediúmnica. Aunque poco le importaba aquella reunión espírita, se vio obligada a participar por consideración a sus familiares y por otra parte, por educación y amor a su hermana carnal. Salustiano, el espíritu mentor de los trabajos mediúmnicos, después de transmitir su mensaje inicial, se dirigió a Cristina y le dijo: "Fui encomendado para darle un poco de consuelo y también algunas explicaciones sobre la desventura de vuestra vida y dolores en el mundo terreno. En estos momentos, algunos amigos espirituales le están suministrando fluidos sedativos y avivan vuestra memoria espiritual del pasado, para que comprenda el significado de la historia que voy a exponerle."

A pesar de su incredulidad, Cristina se sintió reanimada por primera vez, después de muchos años de sufrimientos cruciales. Salustiano pronunció algunas palabras afectuosas y continó diciendo:

—En el siglo pasado, en Catania, ciudad de la provincia de Sicilia, en Italia, una joven muy hermosa, llamada Angelita se casó con un tal Marcelo, joven noble y honesto y de un alma excelente. Cinco años después, ambos tenían algunos bienes y joyas, cuyos valores esperaban convertirlos para hacer el hogar soñado. Sin embargo, entre los dos cónyuges, día a día se observaba una diferencia emotiva y espiritual, pues mientras Marcelo adoraba el calor del hogar y el entretenimiento de los hijos, Angelita, disconforme e indócil, se rebelaba contra los deberes comunes y domésticos, inclinándose, de a poco, hacia una vida improductiva y caprichosa. Se ausentaba del hogar en compañía de vecinas volubles, buscando diversiones tontas y peligrosas, olvidando el cariño materno hacia los hijos, o interpretando como timidez y servilismo, la tolerancia espiritual del esposo. Se irritaba con frecuencia, tratando de justificar su evasión del hogar y su compostura incorrecta.

En esa época, se instaló en Catania una compañía de espectáculos de variedades, donde sobresalía un joven intérprete de "cancionetas" regionales. Era un mozo de porte vistoso, muy preocupado por su apariencia física. Amanerado en sus gestos, trataba de impresionar favorablemente a las jóvenes casaderas del pueblo. Su voz no era lo que realmente trataba de aparentar, pero su habilidad de combinar la mímica a los fragmentos románticos, algunas veces le favorecía y lograba conmover a la platea femenina. Mientras tanto, el cantor no gozaba de muy buena fama; lo criticaban de mujeriego, atrevido y responsable por destrozar la felicidad de algunas jóvenes imprudentes y sin experiencia alguna de la vida.

Angelita, disconforme con la existencia que llevaba junto al marido y sus dos hijos, no prestó atención a las malas noticias respecto al cantor. Ansiosa de liberarse de los deberes humillantes y prosaicos del hogar, pasó a corresponder a los requerimientos amorosos y capciosos. El, mientras tanto, veía una excelente presa para explotar.

Un buen día, valiéndose de la ausencia del esposo, tomó todas sus joyas y cosas fáciles de llevar y huyó de Catania con el joven galanteador. Vivieron juntos el tiempo necesario para disipar la pequeña fortuna, robada a su esposo. Después la abandonó en una ciudad extraña y lejos de su hogar. Desesperada y en la miseria, Angelita terminó por entregarse a la prostitución, arrepentida de la falta de amor materno hacia sus dos hijos y de la traición cometida contra su fiel esposo.

El guía Salustiano hizo una pausa en su narración, pareciendo medir el efecto de lás palabras:

—El espíritu de Angelita encarnó en la tierra, en la ciudad de Curitiba, a fin de rehacerse del pasado delictuoso y poder despertar nuevamente el sentimiento materno atrofiado en el pasado. Bajo la regencia de la Ley Kármica, que le preparó la rectificación espiritual, Angelita fue atacada de meningitis en su noche de casamiento y fue imposibilitada de procrear hijos, cuya causa materna no justificó en su vida anterior. Desilusionada por la falta de hijos en el hogar triste y vacío, ella fue al encuentro de la maternidad, adoptando un niño atrayente, que le avivó los sentimientos de madre y propio de toda mujer. Mas la Ley es justa e implacable, le arrebató el hijo a los tres años de edad, víctima de una enfermedad pulmonar e incurable. A pesar del dolor irrecuperable por la pérdida del niño, pero excitada en su primera experiencia maternal, Angelita adoptó el segundo niño, semejante al primero en sus condiciones espirituales. Desgraciadamente, el segundo hijo terminó su existencia a los cuatro años de edad, después de adiestrarla en sus sentimientos maternos, cada vez más intensos, y definitivamente preparada para la prueba kármica y drástica de adoptar el tercer e inadaptado hijo, colmado de defectos y faltas. Los dos primeros, bellos y buenos le activaron la pasión de madre, hasta la medida de poder soportar la crianza de un tercer hijo.

Salustiano se detuvo unos instantes, mientras Cristina sentíase aplastada en lo íntimo de su ser. A pesar de no creer en el Espiritismo, preguntó decididamente:

—Los dos hijos primeros de la desventurada Angelita, ¿tuvieron que morir para que su madre fuera castigada por sus pecados, cometidos en el pasado?

—Es conveniente recordar, querida hermana, que no existe castigo en el proceso de rectificación kármica, sólo reeducación de nuestros sentimientos a fin de recuperarnos, a la ventura perdida, por medio de nuestra inteligencia espiritual. Los dos niños desencarnados prematuramente, eran encarnaciones del mismo espíritu, que a través de los pocos años de vida física, descendió a la carne para efectuar la "descarga" de los fluidos tóxicos que estaban adheridos a su periespíritu y transferirlo para el "secante" o "cuerpo absorbente" que es el cuerpo humano. Era una entidad amiga de Angelita, que había aceptado el encargo de incentivar el sentimiento materno de la madre adoptiva, a fin de ayudarla a pasar la prueba kármica de reajuste espiritual.

173

—Sin embargo, el esposo de Angelita, en esa existencia ¿no sufrió la dolorosa prueba de perder los hijos adoptivos, cuando sólo le cabía la responsabilidad de adiestramiento materno a la esposa?

Hermana Cristina, no hay injusticia en la pedagogía espiritual, pues el esposo de Angelita, en aquel trance doloroso, también rescató sus imperfecciones espirituales del pasado, debido a culpas semejantes.

Cristina quedó en silencio, algunos momentos, totalmente confusa por haber querido justipreciar inadecuadamente algo que le era desconocido, pero sufría los impactos espirituales, ante la claridad y lógica de la historia narrada, que se debía a culpas semejantes a las suyas y que estaba reviviendo en el drama terreno.

—Díganme entonces, ¿por qué sobrevivió el tercer hijo, malo, cruel e inescrupuloso?

Salustiano parecía meditar profundamente, antes de responder. Después se decidió, esclareciendo con tono de advertencia espiritual:

—En nuestro peregrinar terreno, no estamos obligados a ligarnos a los espíritus imperfectos, primarios y faltos de discernimiento; pero seremos irremediablemente imantados a la órbita de esas criaturas, que acceden a nuestros caprichos o imprudencias. Escogemos los compañeros y tenemos que soportar pacientemente las ingratitudes y tropelías, propias de su padrón espiritual inferior, a las cuales unimos a nuestros destinos. Después de silenciosa expectativa, Salustiano terminó diciendo:

—El tercer hijo de Angelita, inescrupuloso y cruel, era el cantor de Catania, que ella imprudentemente ligó a su vida anterior, cuando abandonó a sus hijos y marido fiel. Espíritu primario y defectuoso, que la perjudicó seriamente por la seducción física, nuevamente vino a su encuentro, en la actual existencia, atraído por la ley, que dice "la siembra es libre, la cosecha obligatoria".

Mientras Salustiano callaba conmovido, Cristina no conseguía sostener dos lágrimas, que le rodaron por el rostro torturado.

¡HE DE SER RICO!

Desde niño, Clementino sentía horror por la pobreza y vivía disconforme con la desdicha que tenía, pues sus padres eran pobres trabajadores. Lo peor de todo, es que ellos se conformaban con la miseria. Simples ayudantes de albañil, estaban todo el día metidos en la tierra y el barro, entre los cimientos. Marcolino Vieira Guedes, el padre, nunca se arriesgó a salir de aquella situación precaria. Era preferible robar, pensaba Clementino decidido, antes que vivir entre trapos, comiendo algunos restos de carne y un poco de porotos hervidos. Imaginaba estar viviendo en residencias lujosas, con paredes finamente decoradas según el gusto extranjero. Aquello lo llevaba en su sangre; se sentía eufórico y familiarizado en medio de la riqueza.

Divagaba largo tiempo imaginando lo agradable de esa soñada vida. Se veía sentado delante de una mesa con detalles artísticos y adornada con un fino mantel, ricamente bordado. Del techo pendía un hermoso candelabro lleno de finos cristales y decenas de velas en colores. La luz caía sobre las jarras de vino, copas de champagne, platos de porcelana y cubiertos de plata. El criado vestido de uniforme rojo con pantalón blanco, como frecuentemente los veía en las películas francesas. En seguida, destapaba la sopera humeante y servía la apetitosa sopa de lentejas, con mucho queso rallado, acompañada de panecillos frescos y sabrosos. Después venía la "mayonesa" de salmón rosado, como acostumbraba hacerla doña Dora, la esposa del dentista. El pollo o lechón asado aparecían adornados con huevos, aceitunas y hojas de lechuga a su alrededor, una buena porción de "spaguetti" a la salsa de tomates y que la gente acostumbra a envolver con el tenedor. En su fértil imaginación, agregaba los platos que había visto en los restaurantes "chics". Los hábiles empleados (criados) retiraban la mesa y su padre Marcolino, se recostaba en el respaldo del sillón de terciopelo verde, limpiándose los dientes con un palillo y bebiendo vino rosado en una hermosa copa de cristal transparente. La cena opípara terminaba en la mente de Clementino, sustituida por la sobremesa de abundantes frutas y preparados, poco alcanzable para las posibilidades de un pobre. Detestaba las bananas, pues era el alimento habitual de los pobres y algunas veces, su único almuerzo con un pedazo de pan viejo.

Súbitamente, volvía en sí, despertando del devaneo tan agradable, por la imperiosa e irritada voz de la madre:

—¡Clementino! Déjate de imaginar cosas y almuerza de una vez, antes que la comida se enfríe!

Bajaba la cabeza hacia el plato, como acuciado por la dura realidad que podía eludir, metía el tenedor con rabia en el pan para servirse de la comida preparada a base de porotos, cocinada por doña Malvina, la vecina, cuya gentileza caritativa tanto lo humillaba.

—¡Aún he de ser rico! ¡He de ser rico! —decía continuamente. No había sido hecho para aquella vida miserable. Necesitaba ser rico de cualquier forma. A la noche, antes de dormir, ponía los brazos debajo de la cabeza y miraba el techo de tablas de pino, y llena de nudos, dejándose llevar nuevamente por su optimista fantasía. En su exaltada imaginación, la ropa de cama y el colchón que había comprado a duras penas en la cooperativa, la transformaba en una cama suntuosa, con acolchados de seda. Clementino bostezaba contento, antes de ponerse el pijama de seda azul claro, cuyo olor a naftalina, no podía dejar de aspirar. Después se acostaba, muy feliz, en la confortable cama y tomaba el chocolate calentito, que el criado le había dejado sobre la mesita de luz. En seguida, con gozo inefable, apagaba mentalmente las perfumadas velas y se tapaba hasta la cabeza. Pero, un olor característico le deshacía el sueño; entonces cerraba los ojos de mala manera, para no mirar los trapos malolientes de la cama pobre.

Un día, Clementino se decidió realizar ese sueño. Dejó una nota sobre la mesa de la cocina, y empaquetó algunos pantalones y unas camisas. Vendió por poca cosa los libros escolares y metiendo las manos en el bolsillo del pantalón de su padre, le tomó unos pocos pesos que tenía. En su carta de despedida, acentuaba su forma melodramática de ver las cosas: "Papá y mamá, me voy por este mundo de Dios en busca de riquezas, pues es mejor morir que ser pobre. Perdónenme."

Se introdujo clandestinamente en un tren de carga y después de dos días y una noche de sacudones, hambre y sed, llegó a San Pablo, en una mañana triste de invierno, arrepentido de la fuga, pero no podía retroceder y herir su amor propio.

Aquel día aciago se alimentó con una odiosa banana y un poco de pan viejo, guardando el sobrante para la noche, pues en su bolsillo sólo quedaban unos pocos pesos que había robado a su padre. Tal vez tendría alimentos para tres días, después vendría lo peor. Clementino era un joven terco en su objetivo de querer enriquecerse y por eso había enfrentado al destino sin miramientos. Cargó valijas en la estación ferroviaria, vendió diarios, revistas y billetes de lotería, lustró zapatos, puso una pequeña casa de juego público y juntó peculio suficiente para poner un bar en Perdices. Trabajando de la mañana a la noche, como turco miserable o judío especulador, consiguió juntar dinero suficiente para comprarse dos lotes de terreno en Jaguaré. Al cumplir veintitrés años de edad se casó con Florinda, joven pobre y muy vistosa, que las malas lenguas no le atribuían buena conducta, por su peculiar volubilidad.

Clementino aun no usufructuaba el lujo y la riqueza que su alma ambicionaba de pequeño. Pero, era de preverse que dentro de muy poco tiempo sería rico, porque además de ser persistente en sus objetivos, era inescrupuloso en los negocios. Era tan avaro que nadie lograba sacarle un centavo, a excepción de su esposa Florinda, que lograba todo el dinero necesario para presentarse coqueta e invertirlo en cosas vanas. Clementino se vio obligado a trabajar duro y privarse de cualquier diversión o gasto superfluo para sustentar el aumento de la familia.

La suerte aún no se había decidido a su favor y comenzaba a devolverle sorpresas amargas. Los terrenos comprados en Jaguaré estaba hipotecados hacía tiempo por los vendedores inescrupulosos. No se había rehecho de esa pérdida, cuando tuvo que enfrentar otro problema de gastos; Florinda estaba enterrada hasta el pescuezo en compras de revistas costosas, peluquería, joyería y perfumería, que adquiría todo a nombre de su marido, poniéndole en peligro la estabilidad comercial de su firma. Clementino prometió a corto plazo, pagar la enorme deuda, mientras respiraba un poco. Pero la borrasca aumentaba y la mala suerte lo perseguía; la Prefectura había hecho un acuerdo con la dirección de aguas y cloacas, resolviendo extender la calle, justamente donde él tenía el comercio de mercería.

Rápidamente, la calle quedó cubierta de maquinarias y fue totalmente ocupada por la tierra negra y viscosa de las zanjas excavadas; los camiones y trabajadores se movían en todos los sentidos. El agua emanaba constantemente del suelo y las veredas estaban inundadas, desviando a los posibles compradores. Además de todas esas eventualidades desastrosas, comenzó a llover suave y persistentemente, retardando la rectificación de la obra.

Cuando Clementino se quiso dar cuenta, estaba enterrado con nuevas deudas, sobre las anteriores ya vencidas. Estaba en el umbral de la quiebra, entonces llamó a los acreedores y transfirió la mercería, más algunos bienes domésticos para poder cubrir las deudas irreparables. Sin ninguna reserva disponible y sin trabajo, intentó corretear seguros, ventas de terrenos, automóviles usados, colocación de títulos patrimoniales de asociaciones deportivas, enfrentando una lucha desesperada para sobrevivir y evitar la esclavitud de los empleos a bajo jornal. Agotado y fracasado en esas actividades insuficientes para mantener el hogar con tres hijos y faltándole la cooperación de su mujer, cada vez más entregada a la vida mundana y fácil, se vio obligado a tomar un empleo con horario fijo.

Entonces Clementino se inclinó ante el destino fatal y aceptó el empleo de vendedor de cocinas en una importante compañía metalúrgica paulista, aunque el salario era bastante bajo y mal le permitía alimentar a los hijos hambrientos.

Cierta noche soñó que el "timbero", un tipo muy popular, conocido en casi todo San Pablo, le llamaba la atención para que le comprara un millar de la lotería. Por la mañana se levantó bastante excitado y recordó perfectamente el número del millar que había soñado, resolviendo arriesgar unos pesitos a la quiniela, en la hora del almuerzo. Mientras tanto, aumentaba su excitación, pues había notado, que el número de serie de la primera cocina, que había vendido por la mañana era igual al millar que había visto en el sueño. Clementino quedó perplejo y el corazón le latía precipitadamente en el pecho, por esa coincidencia tan particular. La suerte parecía llamarlo; y lo más seguro sería comprar un billete de lotería en ese mismo día, pues resolvería definitivamente todos sus problemas económicos. ¡Ahora, no había dudas, sería rico! ¡Podía concretar el sueño adorado desde la infancia!

Incapaz de poder controlar su excitada imaginación, en el trabajo alegó que tenía enfermo a un miembro de la familia y salió a buscar al viejo Euclides, especie de buitre humano, que prestaba dinero a elevado interés a los empleados de la firma. Finalmente, consiguió el dinero suficiente para comprar un billete entero. Se sentía afligido y el estómago se le revolvía ante la perspectiva de no encontrar el billete deseado. La suerte parecía ayudarlo, pues descubrió que el billete lo tenía cierta agencia de Pinheiros. Clementino alquiló un taxi y horas después acariciaba en sus manos, el entero, el billete por él soñado.

Regresó al centro de la ciudad, se acomodó en el bar de la avenida Ipiranga, frente a la "Casa de la Suerte", entre las 12 y las 14 horas, comiendo ligeramente y flirteando a la joven negrita de la casa, hasta que llegara la hora del sorteo. Justo a las 14 horas, el pueblo comenzó aglomerarse para observar los premios. Clementino bebió un trago más de grapa, y lentamente, como lo hace el jugador calculista, que mira las cartas detenidamente, se fue aproximando a la lista de los premios expuestos. Súbitamente se paró, respiró a fondo y despacito miró la pizarra de arriba hacia abajo. ¡No! ¡No era posible! Quedó medio aturdido, sin poder dominarse, mientras el corazón le latía apresuradamente. Sacudía el billete agitadamente en sus nerviosas manos. Volvía a mirar nuevamente la fecha de la emisión del billete y comparó el millar con los números escritos en la pizarra. ¡Debía haber algún engaño o confusión! Algo estaba errado, su billete no estaba premiado. ¡No podía recuperar el dinero invertido! Le costaba creer que no tuviera premio. ¡Quería que la tierra se lo tragara! ¡Deseaba esconderse en las montañas! Quería quedarse quieto, aflojar los músculos y no pensar en nada. El "timbero" le había hecho un lindo trabajito, abusando de su desmedida ambición. Al día siguiente se presentó al trabajo, medio febril y aturdido por el exceso de bebida, a fin de olvidar la mala suerte y volver a vender cocinas.

Dos años después, Arminda, su hija, cumplía once años de edad y el mayor Rodrígues, su padrino y muy amigo de Florinda, le obsequió una caja de bombones y un sobre cerrado, conteniendo un entero de la lotería de San Pablo. Clementino atravesaba por una seria y grave situación. Algunos días no llegaba a conseguir lo necesario para alimentar a su familia. Florinda dormía hasta lás once, almorzaba fuera de su casa y abandonaba sus obligaciones conyugales, a causa del comportamiento de Clementino.

El día del sorteo del billete, quería vender una parte del billete de Arminda, y cuando comía algunos pasteles en el bar del Portugués, apareció Cardoso, un viejo amigo, del tiempo en que él tenía mercería y además, un rico propietario de casas de alquiler. Conversaron un rato, y Clementino como necesitaba dinero, recordó que aun tenía el billete de lotería regalado a su hija Arminda, y sacándolo del bolsillo rápidamente, con aire de familiaridad le ofreció participar al amigo, diciéndole:

—Cardoso, ¿quiere participar conmigo en la grande de hoy?

El amigo tomó el billete, lo miró de arriba hacia abajo y replicó imperativamente:

—Sabe, Clementino, es mucha coincidencia que usted me ofrezca el billete, cuyos números finales son mis favoritos, y que sigo hace mucho tiempo.

Y, devolviéndole el billete, le dijo sentenciosamente —Me parece que la suerte es para uno, no para dos, por eso, yo no compro billetes en sociedad.

—Pero, Cardoso; vamos a suponer que la suerte sea para los dos. Usted juega con la mitad y yo con la otra, y los dos ganamos un dineral.

—Le agradezco, Clementino. Mi decisión no es participar en estas cosas con nadie. Y, como dice el refrán "la suerte no se reparte". Se levantó y se despidió del amigo.

Clementino estaba muy necesitado de dinero y el valor del dinero, en aquella época, era de cierta importancia. Recordó de sus sueños frustrados hacía dos años. Eso terminó por decidirlo.

—¡Cardoso!, —llamó Clementino al amigo, que se volvió muy curioso—. ¿Quiere quedarse con todo el billete? Le hago el diez por ciento de rebaja, pues a mí no me interesa, prefiero el dinero, antes que la suerte incierta. ¿Lo quiere?

Cardoso tomó el billete, lo examinó otra vez y viendo que tenía el final de su predilección, exclamó:

—¡Bien! Me voy a quedar con él. Siempre me gustó ese número, y ahora me da la impresión, que es él, el que anda detrás de mí. Clementino guardó el dinero muy satisfecho. ¿Qué adelantaría intentar suerte en la quiniela o en la lotería? Era una cosa del azar y además, ya le había traído mucha amargura. Sonrió aliviado, mientras se tocaba el dinero en el bolsillo: "más valía un pájaro en mano, que dos volando".

Horas más tarde, cuando arreglaba las listas de las cocinas, para hacer su entrega a la sección expedición, repentinamente se abrió la puerta de las oficinas y apareció un jovencito que trabajaba de cadete en la casa, gritando nerviosamente:

—¡Señor Clementino! ¡Quieren hablar con usted en el salón de ventas!

Subió de a cinco los escalones que mediaban entre el salón y la oficina, e inmediatamente reconoció a su amigo Cardoso, que se adelantó para decirle en tono festivo y lleno de entusiasmo:

—¡Clementino, mi viejo! ¡No sabía cómo darle la noticia de nervioso que estaba, pues deseaba cumplir con mi deber. —Metió la mano en el bolsillo del pantalón y sacó un sobre, tipo comercial, y entregándoselo a Clementino le dijo con acento cordial: ¡Clementino, usted me dio la suerte! ¡Esto es su comisión de agente! ¡No iba a ser tan egoísta, para olvidarme del amigo! ¡Gané la grande con el billete que usted me vendió!

Cardoso dio media vuelta y se retiró alegremente, mientras le hacía señas de eterno agradecimiento a Clementino. Este abrió el sobre y encontró un cheque por mil cruceiros; su comisión de "agente". Sintió que todo le daba vuelta a su alrededor, quería morirse, tirarse bajo las ruedas de un automóvil. Regresó a la oficina cabizbajo, sin mirar a nadie, sintió que el corazón le latía fuera de lo normal y en un momento dado, se rebeló contra Dios y el mundo entero. Tomó el saco del armario y a medida que se lo colocaba salió de la oficina, sin dar satisfacciones al jefe, que le preguntó, sorprendido:

—¿Clementino, ¿qué le pasa, hombre de Dios?

Entró al bar del Portugués y pidió resueltamente:

—¡Tráigame una botella de grapa y un vaso!

Llenó el vaso de grapa y bebió la mitad de un solo golpe, encogiendo los hombros hacia adelante, como quien hace esfuerzos para soportar el abrasador líquido.

Desde ese momento, su vida comenzó a rodar sin rumbo fijo. Cambiaba de trabajo, como ciertas mujeres cambian el color

181

de sus cabellos. Cuando quiso darse cuenta de su verdadera situación, ya era demasiado tarde para volver a rehacerla. Dorita, su hija más vieja, abandonó el hogar, juntándose con un cabo de la policía paulista y junto a Otilia, la otra gemela, se asociaron a un conocido explotador de mujeres. Alquilaron una casa de aspecto decoroso y disimularon la realidad del prostíbulo, donde pasaron a explotar a las mujeres incautas. Meses después, la menor de las hijas de Clementino, se juntó con sus hermanas, en esa infamante profesión.

Clementino resistió el choque, resignado, dado que aún vivía obstinadamente, queriendo ser rico. Sin lugar a dudas, que dio muy poca atención a la educación de sus hijos, dejando que lucharan contra la suerte para poder sobrevivir, y es muy posible, que esa forma de vida las llevó al punto crucial de la prostitución. Le quedaban sus dos hijos varones; Virgilio, con veinte años e Hilario con veintitrés. Sin embargo, demostraban ser jóvenes astutos y cínicos, siempre andaban metidos en negocios turbios, de contrabando y explotando a la gente, en compañía de otros expertos.

Clementino contaba con sesenta y tres años de edad. Era pobre, reumático, desilusionado de la familia y extremadamente envejecido. Vivía de las migajas que sus hijos le enviaban. Florinda había perdido sus amistades y vivía descorazonada, echando la culpa de su desventura a su marido.

Cierta mañana de junio, Clementino tiritaba de frío ante la estufa, cubierto con una manta de lana, que lo tapaba desde los hombros hasta los pies, cuando llegó Florinda y sin mediar palabra alguna, le tiró sobre las rodillas el diario de la mañana. señalando una noticia, que se destacaba en la primera página, exclamó con voz inquisidora:

—¡Lee! ¡Tal vez ahora, puede que tu vida de miserable sea más completa!

Clementino leyó el diario sin mover un músculo, pero sentía el mirar odioso de su esposa. En seguida, con la rabia manifestada en su mirar, exclamó:

—Yo, ya esperaba eso, para mí, es que ellos gustaban de ser empujados para esa vida.

—Gracias por el insulto; ¡vagabundo! —exclamó Florinda rabiosa y salió golpeando la puerta.

Clementino, bajó los ojos y leyó el artículo acusador, donde más de una vez su nombre era motivo de escándalo. Sus tres hijas eran prostitutas, y de vez en cuando aparecían en los diarios, cuando las orgías y fiestas lúbricas ultrapasaban el ambiente, tomando estado público.[1] ¿Por qué sus hijos Hilario y Virgilio no podían heredar la misma tara de la madre? Ahí estaba el diario, acusándolos de haber sido apresados por causa de un crimen cometido por "tráfico" y explotación de jóvenes menores, en una palabra, eran "traficantes de blancas". Su vida estaba acabada. Pensó en desistir de todo; pero aún le quedaba aquella esperanza que todavía le palpitaba en el alma. ¡He de ser rico!

Pasaron once años, de los acontecimientos narrados y todo quedó en el olvido, como sucede en la vida de la mayoría de los hombres. El Creador en su bondad infinita, pasa la esponja del olvido sobre los dolores y alegrías de la humanidad, hasta liberarlas de las ilusiones del mundo transitorio y conducirla a la verdadera y única vida; a la vida inmortal del espíritu. El dolor, la decepción, el fracaso y la amargura de la existencia humana, termina por desanimar a los hombres, siempre curvados hacia el suelo, haciéndoles buscar el alivio y la paz del espíritu en el cielo.

Era una noche de calor aplastante. La casa espaciosa, bien construida, de forma triangular, estaba regularmente iluminada en su parte delantera y las ventanas de ese sector estaban totalmente abiertas, mientras sus lados permanecían en la oscuridad de la noche. La casa llevaba el nombre de "Asilo San Francisco de Asís" y estaba edificado en medio de un gran jardín, de estilo moderno y totalmente cubierto de variedades de flores, que proporcionaban un suave perfume.

Varias personas estaban sentadas frente a sus casas. Sus ventanas, al igual que las del asilo, estaban abiertas, debido al calor reinante. Muchos niños gritaban alegremente y corrían alocadamente por la vereda. Pero, ninguno de los allí presentes, percibió lo que sucedía en el plano astral, cercano al lugar. De lo alto se vio cuatro focos de luces multicolores que fluctuaban en el espacio, a unos tres metros sobre el suelo. Esos cuatro haces de luces, invisibles para la visión carnal de los hombres, se fueron

---

[1] *Nota de Atanagildo*: Las hijas gemelas de Clementino; Dorita y Otilia, cuyos nombres verdaderos ocultamos por motivos obvios, fueron asesinadas en sus propios prostíbulos, en una noche de gran escándalo.

contorneando hasta tomar las figuras de espíritus, que posaron delicadamente sobre el césped del jardín del asilo, próximo a la escalera de entrada. Sus auras relucían con matices, que alternaban con el lila zafirino y el verde claro, pero, estos colores no cambiaban bruscamente, sino que se esfumaban y se definían alternadamente en ambos colores, por procesos, propios de la evolución de las entidades mencionadas. Ni bien llegaron al suelo, el más viejo le dijo a los otros...

—Debe ser como las nueve de la noche, en el reloj de la tierra; eso nos permitirá disponer de algún tiempo para investigar "psicofísicamente" entre los vecinos del asilo y preparar el relato para la "Mansedumbre".— Y continuó en tono explicativo: —En base al agotamiento vital del viejo Clementino, creo que no tendremos problemas inesperados, para su desencarnación.

—Hermano Luciano —preguntó otra entidad, bastante joven— después que Clementino se encuentre desligado del cuerpo físico, ¿iremos directamente a la "Mansedumbre", de acuerdo a lo solicitado por la hermana Severiana?

Luciano pasó la mano sobre sus cabellos plateados, diciendo algunos segundos después:

—Todo depende de la reacción "psicovital" de Clementino, después del "corte". Desconozco su especificación magnética periespiritual.[2] Es evidente, que no podremos arrastrarlo hasta la metrópolis de la "Mansedumbre", si se presenta demasiado compacto, y resulta un verdadero contrapeso.

—Y en ese caso ¿qué hacemos?

—Lo dejaremos en la "Agrupación de Fray Esteban", en el Umbral[3] y sólo volveremos a buscarlo, después que haya sufrido la expurgación de la carga magnética o "toxinas residuales", absorbidas por los charcos,[4] en el proceso técnico y disciplinado que lo exceptúa de la terapia lodosa del astral inferior.

[2] *Nota de Atanagildo*: Peso magnético que hace bajar al espíritu a las regiones purgatoriales o ascender a los planos superiores.

[3] *Nota de Atanagildo*: Donde comienza el mundo astralino y termina la superficie de la tierra; conocido por Umbral, región de los residuos decantados por las purgaciones de los espíritus, como ser la limpieza de los vestidos periespirituales intoxicados.

[4] Los charcos absorben las impurezas del periespíritu, aunque eso sea muy doloroso, hasta que la entidad se encuentre en condiciones de ser ayudada y conducida a las colonias espirituales de tratamiento, después del citado drenaje.

—Además, no sé si Clementino tiene crédito suficiente para merecer una drenación amistosa.[5]

Luciano, reflexionó un momento y acrecentó:

—¡Bien! El pedido es de la hermana Severina y sus razones pesan en la contabilidad divina.

—¿Clementino es un anciano agotado en su vitalidad "etereofísica"?, —preguntó otro espíritu de cabellera dorada.

—Depende mucho de la atracción que tenga por la materia, pues generalmente los viejos son más apegados y difíciles para el proceso desencarnatorio, que los jóvenes, cuyos espíritus tienen cierta tendencia hacia "*nuestro lado*", en base al menor tiempo que llevan encarnados y vibran en otro orden, aunque vivan en el mundo físico. ¡Ojalá, que Clementino no esté "*pegado*" al organismo, sino, su liberación va a ser una amargura! Bien, vamos a entrar y comenzaremos con nuestras tareas.

Subieron los cinco escalones de piedra, pasaron lentamente por la puerta de entrada, sin abrirla, la cual se iluminó por causa del "doble etérico". Luego apareció, ante la visión periespiritual, un largo corredor pobremente iluminado y con entradas de cuartos a ambos lados. Casi al final, Luciano observó el número de la puerta, diciendo afirmativamente:

—¡Aquí está Clementino!

Entraron al modesto cuarto, a su frente estaba la cama y en ella, tendido y sin fuerzas materiales, estaba el buscado. Respiraba fatigosamente y cuando entraron los personajes citados, se restregó los ojos, como presintiendo la presencia de ellos. Luciano se inclinó sobre el viejito y se puso a estudiar atentamente las irradiaciones "etereo-físicas" que le fluían por el doble etérico debilitado, cuyos centros de fuerzas se veían bastante apagados, vibrando en colores oscuros y diámetros reducidos. Le palpó los plexos nerviosos, correspondientes a los centros de fuerzas periespirituales; desde el frontal hasta el solar, o abdominal, dete-

---

[5] La drenación amistosa, es la intervención de los técnicos experimentados, que ayudan a la entidad a liberarse de las impurezas perjudicialesciales que tiene adherida el periespíritu, pero es necesario que tenga méritos suficientes para ser asistido, como ser, actividades en bien de sus smejantes u otras cualidades que sean consideradas beneficiosas para los demás y también que redunden a su favor, pero que desgraciadamente, la humanidad poco conoce, por no tener conocimientos de la inmortalidad del alma.

niéndose allí, para auscultarlo con más detenimiento. Le tocó las puntas de los dedos, los cuales reaccionaron con algunas vibraciones coloridas para luego apagarse, casi de inmediato. Después de una breve concentración, extendió las manos a la altura de la nuca; bajo la acción del choque imponderable, Clementino se movió rápido y desconfiado.

—No hay dudas, el enfermo Clementino, se encuentra en la hora de su partida, —dijo Luciano, el jefe de ese grupo espiritual—. Se encuenta en total atonía vital y pronto alcanzará la turbación mental. ¡Sin embargo, está muy apegado al cuerpo!

Aunque Clementino ya tiene 73 años de edad, a mi manera de ver, su espíritu se obstina en querer aferrarse a su cuerpo perecedero, como sucede en todas las personas que sobrepasan la edad de setenta años. Es una especie de rebeldía por parte del espíritu encarnado para retornar a su verdadera casa, cuya mesa es bien servida con los dones que ayudan al espíritu a una mejor visión de las cosas, como también a su estado individual de progreso.

—Bien, nosotros también hemos estado en la carne, hermano Luciano, y sabemos que eso sucede por nuestra proverbial ignorancia sobre la realidad espiritual —comentó otro de los espíritus acompañantes.

Sin duda alguna, la ignorancia nos aferra a la carne, aunque el infortunio no favorezca para nuestra recuperación futura. La liberación material, debido a la desintegración orgánica, es pavor para los ignorantes de la inmortalidad del espíritu. He aquí un ejemplo; el hermano Clementino se encuentra en los setenta y tres años de edad, ya viejo materialmente y lleno de achaques por su enfermedad, además de ser forzado a tragar calditos de alimentos. En su existencia fue explotado por su esposa inescrupulosa. Las hijas se prostituyeron y los hijos fueron condenados como ladrones y traficantes de mujeres. Ahora se encuentra asilado por la caridad ajena, totalmente agotado y lleno de pena por no haber conseguido lo más deseado, ¡haber sido rico! Su vida fue un purgatorio, y le frustró los sueños más simples y las alegrías pequeñas.

Luciano, el venerable espíritu, cuya fisonomía ascética revelaba algo de humorismo sano, miró algunos instantes a Clementino, que gemía ante el menor esfuerzo físico y agregó apiadado:

—¿Ustedes creen que, a pesar del sufrimiento, el viejo Clementino desea abandonar el purgatorio terreno y trasladarse a un mundo agradable, a fin de reposar de las luchas físicas? Bueno, entonces observemos cuáles son sus intenciones al respecto.

Accionando sobre ciertos fluidos groseros, captados del ambiente, Luciano los proyectó en un sólo haz a la altura de los pulmones y del corazón del viejito, centrándolo simultáneamente en la región del "chakra" cardíaco y "laríngeo". Clementino respiró pesadamente por la falta de aire y abrió desmesuradamente sus ojos. En un esfuerzo precipitado y dando gruñidos de dolor y desespero, llamó frenéticamente tirando agitadamente de la campanilla de servicio. Cuando la enfermera abrió la puerta, displicente y acostumbrada a ese tipo de cosas, Clementino le gritó en medio de los estertores:

—¡Socorro! ¡Socorro! ¡Me estoy muriendo! ¡Jesús, ayúdame! ¡Vengan a mi ayuda, por el amor de Dios!

La enfermera se aproximó y retiró un tubo de la mesita de la cómoda, extrajo un sedante, lo disolvió en una copa de agua; lo ayudó a Clementino para que lo bebiera y se volvió a retirar indiferente, dejándolo algo más calmado.

—¡Dolores, tristezas, desengaños, ingratitudes, abandono, miseria, sin hijos y sin rumbo fijo! —comentó Luciano—. De modo alguno, el viejo Clementino desea cambiar el purgatorio terreno por el Paraíso del cielo. Se acercó aún más al enfermo y en una proyección vigorosa, ideoplástica, le asoció imágenes a la mente, sugiriéndole, que era "mejor morir para poder descansar". Los ojos de Clementino, aviváronse otra vez, poniéndolo inquieto y desconfiado, con el brazo listo para accionar nuevamente la campanilla.

—Clementino, estaba aterrado con la presencia del grupo sideral que lo venía a buscar —exclamó Luciano, con una sonrisa y acento cordial—. ¡Lo peor, es que el grupo de amigos lo encontró! —concluyó, en tono divertido, haciendo reír a los demás.

Las agujas del reloj marcaban la medianoche, cuando los mismos espíritus regresaban de su visita que habían realizado a los otros viejitos que vivían en el asilo. El silencio era total. Los asilados dormían, salvo algunos enfermos que sufrían de sus achaques, despertando a las celadoras. Clementino respiraba fatigosamente y por momentos, sus movimientos eran convulsivos. Los cuatro espíritus entraron en el cuarto y Luciano lo examinó nuevamente, exclamando después:

—Pasada la medianoche, la quietud mental en la casa y los alrededores, nos proporciona el clima favorable para trabajar en el proceso desencarnatorio. Distribuyó a los. tres compañeros alrededor del lecho; el más viejo junto a la cabeza de Clementino, colocándole las manos sobre la frente y el occipital. Uno de ellos se aproximó a los pies y el otro se apartó a unos dos metros de la cama, cabiéndole cumplir como un transformador espiritual, elevando el pensamiento en fervorosa oración.

Súbitamente, Clementino se despertó, como si estuviera algo extraño, por haber regresado de algún sueño aflictivo o realmente, presintió en espíritu las providencias que se estaban tomando para su desencarnación. Haciendo un gran esfuerzo, quiso recostarse sobre la almohada e intentó llamar por la campanilla; pero Luciano ya le estaba aplicando una serie de pases magnéticos longitudinales, concentrando las energías liberadoras en los plexos nerviosos, que corresponden al doble etérico. En seguida comenzó a fluir del organismo carnal del viejito un manojo de hilos magnéticos luminosos, cuyo entrelazamiento caprichoso, nos recordaba el parecido que tenía a una red de mallas finísimas, que presentaba algunos puntos oscuros. Mientras aquella energía de color rosado blanquecino [6] seguía emanando, Clementino sentía terror por el proceso que estaba viviendo. La mano se le paralizó antes de alcanzar la campanilla. Impulsado por el instinto innato de liberarse, su doble etérico [7] oscilaba como un globo que va y viene, pronto a partir cuando le corten el cable que lo sujeta, agudizando aun más los sentidos del viejito.[8] Los chakras esplénico y umbilical se desarmonizaban desperdiciando el "éter físico". El bazo y los órganos de la región abdominal se veían perturbados por la dificultad que Clementino

[6] *Nota de Atanagildo*: Ver el capítulo "Algunas Nociones sobre el Prana" de la obra "Esclarecimientos del Más Allá", de Ramatís. El prana físico es de color blanco en su manifestación conjunta, pero proviene de la asociación de varios colores, en donde predomina el rosado blanquecino.
[7] *Nota de Atanagildo*: Ver el capítulo "El Doble Etérico y sus funciones" de la obra "Esclarecimientos del Más Allá de Ramatís. El doble etérico es un cuerpo o vehículo provisorio, especie de mediador plástico o elemento de ligazón entre el periespíritu y el cuerpo físico del hombre; está compuesto del "éter físico" de la tierra.
[8] Cuando el doble etérico penetra en la región astral, alrededor de la tierra, sensibiliza los sentidos del espíritu, siendo verdaderamente, una hipersensibilidad vital astralina.

tenía para controlarlos, en su dinámica vital. De la cintura hacia abajo, el cuerpo se desplomó sobre la cama en el momento que Luciano hacía escapar el tonus vital, hacia la superficie del bazo y del vientre, desorganizando el ritmo vertiginoso del chakra esplénico. El sistema organogénico se descontroló por completo. Hígado, intestinos, riñones, páncreas y el bazo comenzaron a funcionar desordenadamente, en un esfuerzo inútil para recuperar el dominio de las funciones habituales. Sin embargo, la mente de Clementino estaba despierta y enviaba poderosos impulsos de energía catalizada por el miedo, ante la voluntad poderosa de querer seguir viviendo físicamente. Se prendía a la carne con uñas y dientes, mientras la lucha proseguía lentamente.

El doble etérico trataba de liberarse; oscilaba y retrocedía, y por momentos, se escapaba más allá de los poros de la carne. Los restos de vitalidad del viejito, lo mantenían sujeto al lecho, sin poder moverse, pero intentaba reunir el máximo de fuerzas mentales para pedir socorro.

—Arquímedes —ordenó Luciano, apure un poco—. Use solamente la diestra en la frente de Clementino y transmítale sugestiones e impulsos favorables para su desdoblamiento. ¡Está intentando concentrar al máximo sus energías mentales, para gritar, que de ser posible, pondrá en polvorosa a todo el asilo! ¡Llámelo para nuestro plano espiritual, convénzalo de la necesidad que tiene de liberarse, de esa vida tan tormentosa y entregarse a las fuerzas que le harán sentirse mejor! Su mente está demasiado apegada a su cuerpo carnal. Todavía tiene preponderancia sobre los chakras cardíaco y laríngeo, pudiendo tener explosiones violentas y hablar descontroladamente, prolongando su agonía, con serios peligros para nuestra tarea. No puedo desligarlo del sistema astral emotivo, o impedirle que manifieste su voz, mientras no se efectúe la descarga residual compacta por el "chakra laríngeo". Necesitamos debilitarle el control mental y evitar que se reintegre el cuerpo vital. ¡Apártelo de la tierra, distráigalo de cualquier forma, e invítelo a viajar por el cielo! ¡Vamos, Arquímedes!

Arquímedes cerró los ojos y elevó el pensamiento a la fuente de vida eterna. Después de algunos instantes, ondas de inspiración superior le fluyeron en forma de pequeños focos luminosos de colores maravillosos. Parecía como si millares de abejas microscópicas, en hermoso revoloteo, penetraban por el cerebro periespiritual de Clementino, cuyos pensamientos comenzaron a mejorar. En verdad, él sentíase fatigado de su existencia crucial y atormentadora, entonces se dejó influenciar por esos efluvios sedativos y a su vez, por las sugestiones amorosas que le enviaba Arquímedes. Se hizo la luz en su mente perturbada, descuidando por un momento, la concentración que había sostenido para permanecer en la vida carnal. Luciano aprovechó ese pequeño espacio de tiempo de pasividad mental y aceleró los pases longitudinales, deteniéndose un poco más, en la región precordial, hasta la altura de la laringe, donde comenzó activar su trabajo. El doble etéreo que surgía del abdomen, se apartó rápidamente de la cintura arriba y se definió en la configuración vital energética de Clementino, pero más amplia en su periferia.[9]

Al liberarse el doble etérico, inmediatamente los chakras aumentan el diámetro y el ritmo de acción, pasando a decantar el éter físico. Clementino, totalmente debilitado en todas sus fuerzas, trató de concentrar todas sus energías, a fin de hacer volver a su doble etérico a su antigua morada. El chakra laríngeo, bajo la acción de ese refuerzo vital, redujo el diámetro y hubo una momentánea coordinación de las fuerzas etéreo físicas en sincronismo con las cuerdas vocales de Clementino. Bajo el miedo a la muerte, consiguió dar un prolongado y estridente grito, sumiéndose luego en estertores y gemidos. Ante esa momentánea revitalización orgánica, el maravilloso **equipo** endocrínico recuperó un poco de tiempo más, su autonomía sobre el bazo, el páncreas y las suprarrenales, pasando a acelerar sus funciones, como el general, que a última hora, trata de concentrar sus fuerzas guerreras, para una defensa desesperada. Luciano, entonces, hizo subir un chorro magnético a la altura del vientre y luego se volvió a su compañero que estaba a su lado, diciéndole, apresuradamente:

—¡Ahora, Dagoberto! ¡Corte!

El compañero manejó con eximia habilidad una pequeña tijera y cortó, de un sólo golpe, el cordón fluídico a la altura del

---

[9] *Nota de Atanagildo*: Los antiguos magos, acostumbraban a ejemplificar con el cochero, el caballo y el carro, cómo el espíritu acciona sobre el doble etérico y éste, a su vez, sobre el cuerpo físico.

chakra umbilical. Clementino, cansado por la fuga de las energías a través del chakra esplénico, esta vez quedó inmóvil y rígido. De la región del citado chakra subía una lechosa sustancia, que paraba a la altura del vientre y formaba una especie de cono, parecido a un pequeño pino de Navidad. El viejito, aterrorizado por el frío de sus miembros inferiores, llamado comúnmente "el frío de la muerte", se comenzó a proyectar desde la cintura hacia arriba.

Luciano no desperdició el tiempo. Puso en movimiento su capacidad y reagrupó las energías —para los entendidos, podría decirse que las unificó, comprimió—, luego proyectó las mismas como una carga astralina sobre el chakra laríngeo, haciendo brotar millares de chispas.[10] Aquel importante centro de energías del doble etérico, descargó toda su carga vertiginosa y la voz de Clementiro terminó con los últimos estertores. Realmente, alcanzó la fase agónica, que el pueblo tradicionalmente llama, "los últimos momentos de su vida".

Luciano hizo un gesto, como quien se limpia el sudor de la frente, respiró profundamente y dejó escapar un suspiro de alivio. Se acomodó a un costado, diciendo con voz de cansado:

—Por suerte, Clementino está en un asilo para ancianos y lejos de sus familiares, que casi siempre ayudan a entorpecer magnéticamente a los agonizantes, durante el proceso desencarnatorio.[11] Miró al viejito en su última etapa de desintegración etéreo física y terminó diciendo:

—Luchamos más de una hora para conseguir una desencarnación, que no debe llevar más de diez minutos. ¡Qué deseos de seguir viviendo en la carne, tenía Clementino; se aferraba a la calavera, como la garrapata en los animales.

10 *Nota de Atanagildo*: Apenas estamos intentando dar una idea de un poceso inaccesible al entendimiento de los encarnados, que se desarrolla en un campo vibratorio, sin analogía con lo sucedido en la faz material. Dando un ejemplo grosero, podríamos considerar a Luciano, como si fuera un eximio electricista que unifica diversos hilos de electricidad en un sólo cable, que más tarde la usaría para hacer pasar una carga de mayor densidad.

11 *Nota de Atanagildo*: Ver el capítulo "El Compañero Liberado" de la obra "Obreros de la Vida Eterna", de André Luiz, por Chico C. Xavier, donde se dan excelentes aclaraciones sobre la influencia de los familiares, cuando rodean al desencarnante.

Momentos después el periespíritu de Clementino se veía nítidamente, más o menos a tres palmos encima del campo orgánico, formando una copia fiel de su figura física en posición horizontal. Estaba envuelto en una especie de niebla luminosa y chispeante que provenía de la sustancia del doble etérico, dispersa por el ambiente. Mientras tanto, estaba ligado por un cordón plateado [12] a la altura del cerebelo, que se estremecía por el impulso de la carga que fluía desde el interior.

—Bueno, antes de cortar el cordón periespiritual, esperemos la drenación tóxica hacia el cuerpo físico. Clementino, en este momento, está reviendo la síntesis regresiva de su vida material, hasta la infancia. Siente, analiza, sufre o se alegra conforme a la acción que desarrolló en el transcurso de su vida terrena.

En ese ínterin, se abrió la puerta del cuarto y apareció un joven delgado y huesudo, en compañía de una enfermera, de ojos somnolientos. Ambos auscultaron el corazón y lo palparon de pies a cabeza, le examinaron las pupilas de los ojos, en forma ritual e indiferentes. Sin alarde y bastante acostumbrados a tales casos, la enfermera se colocó las manos en la cintura y dijo a su compañero:

—Gabriel, vaya a llamar al doctor Morales, pues el viejo Clementino ya murió.

El joven delgado se retiró del cuarto, caminando por el largo corredor, sin prisa. Algunos asustados viejitos, asomaron sus cabezas por las puertas entreabiertas y preguntaron al joven:

—¿Qué pasó, señor Gabriel?

—¡Nada grave, mis amigos! ¡Fue el viejo Clementino, que antes de irse para el otro mundo, quiso hacer un poco de barullo! —Y desapareció en la primera curva del pasillo, dejando a los viejos desconcertados.

Al día siguiente por la tarde, el sol iluminaba los cuartos del asilo, situados en el lado oeste. Dicha luz iluminaba el cuerpo de Clementino, acostado en un cajón de pino, forrado en su interior, color rosa pálido. En la fisonomía del muerto, se podían ver los trazos fugitivos de la lucha que había sostenido con la mal llamada muerte. Su periespíritu se encontraba al lado del cajón, ligado por el cordón luminoso, a la altura del cerebelo, el

12 Eclesiastés, Biblia: 12-6.

cual se balanceaba por momentos, impulsado por una fuerza oculta. Clementino, en espíritu, oscilaba lentamente, como un gran péndulo de reloj; a veces se agitaba de tal forma, que obligaba a los espíritus reunidos allí a que lo calmaran por medio de pases sedativos.

—¡Es un viejito bastante intranquilo! —decía Luciano, mostrando cierta preocupación en su rostro.

Después de algún tiempo, se dirigió a sus compañeros, para decirles:

—Ya no vamos a esperar mucho más tiempo por la drenación. Pronto lo van a enterrar y si no lo desligamos, acabará por sentir la descomposición cadavérica. Tenemos órdenes de Severiana para que no sufra ese proceso. Además, no tenemos la culpa si no expurgó el contenido tóxico, en el tiempo previsto y consiguió el peso necesario para alcanzar la mansión de la "Mansedumbre".

Luciano auscultó el periespíritu y el cadáver de Clementino y se detuvo para observar minuciosamente las diminutas auras de ciertas energías plomizas y viscosas, que se condensaban en los extremos de los cordones fluídicos. En seguida aplicó en la mencionada región un aparato pequeñito, semejante a un manómetro, acompañando el movimiento de la aguja transparente, que oscilaba hacia la izquierda y paraba en el símbolo rojo, que tenía la tabla del aparato.

—Inevitablemente, Clementino tendrá que demorarse cierto tiempo en la "Agrupación de Fray Esteban" a fin de expurgar los residuos restantes, bajo la dirección técnica de Herculano. Todavía es muy densa la densidad de su periespíritu, pues se prendió demasiado a la vida humana y luchó furiosamente en sus últimos momentos de su vida, con la lamentable retención de los tóxicos perniciosos, que no le permiten la volición. La desesperación, el miedo y la obstinación petrifican los nocivos residuos que perturban la delicada contextura del periespíritu, no pueden drenarse inmediatamente en la hora de recibir sepultura el cadáver.[13] La hermana Severiana ha de comprender

---

[13] *Nota de Atanagildo*: No olvide el lector que estamos relatando un proceso de desencarnación disciplinada y coherente, con los "cortes" de los cordones y cesación de actividades del periespíritu en la carne, en el tiempo

nuestras dificultades, porque no podríamos arrastrar esta carga tan pesada hasta la "Mansedumbre", ni tampoco disponer enormes cantidades de energías para favorecer a estos espíritus obstinados en aferrarse al plano material.

Después de haber transcurrido un tiempo más, Luciano inició otra serie de auscultaciones alrededor del cerebro periespiritual de Clementino, apareciendo rápidamente una magnífica llama violácea, que emitía fulguraciones doradas. Esa llama le iluminaba toda la configuración craneana y por momentos se esfumaba hacia el tono rosado, que a su vez le retocaba el rostro pálido por la muerte. Allí se manifestaba con toda belleza, el duplicado periespiritual de la glándula epífisis, regente del campo mental de la persona. Estación maravillosa que interpreta y retransmite la voluntad del espíritu a la dirección del cerebro físico. En la base infracraneana, donde se hacía la sutura del cordón plateado, el centelleo era más luminoso y parecía una fina lámina de celofán transparente. Luciano hizo una seña rápida al espíritu de Dogoberto, y éste se acercó con otro instrumento delicado, color aluminio, conectándolo a la minúscula batería, la que se asemejaba a un contador Geiger.

—¡Corte, Dogoberto! Apúrese, —dijo Luciano.

El espíritu de Dogoberto hizo un movimiento rápido y cortó el cordón a la altura del cerebelo, por cuya punta emanaba el "tonus vital", en colores brillantes, como chispas luminosas, parecidas a las de los fuegos artificiales. Mientras el periespíritu absorbía con rapidez el fragmento del cordón fluídico seccionado en la base, el cadáver también incorporaba la otra parte en su contextura carnal. Un halo diferente, color rosa blanquecino comenzó a volar por el aire, parecido a las burbujas de jabón, disolviéndose en el quimismo etérico del medio ambiente. Minutos después, el cuerpo de Clementino manifestaba señales de putrefacción, a causa de haberse retirado la matriz periespiritual, sustentadora de la forma humana. Las famélicas colectividades

---

justo y previsto. En casos de accidentes y muertes violentas, tales elementos se rompen y derraman el "tonus vital" en forma lastimable. Entonces, debemos distinguir, entre la ruptura de los tejidos a causa de los desastres y accidentes, ahí en la tierra, que deben ser atendidos inmediatamente, con los trabajos preliminares, similares a los que estamos relatando en el caso de Clementino.

microbianas tomaban campo de acción, comenzando la descomposición molecular cadavérica.

Más tarde, los cuatro espíritus se deslizaban con mucha dificultad, a baja altura, próximo a la superficie de la tierra, ayudando al espíritu de Clementino. Apenas habían avanzado unos doscientos metros, debían aumentar los esfuerzos, como hacen los humanos, cuando marchan a paso redoblado. La carga les pesaba demasiado para trasladarla y sólo la dedicación y el amor al prójimo, les daba ánimo y energías suficientes para continuar con ese tipo de tarea tan dificultosa. A mitad del camino de la "Agrupación Fray Esteban", el propio Luciano, sin ocultar el cansancio que sentía, ordenó descansar por un tiempo más largo. Escogieron un lugar a orilla de un arroyo, de aguas cristalinas, iluminadas por el sol poniente. A través de procesos desconocidos para los encarnados, extrajeron técnicamente una buena cuota de fluidos de los árboles frutales, aplicándolo al periespíritu desvitalizado de Clementino, el que suspiró, como si tuviera algún dolor interno.

—Hermano Luciano, —preguntó Dogoberto, mientras se recostaba en una tupida mata para rehacerse del cansancio—, sería indiscreción saber, ¿cuáles fueron los motivos que delinearon el curso kármico de la vida de Clementino

—No hay misterios en la vida de Clementino, que no puedan conocerse, —replicó Luciano—. El vivió una vida común y peculiar a millares de espíritus encarnados, cuya faja vibratoria aun obedece a la etapa esclava del "ego" inferior. Clementino pasó por la tierra sin dejar ninguna enseñanza ejemplar o algún poco de luz para el alma de algún necesitado. Vivió la vida del egoísta, que planta hoy para recoger mañana, antes que otros lo puedan aprovechar. Nada hizo para el futuro del prójimo. Desde niño se fijó obstinadamente en un objetivo personal y férreo: ¡ser rico! Todos sus sentimientos e ideas convergieron para ese fin, y hasta llegó a olvidar su propia familia. Si hubiera alcanzado la riqueza, igual el mundo no lo hubiera notado, ni sería más feliz. Las personas pasarían hambrientas a su lado y los enfermos tendrían que ser ayudados en un hospital, pues sus recursos jamás irían a beneficiar a nadie, por ser contrarios a sus principios de egoísta. La riqueza de Clementino no ayudaría a que Jesús fuera más conocido en la tierra entre los hombres, puesto que él sólo querría disfrutar de su riqueza para satisfacer sus placeres de la vida física.

—Entonces, ¿por eso la Ley le negó la fortuna que tanto ambicionaba

—¡No! Clementino sólo recogió los frutos de la simiente dañina que sembró en el pasado. En su anterior existencia, en Portugal, acumuló una gran fortuna a costa de contrabando, especulaciones ilícitas, y sobornando a las autoridades públicas y extorsionando a los pobres aldeanos, hasta quitarles sus tierras. Clementino era rico, pero avaro, egoísta, inescrupuloso y mal intencionado. Por eso, en Brasil, tejió sueños de riquezas desde la infancia, cuando era un niño muy pobre, evocando a través de la memoria periespiritual, el lujo, el confort y la abundancia usufructuada en el pasado, cuando el dinero sólo le servía para prostituir a las niñas pobres y sobornar, para que sus culpas no fueran justipreciadas por las autoridades.

—¿De ahí que sus hijas se hayan prostituido y sus hijos se dedicaran a las tratantes de blancas

—Florinda, Dorita, Otilia y Armindo, eran espíritus que se hubieran prostituido en cualquier clima social o condición financiera, pues son almas primarias y esclavas del sexo, además de ser sumisas a las entidades gozadoras de las tinieblas. Las citadas entidades, lujuriosas y crueles, influyen a los encarnados de idénticas aptitudes e incitan a las mismas para que otras ingenuas y sin experiencia alguna, caigan en los mismos vicios, que en definitiva han de ser verdaderos "alimentos vivos" [14] a fin de satisfacer a sus detestables organizaciones diabólicas que actúan desde el mundo oculto. Los familiares de Clementino, siempre terminarían en el fango de la prostitución viviendo o no con él.

—Podríamos suponer, ¿que Clementino tenía mala suerte al atraerse ese tipo de espíritus, como fueron sus hijos y esposa? —interrumpió Romualdo, espíritu que hacía muy poco tiempo había desencarnado en Río.

—Clementino atrajo para sí a ese tipo de espíritus sexuales e inescrupulosos, porque se había servido de ellos en vidas anteriores, para poder usufructuar de las sensaciones inferiores. Ade-

---

[14] Véase el capítulo "Nociones sobre las Ciudades del Astral Inferior" del libro "La Vida Más Allá de la Sepultura", de Atanagildo y Ramatís.

más, no era merecedor de que le acercaran almas nobles y trabajadoras, en la presente existencia, puesto que había sido un infamante explotador del prójimo.

—¿Y los hijos? —insistió Dagoberto.

—Hilario y Virgilio eran espíritus irresponsables, que habían sido hábiles agentes de Clementino, ayudándolo a satisfacer sus ambiciones de riquezas y placeres condenables. Bajo la Ley de los "semejantes atraen a los semejantes", él los atrajo para su nueva encarnación en Brasil, bajo la obsesión de "ser rico". Le cabe la culpa de no haberlos protegido con una educación religiosa, fuera cual fuera, que mucho los podría haber ayudado a contener sus impulsos inferiores. En verdad, quien "siembra vientos, recoge tempestades". En su ambición ciega de enriquecerse, Clementino no sintió en su alma egoísta, cuanto le estaba sucediendo a sus hijos. ¿Cuántos siglos más, tendrá que cargar con su bagaje inferior a los espíritus de sus hijos y esposa? Almas débiles, ignorantes, atontadas por las pasiones inferiores y seducciones falaces del mundo transitorio, vivirán los impulsos del instinto animal, como receptores de los espíritus "gozadores" de las sombras. Funcionarán a semejanza de verdaderas "lijas" vivas, junto a Clementino, tal como él las preparó en vidas pasadas. Por eso, aun no pueden encarnar en hogares dignos y equilibrados, tendrán que hacer su progreso hombro a hombro, acompañados de sus colegas, envueltos en sus fechorías, recibiendo y participando de las vicisitudes y sufrimientos kármicos, y también recibirán la ayuda y esclarecimientos de los más evolucionados.

Después de algunos minutos de silencio, Luciano se levantó y dijo como si fuera una orden:

—¡Vamos!

El grupo se puso nuevamente en movimiento, deslizándose con bastante dificultad para poder llevar el periespíritu denso de Clementino. La región se volvía cada vez más neblinosa, debiendo caminar —en vez de deslizarse— como si estuvieran haciéndolo sobre la tierra. Luciano se orientaba por medio de una especie de brújula magnética que tenía vistosos colores. Algunos minutos después divisaron un enorme caserón, de un material extraño, que resaltaba en medio de la niebla sombría. Estaba cercado y protegido por gruesas mallas de alambres, como los existentes en la tierra, además de una especie de cables de cobre cada dos metros, probablemente era una especie de defensa, que muy bien podía ajustarse al proceso de los bombardeos magnéticos.[15] En cada ángulo del edificio rudimentario ardían enormes antorchas. La vegetación de los alrededores era baja y espinosa, en medio de canteros de tierra negra y viscosa, de donde salía un vapor nauseabundo y pegadizo.

Los espíritus dirigidos por Luciano, mal consiguieron llegar hasta el portón principal, fuertemente revestido con puntas aceradas. La guardia los reconoció por su elevada graduación espiritual. Después de breves y cordiales saludos, entraron a la institución donde se observaba mucha actividad por el constante ir y venir de los espíritus. Fueron dirigidos a un pequeño aposento. Después de unos instantes apareció en la puerta un fraile capuchino, de barbas blancas y muy pocos cabellos, vestía un hábito azul oscuro y un cinto blanco trenzado, de cuyas puntas colgaban dos tubos de metal, que tenían semejanza a las linternas de la tierra. Después de los abrazos efusivos y palabras cariñosas, Fray Esteban preguntó:

—Querido Luciano, ¿a qué debo el honor de tu visita a nuestra "morada"?

—Hemos traído un hermano recientemente desencarnado en la tierra, cuyo servicio atendimos en nombre de la hermana Severiana.

—¡Ah! —dijo el capuchino, inclinándose, cortésmente—, Severiana, ¡nuestra gentil colaboradora!

—Sí. Era nuestra intención llevar al hermano citado hasta la "Mansedumbre", pero el plazo "post mortem" fue insuficiente para eliminar el tóxico periespiritual hacia el organismo físico. Nos vimos obligados a cortar el cordón plateado casi a la hora de sepultarlo, sin completar la purgación. Su periespíritu está muy denso y se arrastra en vez de acompañarnos en nuestra volición. Necesitamos dejarlo en vuestra agrupación, para que se le efectúe una drenación técnica, o de lo contrario esperar órdenes superiores. Prometimos a la hermana Severiana, que cuidaríamos a su protegido de los charcos, y no queríamos decepcionarla. ¿Qué nos puede decir Fray Esteban?

[15] Véase el capítulo "El Fuego Purificador" de la obra "Los Obreros de la Vida Eterna", de André Luiz, por intermedio de Chico C. Xavier, publicado en Brasil.

El fraile manifestaba estar preocupado, y luego de un rato contestó:

—No puedo rechazar cualquier pedido de la hermana Severiana, porque le debemos muchas obligaciones; pero, por otro lado, la agrupación está superpoblada en su capacidad de ayuda, dado que esta zona primitiva necesita una gran vigilancia. Aunque a ustedes les parezca raro, en estos momentos estamos trabajando bajo la protección de los "mercenarios" del Umbral, a cambio de favores muy prohibitivos para el futuro. Son compromisos, poco aconsejables, pero, ¿qué hemos de hacer? Fray Esteban levantó las manos hacia lo alto diciendo pausadamente:

—Gracias a esos renegados conseguimos librarnos de dos asaltos peligrosos para nuestras instituciones de ayuda, y por consecuencia, evitar una fuga de algunos asilados, aun en estado de coma periespiritual. Ya se está hablando de un próximo asalto de las huestes de los cráteres, están deseosos de vengarse porque les quitamos tres entidades, que están asiladas en nuestra agrupación.

Golpeando suavemente el hombro de Luciano, el bondadoso capuchino agregó:

—Comuníquele a la hermana Severiana, que su protegido quedará aquí hasta que se le vea dinámico para volitar, o que pueda ser transferido a otra región más hospitalaria. ¿Quién es?

—¡Clementino! —rió Luciano, poniendo un toque humorístico a su voz.

—¿Setenta y...? —dijo Fray Esteban, aliviando su rostro preocupado.

—¡Setenta y tres! —confirmó Luciano, con un gesto de cordial censura.

—Bueno, quedará asilado en mi propio dormitorio, el único lugar disponible, por el momento.

Luciano agradeció al venerable espíritu y dando una orden a los espíritus que formaban el grupo, éstos se alejaron en medio de la niebla, rumbo a la "Mansedumbre".

LA VIDA CONTRA LA VIDA

Zelita era una jovencita rubia y muy bonita. Ojos límpidos y azules, grandes y bien proporcionados, que daba gusto cuando miraba detenidamente. La piel del rostro parecía una porcelana, con suave toque rosado, pero natural. Los labios carnudos y sensuales, color cereza madura, su cuerpo bien delineado, hacían de su conjunto femenino, la mujer atrayente y deseada por los hombres. Usaba los cabellos recogidos hacia lo alto, pareciendo un encantador turbante, que irradiaba reflejos dorados. Sabía escoger los colores de sus vestidos muy de acuerdo a su tipo de femineidad. Gustaba vestir un traje de seda japonesa verde malva, con fantasías color crema, que combinaba magníficamente con su rubio encantador.

Tenía en su rostro un aire innato de niña y joven a la vez, y un deseo febril de vivir, pero a veces una extraña ansiedad le invadía, cambiándole la expresión de su bello rostro, sentía que le faltaba la respiración y caía en profunda postración. Otras veces, quedaba seria y preocupada, como presagiando algo desagradable cuando vivía los instantes más venturosos de su vida. Paradójicamente su tono bellísimo, demostraba que tenía una salud radiante, que parecía inmunizarla de cualquier enfermedad. Mientras tanto, algunas veces las fuerzas le faltaban inexplicablemente, y momentos después, recuperaba su plenitud vital.

Ya era casi novia de Valerio, joven pobre y de muy buenos antecedentes, que vivía exclusivamente para ella. Sin embargo, Zelita no parecía amarlo con la misma ansiedad que él sentía, a punto tal, que ella misma había aplazado la fecha del casamiento, además de haber demostrado cierta volubilidad hacia otros jóvenes cuyos cortejos tanto gustaba. El destino, quiso que un día conociera a un joven estudiante de ingeniería, llamado Jobel, que al verla en una fiesta, se enamoró de ella. ¡No podía olvidarla más! Solamente había una solución; el casamiento. La joven aceptó los cortejos de Jobel y seis meses más tarde se casaban en la Iglesia de Santa Teresita. Zelita fue la novia más linda que hasta ese momento se había casado en ese templo católico.

Jobel al terminar su carrera, se trasladó a una ciudad del Norte de Brasil, asumiendo la dirección de un importante departamento de una empresa civil. El cambio coincidió con los primeros síntomas de gravidez de Zelita. Fue una gestación deplorable y el feto prematuro, casi muerto, dejó totalmente agotada a la madre, a pesar de toda la vitalidad que demostraba tener antes de la concepción.

Los padres perdieron las esperanzas por el advenimiento de un nuevo heredero. Después de un nuevo intento de tener otro hijo, volvió a perderlo a los cinco meses de la gestación. En consecuencia, se sometió a toda clase de exámenes, tests y tratamientos ginecológicos, sin que pudieran encontrarle anomalía en el aparato genital. Los médicos le recomendaron el máximo de reposo y tranquilidad, durante el próximo embarazo, convencidos que eso bastaría para tener el tercer hijo.

La fatalidad perseguía a Zelita en forma inexplicable, aunque ella y Jobel pusieran todo lo mejor de sus partes, para completar la felicidad del hogar con el advenimiento de un hijo. Mal conseguían hacer esfuerzo alguno para que nacieran todos los hijos muertos a causa de abortos imprevistos, entre los tres y los seis meses. Iba predominando en su vida una cruel ironía, pues los médicos comprobaban la exuberancia vital al comienzo de la gestación, pero después, no conseguían explicar los motivos que provocaban el debilitamiento total, al punto de tener que postrarse en cama inmóvil, hasta el momento del parto. Finalmente, se resignó y evitó cualquier intento de procreación, segura que no podía llegar a ser madre.

Algunos años después, cuando el tiempo cauterizó las llagas de las frustraciones maternas, Zelita consultó a varios curanderos, entre ellos a uno de la Umbanda, que era un notorio obstétrico moderno. Nuevas esperanzas le renacieron, ante la promesa, que su nuevo parto sería feliz. Reanimada se entregó nuevamente a la dolorosa experiencia, aun más segura, porque era la promesa

201

de los espíritus que le daban seguridad. Mientras tanto, el período gestativo fue terrible, permaneciendo los nueve meses en cama, atacada por algunos desmayos, que hacían estremecer a los familiares, pues con las manos crispadas demoraba mucho tiempo para volver en sí.

Gracias a la desahogada posición de Jobel, pudo mantener un equipo de médicos junto al lecho de Zelita, para atender su situación aflictiva. El doctor Milani era el jefe del equipo médico y sometía a la paciente a fuertes dosis de suero, vitaminas y hasta recibió algunas transfusiones de sangre. Aun así, mal conseguía abrir los ojos para mirar con miedo a su alrededor. Los obstétricos encargados del caso, no veían posibilidades de llegar a buen término con el alumbramiento. Habían decidido sacrificar al recién nacido y salvar la vida materna, que estaba en peligro, mientras Jobel se resignaba, pues su vida, no debería ser la de padre. Caminaba cavilando por el cuarto de la esposa, por los pasillos del hospital, después retornaba al cuarto, totalmente destrozado anímicamente, por las conjeturas, que suponía eran las causantes de su desdicha.

Finalmente, llegó la hora del parto, y ante el recelo de los médicos, optaron por hacer una intervención quirúrgica. Mientras tanto, los mismos se asombraban por los fenómenos que estaba presenciando, pues a veces, Zelita parecía retomar las energías perdidas, llegando a colorear nuevamente su cara, pero luego, repentinamente, quedaba totalmente agotada, como si le hubieran sacado de golpe todo cuanto había recibido.

—¡Es imposible salvarla! —acotó el médico, dirigiéndose a Jobel, con tono un tanto fúnebre—. Vamos a intentar la cesárea, pero es muy difícil que resista la operación. No disponemos de otra alternativa para ella, ni para su hijo.

Jobel inclinó la cabeza, asintiendo con gesto de resignado.

—Doctor Milano, ¡haga lo que crea más conveniente!

Afligido e incapaz de presenciar los hechos, besó a su esposa y salió de la sala, para volver a caminar sin rumbo fijo. A medida que el médico trataba a su esposa, nuevamente se producía esa extraña transfusión de vitalidad, que la transformaba por completo, inclusive reanimaba el ritmo cardíaco, pero, con el asombro del cirujano, y sin esperarlo, cayó a grado extremo en su debilitamiento general.

Jobel miraba el cielo nublado, mientras fumaba un cigarrillo. La temperatura se fue poniendo fría y comenzaba a caer una garúa muy fina, que parecía confabularse a la tristeza de Jobel. Habría pasado una hora, cuando divisó al doctor Milani, que se estaba secando el sudor del rostro, a pesar que la temperatura era agradable. Metió la mano en su bolsillo, extrajo un cigarrillo, lo encendió y miró de lejos a Jobel. Al acercarse, le golpeó ligeramente el hombro y sin poder disimular su preocupación e intranquilidad, le dijo suavemente, como si estuviera ensayando las palabras, para que salieran en el acento adecuado a las circunstancias.

—¡Confórmese, amigo! ¡Uno nunca sabe lo que puede suceder mañana, hay cosas peores y...

—Doctor Milani, ¿Zelita murió? —dijo con acento de extremada resignación.

—¡No! —respondió el médico, dejándolo sorprendido.

—¿Zelita no murió? Si no es así, ¿qué es lo que sucedió?, pues su cara no dice nada agradable.

El doctor Milani absorbió una larga bocanada de humo y sin cambiar su fisonomía, preocupado y sin mirar a Jobel, le dijo:

—Zelita se salvó; ni puedo siquiera explicar, cómo pudo ser, pues a último momento, todo anduvo muy bien en la hora del parto. ¡Jamás vi una reacción tan fabulosa en una gestante, que después de un irrecuperable colapso, se rehiciera extraordinariamente! Se acercó a la ventana, observó la lluvia que golpeaba persistente, y agregó:

— ¡Eso nos ayudó para salvar a los gemelos!

—¿Gemelos? —exclamó Jobel, aturdido—. ¿Gemelos? ¿Están vivos?

—¡Sí! —replicó el médico dando dos pitadas al cigarrillo, pero sin poder ocultar su nerviosidad. Miró hacia afuera, recorriendo los edificios lavados por la lluvia. Después, en un tono un poco apresurado, se volvió hacia Jobel para transmitirle la noticia total de lo sucedido—. Son gemelos, Jobel; pero, paralíticos desde el cuello hacia abajo.

Jobel, quedó petrificado; su única reacción fue sacar un cigarrillo del bolsillo. Levantó los ojos, miró al médico, hizo ademán de ir hacia el cuarto de Zelita, pero titubeó y volvió a quedar parado junto al médico. Quería ver a su esposa y se estremecía, el sólo pensar que iba a ver a dos criaturitas inertes, estiradas sobre las blancas sábanas; ¡secas de vitalidad! No sabía qué hacer y sólo alcanzó a echarle una mirada angustiosa al doctor.

—¡Jobel, amigo mío! —le dijo el doctor Milani, tan entristecido como él—. Debe haber alguna cosa rara en todo esto. Confiemos en la medicina, pues ya solucionó casos peores.

Pero, él mismo no conseguía imprimir autenticidad a sus palabras. Ellas sonaban a falsas, y lo sabía de antemano, que era un caso totalmente irrecuperable. Con un acento cordial, se excusó y se retiró por el pasillo, dejando una sensación de fuga, para no seguir enfrentando a su amigo desolado.

Cinco años después, Jobel y Zelita contemplaban en una hermosa cuna, ricamente preparada, a dos criaturas muy semejantes, que sólo movían sus cabezas de un lado para otro, como si fuera el péndulo de un reloj. Se sabía que vivían por sus ojos, pues era lo único expresivo de sus cuerpecitos inertes. Lo peor vino después, pues el médico comprobó, que además de paralíticos estaban imbecilizados. Los ojos eran febriles, inquisidores, tristes, eran dos súplicas desesperadas para liberarse; miraban a Jobel y Zelita, pero no los veían, ni los reconocían, a pesar de la frecuencia con que ellos estaban a sus lados. ¡Les faltaba la savia del cuerpo, pero también en el alma! Los mismos perros, reconocen a sus dueños, pero ellos no distinguían a sus padres. Cuando Zelita y Jobel salían del cuarto de sus hijos, tenían sus ojos inundados de lágrimas y se abrazaban, como buscando mutuo consuelo. Mientras otros hogares festejaban el advenimiento de sus hijos sanos e inteligentes, ambos pasaban la vida mirando aquellos hijos retardados y paralíticos. Sus más grandes deseos serían cambiar todos sus bienes por una casa de pobres, pero con hijos sanos e inteligentes, que fueran la alegría de sus padres.

Humillados por esa progenie enfermiza, desistieron de procrear otro hijo, temerosos de aumentar más la desgracia. Jobel, poco a poco perdió entusiasmo por vivir y dejó que sus cosas prosiguieran, sin interés alguno, pues la desventura le había dañado el alma. Como alma buena, que era, se sentía culpable de la desgracia de Zelita, tan bella y ex novia de Valerio, que hoy siendo casado, era padre de tres hijos, sanos y venturosos. Se mortificaba continuamente, desgastándose prematuramente. Los inocentes "aperitivos", pronto fueron sustituidos por los vasos de "whisky" que en definitiva comenzaban a deteriorar la responsabilidad que tenía en su profesión. Desgraciadamente, dominado por el alcohol, pronto se hizo incompetente e inútil en la firma donde trabajaba y que con tanto agrado lo habían tomado. Al poco tiempo fue indemnizado, quedando sin empleo, mientras los gastos crecían, consumiéndole las pocas economías que había ahorrado. Vencido por la embriaguez y anulado totalmente, no podía empezar de nuevo en otra firma, en el estado que se encontraba, pues su pensamiento siempre estaba en la desgracia de sus hijos. Zelita, vio que su vida se destrozaba y se sentía desanimada e incompetente ante las dificultades domésticas. No era mujer preparada para cumplir con el destino, como madre de dos criaturas ¡muertas en vida! No tenía ningún oficio, ni sabía trabajar afuera para mantener el hogar. Fue criada con excesos de mimos y llena de comodidades por una tía ricachona. Tampoco se sentía apta para aceptar tareas que fueran groseras o humillantes, aunque fuera para poder sobrevivir. Además, sus ocupaciones le anularían el amor materno, que aún le quedaba por sus dos hijos teratológicos. Desgraciadamente, Jobel alcanzó el "climax" alcohólico, quedó totalmente embrutecido, y a pesar de los tratamientos cuidadosos, desencarnó dos meses más tarde.

Zelita tenía treinta y ocho años de edad y a pesar de los sufrimientos, todavía se le veía atrayente y hermosa. Tenía ansias de vivir, de liberarse de aquella carga, mientras pudiera gozar de la vida. Entonces recurrió a los amigos de Jobel, consiguiendo internar a los hijos en una institución especializada. En seguida pasó a desquitarse de aquel casamiento amargo. Vendió todos los bienes que poseía y comenzó a vestir como una jovencita. Meses después se hizo amante de Godofredo, antiguo jefe de Jobel, que hacía años la apetecía e intentaba solapadamente hacerle la corte. Le alquiló un lujoso departamento y comenzó a llevar una vida fastuosa y liberal, a pesar de las protestas de la familia de Godofredo, que se escandalizaba de semejante situación. Pero el destino obstinado estaba contra ella. Apenas había pasado un año, cuando Godofredo murió de un síncope, pasando a sufrir los vejámenes de la familia, debiendo restituir casi todos los bienes que tenía a su nombre. Ante tal situación, muchas veces se sintió tentada a suicidarse, pero alguna alma amiga conseguía disuadirla de recursos tan trágicos. Indiferente a su suerte, pasó de amante a servir en los prostíbulos. Ante la prueba acerba, le faltaba el amparo que le brindaría la moral.

Desencarnó a los cincuenta años de edad, en un triste hospital para indigentes y asistida por la piadosa obra de algunas hermanas de caridad.

A partir de ese momento, sus amigos espirituales, de "este lado" trataban de ayudarla a separarse de su cuerpo carnal. Mas no podían evitar que su pesado periespíritu cayera en los charcos depuradores del astral inferior, atraída por su carga magnética inferior.

Zelita vivió algún tiempo en los charcos,[1] sufriendo los desagradables tormentos de la purificación periespiritual compulsiva. La región era pestilente y sombría. El aire pesado, se parecía al humo que desprenden las chimeneas, cuando se encuentran atoradas de combustible. Ella se pasaba oyendo gritos, blasfemias, obscenidades y carcajadas continuas que le martillaban el cerebro día y noche. Vivía aterrorizada ante la visión de las caras grotescas y siniestras que aparecían en la tela ennegrecida del ambiente. Agotada y despavorida, no podía conocer la naturaleza de esas siniestras pesadillas, ni comprender el motivo de la vampirización que estaba sufriendo, en sus fuerzas vitales. Llegó el momento, que no podía mover un sólo dedo y su alma cada vez se volvía más insensible, aun para los fenómenos, que presenciaba con frecuencia.

¿Cuánto tiempo duró ese sueño malo, pegada al repugnante suelo, en estado irrecuperable de coma vital? No podía recordarlo. Sin embargo, un día su corazón vibró bajo el impulso de una extraña y oculta voz, cariñosa y amable, que parecía desatarle las fibras debilitadas de su espíritu conturbado. Bajo ese toque de inspiración, sus ojos se llenaron de refrescantes lágrimas, mientras trataba de dominar una extraña emoción. Despertó con deseos inexplicables de ser nuevamente niña y orar, orar como acostumbrada hacerlo acompañada de su madre y de su querida tía. Pensamientos limpios y emociones puras pasaban por su mente, haciéndole desear una vida tranquila y una paz eterna para el espíritu. A los pocos instantes un suave y acogedor

---

[1] Véase el capítulo, "Los Charcos del Astral Inferior", del libro "La Vida Más Allá de la Sepultura", de Atanagildo y Ramatís, en donde se detalla minuciosamente al vida purgatorial que deben sufrir los que delinquen a la Ley Divina.

calor comenzó a invadirla, desplazando el frío, que la había atormentado constantemente. En aquella agradable quietud, percibió una luz suave que le penetraba el organismo, mientras voces amistosas le decían palabras de esperanza y ánimo. Realmente, no observaba modificación alguna en el oscuro paisaje que la rodeaba, pero sentíase levitar, en un impulso ascendente que le reducía notablemente el peso que la tenía adherida al suelo frío y nauseabundo.

Perdió la conciencia de todo cuanto le estaba sucediendo, y cuando despertó, se encontraba descansando en una modesta cama, con sábanas blancas y muy reconfortantes. A su alrededor había una claridad rosada muy tenue, que a su vez, iluminaba todo el aposento. Todavía se notaba agotada, pero podía razonar con más lucidez, mover los ojos y sentir la aspiración y expiración de los pulmones debilitados. Estaba tan decaída que no podía casi hablar, ni hacer gesto alguno, sin embargo, por primera vez, su alma era feliz y sentía inefable dicha en su espíritu. Al poco rato, la puerta se abrió y entró una mujer de aspecto bondadoso, pero de mirar severo, dio unos pasos y se inclinó sobre la cama. Tenía un vestido azul ceniza muy claro, su cuerpo era delgado y esbelto; de pronto percibió que a su lado estaban dos jóvenes muy tímidos, de rostros tristes y ojos, que todavía denotaban haber pasado por momentos cruciales.

Zelita juraba que los había visto en alguna parte y cuando la señora se volvió hacia ellos, ambos tenían los ojos llenos de lágrimas y sus caras estaban muy pálidas.

—Queridos míos, contrólense un poco. Recuerden las recomendaciones recibidas. Sólo podremos servir al prójimo si equilibramos nuestras emociones y olvidando el pasado —dijo la mujer en tono severo. Después ordenó con decisión: —Vamos a trabajar.

Entonces, uno de los jóvenes enfermeros ajustó un tubo blanquecino y aparentemente de plástico a una bola de material cristalino, de color amatista muy brillante, mientras el compañero fijaba por el otro extremo una especie de farolito, cuyo vidrio era de un tono naranja muy vivo. La señora se inclinó delicadamente hacia Zelita, mientras los dos jóvenes aplicaban el raro aparato a una distncia de cinco centímetros de la región del bulbo y del cerebro. Rápidamente accionaron un pequeño botón y apareció un brillante fluido color naranja, que parecía compuesto de millares de pequeñísimos hilos chispeantes, formando un tejido que se filtraba por el tubo de plástico. Ese chorro de fluido se esparcía sobre la región posterior del cráneo de Zelita, el que inmediatamente lo absorbía con cierta avidez. La cabeza comenzó a tomar un color claro muy suave, que inmediatamente se extendió por toda la columna vertebral. La luminosidad por momentos disminuía, como aumentaba, presentando el maravilloso diseño de todo el sistema nervioso. Parecía que estaba formado por finísimos hilitos de seda, mezclándose con el suave liláceo que demarcaba el sistema endócrino; después todo el conjunto se transformaba en un tono anaranjado resplandeciente, que iluminaba sorpresivamente la matriz periespiritual, que da vida a la forma humana.

Zelita cada vez se sentía más tonificada, dando a su cuerpo una nueva y pujante sensación de vida. Pero, la región hipogástrica todavía estaba dolorida, como si estuviera comprimida, persistiendo la sensación de vacío, que la castigaba desde hacía mucho tiempo. Sin embargo, aquella dosis vitalizante y agradable con gusto a almendras maduras, la confortaba muy bien. El tacto, el oído y la visión se iban rehaciendo en forma rápida y sorprendente. Al poco tiempo, comenzó a distinguir con mayor nitidez, todo cuanto la rodeaba en el aposento. Percibió mejor a la señora de mirar severo y de cabellos rubios que estaba inclinada sobre ella, mientras los ojos continuaban con su trabajo revitalizador. Hizo un gran esfuerzo para centrar la receptividad psíquica, y consiguió escuchar su voz:

—Zelita, sé que ya se encuentra más lúcida y dispuesta, pues observo su restitución psicosomática. Mientras tanto no se preocupe; quédese reposando y ayúdenos con su pensamiento en la oración, el verdadero alimento para nuestras almas, la esencia divina que eleva nuestra vibración a la sublimidad espiritual del Creador. ¿No es verdad?

Y, con gesto maternal le pasó la mano sobre la frente. Después tomó un frasco que contenía un líquido fluorescente, color de fresas y le hizo beber un poco. Ese líquido le produjo un nuevo y reconfortante calor por toda la contextura periespiritual. Anteriormente, el fluido anaranjado le avivó el organismo agotado en los charcos de las tinieblas; ahora, la sustancia color de fresas parecía una alimentación reconfortante y le daba la sensación de estar más descansada. Poco a poco sus ojos se fueron cerrando bajo la acción de un desfallecimiento muy agradable. Entonces los dos jóvenes se pusieron más animados y alegres, mientras la señora les decía fraternalmente:

—Bien, mis queridos; he aquí una prueba más sobre el proceso efusivo y vitalizante del periespíritu vampirizado en los charcos, como le sucedió a nuestra querida Zelita. Ella despertará dentro de dos días, mientras tanto, confiemos en sus fuerzas creadoras. —Y cambiando de tono, agregó:

—Además, debemos recordar, que no es conveniente que le digamos quiénes somos, para evitar conmociones que desintegren las energías vitalizantes de su periespíritu. Dejémosla con su creencia, que fue asistida por cualquier institución hospitalaria del mundo físico. ¡Vamos!

Transcurrido el plazo previsto, Zelita se había restablecido bastante. A su lado estaba la señora de cabellos rubios, que la había asistido amorosamente, en compañía de los dos jóvenes. Con gesto afectuoso y maternal, le dijo:

—Zelita, en nuestra morada espiritual no acostumbramos a lamentarnos de nuestras equivocaciones cometidas en la vida física, para no gastar los valiosos recursos de la mente, en recuerdos enfermizos. Lo que más interesa es la recuperación eficiente de las fuerzas malgastadas en las imprudentes pasiones humanas.

Guardó silencio algunos instantes, y después de reflexionar seriamente, agregó: —Naturalmente, como podrá ver, ya no es más de carne, ¿no es verdad? —Y ante la sorpresa que manifestaba Zelita, insistió nuevamente:

—Sabe que desencarnó, ¿no es verdad?

Zelita se pasó la mano por la frente, como tratando de reunir los fragmentos dispersos de sus recuerdos de la vida física. A pesar de todo, se sentía más lúcida y capaz de razonar con claridad, apenas una tenue cerrazón le impedía distinguir los contornos exactos de las imágenes que aún se le reflejaban y se movían confusas en su memoria sideral. La señora acudió en su ayuda, poniéndole la mano derecha sobre el occipital y la izquierda sobre la frente, como queriendo cerrar un circuito magnético, alrededor del cerebro. Podía notarse el esfuerzo cohesivo que realizaba en unión mental con Zelita, pues a los pocos instantes, se comprobó el éxito de la providencia tomada. Súbitamente, dominada por una fuerza interior, Zelita se frotó los ojos, como si fuera una pequeña niña y con entusiasmo, casi infantil, pronunció las primeras palabras en aquel aposento:

—¡Sí! ¡Sí! ¡Madre Eulalia! —Y en un gesto afectuoso, sin demostrar pesar o amargura, abrazó a la señora y colocó su rostro junto al de ella. —¡Ah, qué bueno es regresar, madre mía!— Y mirándola de pies a cabeza, con los ojos inundados de lágrimas, agregó: —Madre mía, ni siquiera llegué a conocerla, a pesar de su atención y ternura. ¡Qué poco tiempo estuvo conmigo en la tierra! ¡Apenas dos años, ¿no es así?

—Sí, Zelita —le respondió Eulalia, disimulando su contenida emoción—. Yo sólo fui para ayudarte a confeccionar tu cuerpo, a fin de que pudieras cumplir la dolorosa prueba y tan necesaria para tu rectificación espiritual. ¿Estás viendo? Ahora estás usufructuando la ventura de haber cumplido el programa redentor de las deudas más graves con la carne.

De repente Zelita recordó:

—¿Y Jobel?

—Todavía no debes preocuparte por los espíritus que vivieron a tu lado, pues "cada uno recoge conforme a su siembra". Jobel también se encuentra bastante aliviado de su desventura terrena. —Después de unos instantes de silencio, Eulalia no pudo sustraerse de una rápida queja humana—. Lamento mucho, que no hayas podido alejarte de la purgación drástica de los charcos absorbentes del Umbral. No fuiste sensible a mis reiteradas intuiciones, pues de haberlo hecho, esos viejos compañeros del pasado, no te hubieran conducido a la vida inmoral de la prostitución. —Y cambiando de tono, como si estuviera sacudiendo los tristes recuerdos, dijo con voz persuasiva: —A pesar de la influencia de "las sirenas de las sombras" en tus últimos tiempos de vida, pudiste cerrar bastante bien la cuenta que tenías con el planeta tierra, pues peor hubiera sido que huyeras de las pruebas redentoras en el momento psicológico señalado. Yo temí que te suicidaras e hice lo posible para apartarte de tan trágico infortunio. Nuestros mentores te felicitan por mi intermedio, por tu comportamiento en los primeros años de existencia conyugal en la materia, prometiéndote para el futuro, pruebas educativas más suaves y dichosas en la tierra, en compañía de algunas almas de tu afecto espiritual.

Cuando Eulalia dejó de hablar, Zelita sin temor de ninguna especie, le rogó:

—¡Madre! ¿Podría ayudarme a conocer los motivos que dieron origen a mi karma tan grave en esta existencia, recién terminada? Recuerdo fragmentos, frases, rostros fugaces y una sensación de culpa interior muy grande. Gustaría poder atar los hilos sueltos del pasado, evaluar las imprudencias y también reconocer los caminos de recuperación espiritual que me ofrecieron. ¿Puedes ayudarme?

Eulalia reflexionó algunos momentos, pareciendo solicitar intuitivamente la autorización superior, para ese esclarecimiento prematuro. A continuación se expresó así en apretada síntesis:

—Zelita, eliminaremos particularidades inútiles. Acuérdate, apenas, que en tu vida anterior, en el siglo pasado fuiste una mujer llamada Janina, la enfermera jefe de la "Maternidad Verónica", en Lorena, Francia. Eras una mujer hermosa, bastante voluble, y a cambio de una vida lujosa no reparaste en asociar a los médicos Pierre Lafont y Honoré Thibaut, en los infelices industriales del "aborto provocado", cuya tarea criminal se prestaba para atender los objetivos diabólicos y enemigos de la vida humana. Ambos especulaban con el "aborto provocado", esa nefasta tarea condenada por todos los maestros espirituales, y, cual máquina viva, de enfermera y amante, ayudabas al funcionamiento de la destrucción de los ángeles, para aumentar la renta de la maternidad. Como tu ya no eres un espíritu primario, y conoces muy bien la ley de "causas y efectos", la misma, juntó a todos los culpables en una existencia carnal de reparación, conforme a los errores practicados en el pasado. La verdad, es que todos lucharon al máximo, para ser merecedores de la "onda de vida" que tanto subestimaron —en el pasado— y que desviaban de su impulso creador positivo.

Haciendo una pausa muy significativa, prosiguió:

—Pero, a pesar del esfuerzo realizado por Pierre y Honoré de corporificarse en tu vientre, abortaron ocho veces, antes de nacer definitivamente paralíticos e imbecilizados. Les faltaba el fluido o prana vital suficiente para la composición completa del organismo, y también, el prana mental [2] para modelar a gusto el equipo cerebral. Ellos vampirizaban a tu cuerpo en sus fracasadas ansias de alcanzar el final de la gestación para renacer

    2 Véase el capítulo "Algunas Nociones Sobre el Prana", de la obra "Esclarecimientos del Más Allá", de Ramatís, edición Kier Año 1969.

en la carne, y cuando no tenías más energías para ayudarlos a desenvolverse en tu vientre, entonces abortaban, como ellos lo habían provocado anteriormente con innumerables criaturitas, abusando de los derechos legales humanos y divinos.

Eulalia quería evitar que Zelita se dejara impresionar por algunos pasajes del relato, que verdaderamente eran sumamente desagradables; entonces para amenizar el momento agregó:

Mientras tanto, gracias a los Maestros, que son tan magnánimos en ofrecer nuevos caminos para nuestra rehabilitación espiritual, fue trazado el programa redentor para que ustedes se reunieran en ese karma crucial del "aborto provocado", pues Honoré, Pierre, Jobel y vos, suplicaban constantemente que les dieran una oportunidad de vida en la carne para poder descargar las toxinas repulsivas, adheridas a vuestros desequilibrados periespíritus. Jobel, aunque era el menos comprometido en ese pasado turbulento, pecó por haber prestado la colaboración de encaminar a las infelices gestantes a la "Maternidad Verónica", donde se liberaban de su gravidez imprudente. Fuiste asistida por almas piadosas durante el trabajoso parto de los gemelos, y por esa razón, los médicos terrenos se sorprendieron ante la inexplicable eclosión de energías vitales, que emanaban de tu organismo en la hora de dar a luz. De esa forma, Pierre y Honoré consiguieron alcanzar la fase final del nacimiento, librándose de tener que repetir esa misma experiencia en futura existencia. Con todo eso, ellos no pudieron accionar el prana mental suficiente para alcanzar una vida racional. Tampoco eran merecedores de una vida carnal, que aun siendo imperfecta, no ayudaría en nada para su expiación colectiva y de carácter rectificador, como les fue asignado en esa existencia física. El Padre amantísimo, no cobra los errores de sus hijos y aun los favorece para que apuren sus deudas atrasadas. Así, Honoré y Pierre, deficientes de energías astrales y mentales, no lograron el intercambio consciente con el mundo físico y sólo tuvieron el necesario vitalismo para sobrevivir en forma de paralíticos. El proceso rectificador los ayudó a decantar en el absorbente cuerpo humano, los fluidos tóxicos que le impregnaban la delicada contextura del periespíritu.

Zelita estaba pensativa, pero no amargada. Su espíritu se reajustaba otra vez, a la verdadera vida del Más Allá de la tumba, por eso sentía alegría al comprobar que el sufrimiento de la carne le había proporcionado mejor condición espiritual y sosegado el remordimiento atroz de saberse un espíritu indigno de la vida. A pesar de las angustias y equivocaciones en la existencia terrena y su repudio por la configuración de sus hijos paralíticos e imbéciles, reconocía que estaba ligada a ellos desde algunos siglos atrás. Honoré y Pierre no eran solamente almas ligadas kármicamente, sino, que eran almas gemelas. Conmovida y con tono de voz que mezclaba el afecto con los recuerdos, suplicó:

—¡Madre mía! ¿Dónde están? ¿Dónde viven o sufren mis hijos de mi última existencia terrena?

Eulalia sonrió significativamente y replicó:

—Ellos se han reajustado y esperan en el futuro, mejores días para terminar de rehacer su verdadera vida espiritual; ahora, en estos momentos, sólo esperan que los llames para abrazarte. ¡Voy a llamarlos!

Eulalia abrió la puerta, hizo una seña amistosa hacia afuera y entraron en el aposento los dos jóvenes enfermeros, que anteriormente le habían suministrado la "carga vitalizante" de prana astralino y mental. Sus ojos tristes comenzaron a brillar, como si hubieran sido perdonados de alguna falta grave. Ambos se inclinaron gentilmente, y besaron las manos en un tributo de elevado afecto, exclamando conmovidos:

—¡Bendíganos, madrecita!

EXPURGACION PSIQUICA

El camino polvoriento se confundía en la inmensidad del campo amarillento, por falta de lluvia. La carroza levantaba el polvo rojizo y el caballo zaino trotaba con la cabeza levantada, recortándose en la luz crepuscular, pues el sol escondía sus últimos rayos de luz sobre el horizonte. Comenzaban a verse algunos pinos aislados, después en grupos y finalmente, algunos bosques que sólo se dividían por la directriz del camino.

Fabiano miraba las sombras de la noche, que amenazaba cubrir rápidamente la mancha púrpura del poniente; entonces castigaba con el látigo el lomo del caballo para llegar más pronto. El animal aceleraba el trote, mientras la espuma le corría por el freno y la boca.

La oscuridad ya era completa, cuando Fabiano paró el caballo junto a la portería y encendió la linterna a carburo de la carroza, que iluminó el cartel de madera que pendía sobre el portón, con el nombre de "Hacienda de las Magnolias". La portera abrió las puertas, empujó al caballo y luego cerró las mismas nuevamente. Luego siguió a trote largo por el camino en medio del campo agreste, por momento era accidentado, formando rápidos declives y curvas cerradas. La luz mortecina de la linterna iluminaba los cascos del caballo, que avanzaba a paso lento, asegurado por las riendas, debido a lo deforme del terreno, haciendo sombras que danzaban en los troncos de los árboles.

Después de media hora de marcha lenta y cuidadosa por el terreno pedregoso, el bosque se abrió de golpe, presentando un claro que abarcaba una amplia extensión de tierra. El viento frío aullaba en la cresta de los árboles. Fabiano levantó la manta hasta las orejas y cerró el saco de astrakán negro, protegiéndose contra el frío, que por momentos arreciaba. El camino a seguir

214

era estrecho y recto y palidecía ante los primeros rayos de la luna, que caía sobre la blanca arena, propia de la margen del río Iguazú. A lo lejos, se veían luces amarillentas que parpadeaban en diversos puntos, marcando la dirección de Fabiano cuyo caballo a galope regular, parecía conocer perfectamente el camino. Las ruedas de la carroza chirriaban aplastando la húmeda arena, mientras los cascos del animal producían un extraño ruido sobre las piedras pequeñas. Después de transitar ese camino, la carroza entraba en un patio muy grande, frente a un caserón amplio e iluminado por algunos faroles a kerosén. Las ventanas estaban cerradas, pero las cortinas algo separadas dejaban ver un amplio salón con sofás, varias sillas, una hamaca, además de otros muebles y adornos. Del techo de madera barnizado colgaba una araña cuya luz era blanca y muy limpia. Alrededor de esa vivienda se alineaban una docena de casas modestas, hechas de madera rústica y débilmente iluminadas, cuyas sombras sobresalían en la oscuridad recortadas por la clara luz de la luna. Fabiano descendió de la carroza, cuando se abrió la puerta del frente por donde apareció un hombre alto, levantó la linterna a la altura de su rostro, pudiendo verse que era negro, de piel lustrosa. Se volvió rápidamente hacia adentro y gritó, con voz sonora y pausada:

—¡Señor Bautista, el doctor Fabiano llegó!

Y salió hacia afuera para alumbrar el camino al recién llegado.

—Buenas noches, Pereba. ¿Muchos problemas?

—¡Más o menos! ¿Recibió el aviso?

—¡Sí, lo recibí! —respondió Fabiano, guardando un poco de silencio, para luego decir en medio de un largo y doloroso suspiro—. ¡Yo encuentro que fue mejor así, a pesar de sentirme afectado en lo íntimo de mi alma!

—Yo también, doctor Fabiano, pienso que es mejor morir antes que sufrir de modo tan atroz.

Pereba era un negro alto y robusto, de rostro lustroso, ingenuo y muy bueno de alma. Su voz era pausada y con timbre de un bajo de ópera. Hablaba moviendo las manos en forma pausada y expresiva. Tenía los ojos grandes y dulces, labios gruesos que se abrían fácilmente a la menor sonrisa, mostrando los dientes blanquísimos y bien formados. Debía tener algo más de los

215

sesenta años de edad, pues a la luz del farol se le veía el cabello semicanoso.

—¡Yo también estoy desolado, doctor Fabiano! —dijo Pereba, abriendo desmesuradamente los ojos, como queriendo expresar los momentos de aflicción que sentía—. ¡Verita era la luz de mi vida!

Sacudió la cabeza y se apresuró a abrir la puerta para Fabiano, que antes de entrar raspó las suelas de los zapatos en la chapa puesta para ese fin, al mismo tiempo que daba a Pereba el sombrero. Después se abrió la puerta interna del salón, apareciendo un hombre muy gordo, medio bajo, tipo mestizo y muy tostado por el sol, cuya barriga amenazaba reventar el cinto a cada movimiento. Cuando se movía o hablaba, rápidamente secaba el sudor, pues debía sudar hasta dentro de una heladera. Respetuosamente extendió la mano a Fabiano y lo saludó sencillamente, diciéndole:

—Finalmente, doctor Fabiano: ¡Dios se apiadó de la niña! ¡Que su alma se encuentre en paz, pues si es como dicen, que el sufrimiento lleva a la gente al cielo, a mí me parece que Verita, a estas horas, debe estar rodeada de ángeles.

Fabiano se sentó en el sillón, tirando los almohadones al suelo. Después abrió la pitillera y ofreció un cigarrillo al capataz de la hacienda, que estaba silencioso, delante suyo. Después de una larga pitada y sin disimular su nerviosidad, dijo:

—¡Juan Bautista, no sé lo que hice en este mundo para tener que sufrir así!

Se levantó, fue hasta la ventana, luego caminó por el salón muy despacito y pensativo.

—¿Dónde puedo encontrar la justicia en esa desgracia?— Y dirigiéndose al empleado, le dijo: —Hay familias que tienen cinco, diez y hasta quince hijos, robustos y sanos, hasta los últimos días de su vida. Mientras tanto, yo sólo tuve dos hijos. ¡Apenas dos! —Regresó a la ventana y quedó ensimismado algunos segundos, mirando las estrellas y la serena luz de la luna. Después de un rato, con gesto brusco exclamó: —¡Yo tuve dos hijos, dos, pero ambos leprosos! . . .

Juan Bautista se movió inquieto, buscando en su mente una respuesta convincente.

—Me parece que Dios lo quiere así, ¿no le parece doctor?

—¿Dios?, —dijo Fabiano, casi agresivamente—. ¿Dios? ¿Perfección? ¡Bondad! ¡Justicia! ¡Sabiduría infinita! Dios que creó al hombre a su imagen, pero lo hizo leproso. —Sacudió la cabeza, obstinadamente, agregando: —¡No! Juan Bautista; Dios no existe. Eso es un mito creado por la imaginación del hombre, a fin de justificar nuestra cobardía de existir. ¡Nada es verdad en la vida! ¡Todo es ilusión, fantasía y estupidez, pues el mundo está lleno de gente deforme, homicidas, prostitutas, que viven en la miseria, de la podredumbre y desesperadamente. En el otro extremo, están los felices del mundo, que nadan en la fortuna, alegres, bellos, con salud y vida regalada, influyendo en el poder político y administrativo del mundo. ¿Por qué la hartura para algunos; la miseria, el dolor y la desgracia para otros? La vida es incoherente, Juan Bautista. Es injusta y cretina. Hay criminales que son glorificados por la historia y beneficiados con todos los bienes de la vida; pero hay santos y vírgenes, cuya ternura y humildad es ironizada por el sarcasmo del mundo. Y usted dice que ¿Dios lo quiere así? —Y en un desahogo muy humano, dijo: —¡Yo hubiera hecho el mundo más coherente y justo que ese Dios Sabio y Poderoso!

Tomó asiento nervioso, tragando grandes bocanadas de humo, mientras Juan Bautista, con su fisonomía bonachona, se torturaba pensando en cosas que estaba más allá de su mediocre capacidad.

—Doctor Fabiano, yo no sé qué pensar, pero creo que todo proviene de Dios. No hay dudas, hay cosas erradas y otras ciertas en este mundo, pero como siempre dice el padre Giusepe, "esos son misterios que sólo Dios sabe resolver".

Fabiano miraba el techo absorto, mientras Juan Bautista, el administrador de la "Hacienda de las Magnolias", parecía respetar el silencio del patrón.

—¿Cómo se enteraron?

—Pereba fue a la cabaña a llevarle comida, dulces y frutas para Verita, como acostumbraba, pues no dejaba que le faltara nada, para que ella estuviera contenta. El señor sabe cómo es Pereba; jamás le importó el contagio de la lepra, pues él recomendaba a los inspectores de sanidad, que la niña debía ser llevada a San Pablo para ser tratada.

—¿Qué más —preguntó Fabiano, conmovido.

—Dijo que Verita estaba muerta, en la cama, y Silvano a su lado, llorando que daba miedo. Cuando vio a Pereba le gritó que no se acercara, y salió corriendo hacia el fondo hasta desaparecer en medio de los árboles frutales.

—Yo sabía que Silvano volvería a huir, —exclamó Fabiano, levantándose angustiado—. Qué adelanta sufriendo en medio del campo, si yo había autorizado que no le faltara de nada en el leprosario.

Juan Bautista se rascó la cabeza, sin poder decir nada. Después de unos instantes, dijo:

—Doctor, usted ya sabe cómo eran ellos, como si fueran dos enamorados y no sabían vivir el uno sin el otro. Recuerda aquella vez que llevamos a Verita hasta el campo bajo, cuando se había decidido a internarse en el leprosario, entonces a Silvano le faltaba la oreja izquierda y los dedos, según manifestó Pereba...

—¡Basta, Juan Bautista; no adelanta nada andar recordando cosas tan tristes y sin remedio alguno!

Fabiano se levantó y sentía como si un fuego le consumiera las entrañas. Tenía una voluntad loca de destruir el mundo y la vida. Las manos le temblaban y las restregaba entre sí para liberarse de la tensión que le atormentaba el alma y amenazaba hacerle crisis. Volviéndose para Bautista, con aire desilusionado, le explicó:

—Me atrasé Bautista, cuando recibí la noticia, estaba viajando para Morretes.

Después de algunos minutos de silencio, preguntó apesadumbrado:

—¿Dónde fue sepultada?

—Aun no fue enterrada, el inspector de Sanidad estuvo aquí debido a la denuncia de los vecinos y mandó poner a Verita en un cajón de cinc, que mandamos hacer en lo de Maneco, el cinguero. Anduvieron haciendo algunas desinfecciones por los alrededores, y garantizaron que no había peligro de contagio. Ninguno debe abrir el cajón de cinc, pues fue soldado.

Bautista se levantó y dejó pasar al patrón.

—Ella se encuentra en el depósito de granos, con nuestro personal haciendo guardia.

Fabiano bajó la cabeza y se encaminó hacia la puerta del salón de cenar.

—¡Vamos para allá!

Cruzaron el terreno de los fondos de la vivienda y fueron al depósito de granos, cuya ventana abierta dejaba pasar la tenue

218

luz de la lámpara. Cuando Fabiano entró, niños, mujeres y jóvenes de aspecto pobre, se levantaron mostrando un aire de dolor en sus caras. Sobre unos caballetes de madera estaba apoyado un cajón de cinc, cubierto con unos ramos de flores. En la cabecera había una cruz con Jesús crucificado en medio de dos velas. En la extremidad inferior del cajón, habían colocado una corona confeccionada con rositas muy pequeñas, de co. or blancas y rojizas, entrelazadas con flores de novia y algunas calas del jardín| De él pendía una cinta púrpura que decía en letras de oro: "A Verita, Recuerdo de Todos." A los costados del depósito ardían hojas de vegetales olorosos, como si se estuviera haciendo saumerio.

Fabiano se acercó a la caja de cinc y quedó silencioso, con aire de estar totalmente destrozado, haciendo un gran esfuerzo para no derramar lágrimas. Después miró a los empleados y a sus familiares, reconociendo al negro afectuoso, entonces, su aire de gravedad y sufrimiento pareció decaer un poco. Casi tuvo una sonrisa de gratitud, cuando exclamó, sinceramente conmovido:

—¡Gracias por todo lo hecho! ¡Eso me ayudó bastante!

—¡Descanse! ¡Pobrecita! ¡Después de haber sufrido tanto! —exclamó la mujer de Juan Bautista, con palabras de dolor. Fue la primera en dar el pésame a Fabiano.

—Y todavía queda Silvano, leproso, cayéndose a pedazos por ahí, escondiéndose por los matorrales, como si fuera un perro. La vida para mí no tiene sentido, doña Leonilda; creo que valgo muy poco en este mundo infame.

—¡Coraje, doctor Fabiano! ¡Dios sabe lo que hace!

Quiso reaccionar, y refutar aquella idea tan ingenua de que "Dios sabe lo que hace", pero se contuvo al ver el rosario en las manos de las mujeres y el dolor en sus caras por lo sucedido a su hija. No podía comprender a esa gente, que todavía les quedaba las esperanzas de acompañarla en cadáver, con el mismo afecto de cuando estaba viva. Se volvió para Juan Bautista ỳ le pidió:

—Bautista, deme un café bien fuerte con un poco de grapa.

Mientras caminaban para la cocina del caserón, preguntó a su administrador:

¡Y Silvano!

—¡Desapareció! Esta vez se metió en el bosque y no creo que vuelva a su habitación. Conforme el doctor sabe, Verita era su vida y su mundo. A mí me parece, que con la muerte de Verita, también se acabó todo para él. ¿Usted qué dice?

—Después del entierro vamos a buscarlo y de esta vez se queda en la cabaña definitivamente.

Con gesto desesperado, Fabiano se dejó caer en la silla y colocó sus manos sobre la cabeza:

—¿Por qué no puedo hacer nada, en una situación como ésta? —preguntó para consigo mismo.

Juan Bautista, en su insuficiencia intelectiva, quedó parado unos minutos, sin saber qué responder. Después, inexpresivo agregó:

—¡Hay cosas peores, doctor Fabiano! —Y curvándose respetuosamente, exclamó: —Con permiso. Voy a la cocina a buscar el café para el doctor. —Después de un rato volvió trayendo una cafetera humeante y sirvió una tacita de café al doctor, mientras éste revolvía el negro líquido, Bautista se acercó a un armario, sacó una botella de grapa, llenó una copita y se la ofreció a don Fabiano. Inmediatamente, el doctor bebió un trago de la misma que le quemó la garganta. Se recostó sobre la silla, mientras le recomendaba al empleado:

—Juan Bautista, puede cuidar un poco por aquí, que yo voy a reposar un poco de tiempo en la sala, para ver si despejo la mente y veo qué rumbo tomo mañana. Si lo necesito, yo lo llamo.

Cuando Juan Bautista abandonó la sala, se levantó y redujo la luz de la lámpara, regresando a la silla se puso a tomar unos sorbos de café y grapa.

En seguida se puso a rememorar los acontecimientos de su vida y la diferencia de su destino, respecto a los demás seres. Por otra parte, él era el más desventurado de toda la familia, dado que había perdido muy pronto a su compañera. Su mente retrocedió hasta el día feliz de su casamiento; la iglesia había sido preparada especialmente para su feliz encuentro, con la companera adorada. Veía a su querida Marilia cómo avanzaba hacia el altar con su hermoso traje de novia, mientras el órgano tocaba la tradicional "Marcha Nupcial" de Mendelson, acompañado por un ajustadísimo coro de voces femeninas. Terminada la ceremonia, regresaba tomando de la cintura el delicado cuerpo de Marilia, cuya fisonomía parecía la de un ángel exiliado en la tierra. Sus ojos eran azules y limpios como el cielo y sus cabellos rubios, brillaban a la luz del sol, haciéndola una criatura irreal —una flor rarísima en medio del jardín humano.

Un año después nacía Silvano, niño robusto y hermoso, que parecía vender salud, cuyos trazos firmes demostraban el temperamento meridional de Fabiano, descendiente de españoles. Dos años más tarde, nació Verita, muñeca de porcelana, con ojos azules y cabello rubio, igual a los de su madre, era toda un encanto y se comportaba como un ser de otro mundo. Mientras tanto, Marilia jamás se recuperó del segundo parto. Cada mes que pasaba iba perdiendo vida, cada esfuerzo que realizaba, perdía más fuerzas, quedando totalmente debilitada y presa de una extraña fiebre. Un día que jamás podría olvidar, el médico llamó a Fabiano para decirle la verdad; Marilia tenía poco tiempo de vida, pues padecía leucemia. Meses después, Marilia reposaba su cuerpo inanimado en un cajón, revestido de seda color celeste Las rosas más lindas la cubrían, como si fuera un especial adorno de jardín. Cuando cerraron el cajón, Fabiano parecía enloquecido, pero tuvo que contenerse y rehacerse de esos críticos momentos, al ver a sus dos hijos que lloraban desconsoladamente, pareciendo que iban a perder también a su padre querido.

Fabiano pitó su cigarro con fuerzas, mientras se castigaba con aquellas recordacioses masoquistas; entonces se puso a reflexionar sobre sus dos hijos, que eran tan diferentes, ya sea en tipo y en temperamento. Parecían dos enamorados, en vez de hermanos. Vivían para ellos mismos, era una vida de constante euforia afectuosa. Verita corría por los campos, tomaba pequeñas florecillas silvestres, hacía un ramo y se lo obsequiaba a Silvano; éste a su vez, trepaba a los frutales y le traía un cesto lleno de frutas, que eran las delicias de Verita. Se amaban y querían tanto, que llegaban a sentirse molestos ante la presencia de personas extrañas, cuando estaban en lo mejor de sus juegos.

Fabiano consideraba a Dios como una entidad mórbida y sarcástica, puesto que los acontecimientos más trágicos de su vida, estaban retocados por la belleza y poesía de los fenómenos naturales. Se enteró de la enfermedad de Marilia cuando se preparaba para un hermoso fin de semana en la "Hacienda de las Magnolias". Ella había sido sepultada un lindo día de primavera, lleno de sol, que invitaba a vivir y a gozar de la vida. Cuando apareció el primer síntoma de la enfermedad de Silvano, los pájaros y las flores de la hacienda se mostraban pletóricos de vida, inundando el paisaje con suaves y fragantes perfumes.

Jamás podría olvidar, que un hecho tan común, fuese el comienzo de una irreparable tragedia. Estaba descansando en la galería del caserón, mirando revistas, libros y algunos álbumes de la familia, mientras bebía el mejor vino que se elaboraba en los alrededores, cuando Silvano y Verita subían la pendiente entrelazados de las manos y riendo alegremente. Silvano tenía el cabello negro y lustroso, sus movimientos eran enérgicos, rápidos y decididos, esparciendo fuerzas a su alrededor. Verita, era la mimosa muñeca de marfil. Tenía la risa cristalina, la voz un poco aguda y semejante a la de Marilia y se movía con mucha gracia y delicadeza. Su mayor encanto eran sus ojos azules, límpidos y serenos, que demostraban eterno amor.

El negro Pereba y Juan Bautista asaban el churrasco del domingo, mientras Silvano, siempre dispuesto e inquieto, se puso ayudar a ambos en el asado. A la hora del almuerzo Juan Bautista le señalaba el brazo y algo extrañado, le preguntó:

—¡Silvano! ¿Qué es eso? ¡Parece que se quemó!

Bajo la sorpresa del joven y de todos los presentes, se comproprobó que tenía la carne de los brazos quemada, hasta la altura del antebrazo, pero no había notado la causticidad del fuego. El fenómeno aun resultó más extraño, porque Silvano hacía tiempo se venía quejando de la hipersensibilidad que estaba teniendo en los brazos, hasta el punto, que por veces no podía apretarlos. Mientras tanto, el caso —ahora— era a la inversa, estaba totalmente insensible al dolor. Regresando a la ciudad de Curitiba, se quejaba con frecuencia de los brazos, pues daba la impresión de que estaba perdiendo su control, además de aparecerle unas manchas parduzcas que hasta ese momento, eran aisladas. La piel de su rostro parecía grasosa, lo que preocupaba a Fabiano, llevándolo al médico. Como siempre le sucedía, el cielo estaba radiante de belleza. La atmósfera vibraba suavemente bajo la brisa que provenía de la Sierra del Mar, cuando el médico de la familia, después de haber hecho un análisis de sangre de Silvano, le dio la aterradora noticia; ¡el niño estaba leproso! La naturaleza demostraba al máximo su exuberancia, en ese día tan nefasto para él.

Entonces aquel niño, sano de cuerpo y animoso de espíritu, compañero inseparable de Verita, se pudriría día a día corroído por el mal de Hansen, a pesar de la fuerza y la resistencia que le eran peculiares. Su rostro saludable y sonrosado, poco tiempo después mostraba la tradicional "cara leonina", propia de los leprosos. La nariz, los bordes de los ojos y las orejas se entumecían y los dedos de las manos y de los pies, aumentaban de tamaño mientras Silvano se observaba en el espejo, sin poder comprender su gradual fealdad. La enfermedad avanzaba aceleradamente, contrariando el pronóstico de los médicos, pareciendo tener apuro para destruirle su cuerpo vigoroso. En aquella época no existía el método que hoy se aplica, sólo se hacía en base al aceite de "chaulmoogra", o de otros aceites conocidos por los indígenas del país. No se podía tener por más tiempo a Silvano en la hacienda, por la denuncia de los vecinos, debiendo Fabiano internarlo en el leprosario San Roque, cerca de la ciudad de Curitiba. Esa tarde, Fabiano regresaba a su casa con el alma destrozada. Silvano, sin embargo, los fines de semana huía del leprosario con la ansiedad de ver a su adorada hermana, pero a ella se le había dicho que su hermano estaba internado en un colegio de estudios, en San Pablo.

Un domingo aciago, Verita burló la vigilancia de Pereba y bajó hasta los campos frutales, donde había pasado tantos momentos agradables, junto a su querido hermano. Quiso el destino que el infeliz joven, cuando subía la cuesta, a escondidas, enfrentara de golpe a su hermana, no pudiendo esconder su rostro desfigurado y repulsivo. Después de la desagradable sorpresa de reconocerlo todo deformado, Verita dio un grito de angustia y desfalleció, cayendo pesadamente al suelo. Asustado, Silvano corrió a la casa pidiendo ayuda, pero viendo que su situación no era agradable a los demás, desapareció en medio de los frutales, en dirección al leprosario.

Desde ese instante, recordaba Fabiano, Verita había terminado de vivir, pues su situación pasó a ser toda tristeza. De noche, se acordaba de la situación de Silvano y comenzaba a gritar y después sollozaba sobre la cama de Silvano, cuya realidad, le parecía peor que una pesadilla. Poco a poco fue decayendo y mal probaba algunos bocados de pan o mojaba los labios en una copa de leche. La piel, tan lozana iba perdiendo el color, y el brillo de sus azules ojos, decaían notablemente. Su único consuelo era acercarse a los frutales con la finalidad de encontrar a Silvano. Ignoraba que Fabiano había ordenado redoblar la guardia en el leprosario, impidiendo que el joven fugara, pues estaba cada vez más desfigurado y su estado era muy contagioso.

Al atardecer de un domingo hermoso, Fabiano regresaba con Pereba de las barrancas del río Iguazú, cuando encontró a Verita sumida en hondo dolor y llorando desconsoladamente. Fabiano se sentó junto a ella, y apoyándole su mano con gesto de paternal ternura, le habló con doloroso espasmo en la garganta:

—No llores, Verita. ¡Sólo me quedas tú! No me abandones, sin tu cariño, que es todo para mí, no podría resistir. Querida mía, ayúdame a soportar las desgracias de mi vida.

—¡Padre querido! ¡Hoy vi a Silvano! Cuando me vio echó a correr, mientras tapaba su rostro, tan desfigurado, que daba miedo.

Verita se recostó sobre el brazo de su padre, llorando convulsionadamente.

—¿En dónde lo encontraste? ¡Yo no quiero verlo rodando por ahí! No debe salir del leprosario, donde está protegido y con riguroso tratamiento.

Verita dejó de llorar e hizo una sonrisa amarga; y a pesar de su poca edad, exclamó:

—¿Quién puede dar a Silvano el deseo y la alegría de vivir sin mí? Antes, desde hace mucho tiempo, él decía que necesitaba escuchar mi voz y saber sobre mi felicidad, para tener fuerzas para vivir. Y dijo que no sería desventurado, aun siendo leproso, si yo pudiera estar cerca de él. ¿Por qué Dios no me hizo leprosa a mí también?

Fabiano se sintió alcanzado en lo más íntimo de su alma, ante aquel pedido fraterno. Era una deliberada renuncia a todos los bienes del mundo, en cambio del afecto de su hermano.

—¡Es imposible, querida! ¡No puedes estar junto a tu hermano en esa situación. Su enfermedad es terriblemente contagiosa. Eso en nada aliviaría nuestra desdicha. Debes tener ánimo, Verita, sé prudente, pues no existen palabras para expresar el dolor que me corroe el alma. Yo vivo solamente para ti. ¡Ayúdame por favor!

—Y, abrazando a su querida hija, le dijo con un tono bastante dramático, que la sorprendió mucho:

—¡Si me llegaras a faltar, acabaré con mi vida! —Levantándose, le pidió cariñosamente: —¿Dónde está Silvano? Necesitamos encontrarlo, es para su bien.

—¡Padre mío, huyó de mí! Corrí detrás, pero él corría más, perdiéndose en el bosque.

Fabiano pensaba regresivamente en su doloroso pasado. No había mayor infortunio que su destino. La desgracia se había filtrado en su vida tranquila y feliz, hiriendo a su hogar, donde había comprensión, amor y encanto.

Después de la muerte de Marilia y de la lepra de Silvano, volvía a sentir su alma nuevamente herida, en un hermoso domingo, lleno de sol y alegría. Había regresado del leprosario, de visitar a Silvano, cuando le extrañó la ausencia de Verita, en el apartamento, preguntando a María, la empleada:

—¿Verita?

—Está acostada, tiene muchos dolores en los brazos.

—¿Dolores en los brazos? —replicó Fabiano, con acento que asustó a María.

—Ella dice que no puede tocarse las carnes de los brazos.

Fabiano sentía que el corazón le saltaba dentro del pecho. ¿Sería la hiperestesia de esa cruel enfermedad? Sólo que fueran dolores reumáticos, ¡pero Verita era tan joven! Desgraciadamente, en la vida real las cosas suceden en forma fatal y nadie puede modificar lo trazado sobre el destino humano. Poco tiempo después, Fabiano parecía fulminado por un rayo, cuando se enteró que Verita freía los huevos con las manos expuestas al calor, sin acusar sensibilidad alguna. Su asombro aumentó cuando su hija, con la mayor naturalidad del mundo le dijo:

—¡Tiene gracia, padre mío! Antes no podía tocarme los brazos. Mis carnes estaban totalmente doloridas. Ahora no siento nada. ¿Quieres ver? —Y para confirmar lo dicho, introdujo una aguja hasta la mitad en la insensible carne, color parduzco por la necrosis superficial.

La lepra cruel y aterradora atacó a Verita con increíble rapidez. Muñeca frágil y de poca resistencia orgánica, pronto se le oscureció la piel. Le desfiguró su bello rostro, la nariz, las orejas, los dedos de las manos y el dorso de los pies. Ya no podía calzar los delicados zapatos, quedando recluida en la casa hasta que Fabiano construyera una cabaña, junto a los frutales, en la hacienda "Las Magnolias", dotada de todo el confort y esplendor, digno de una princesa. Allí dejó a Verita, en secreto y bajo los cuidados de Pereba, negro con corazón de ángel, que adoraba a la patroncita y le prometiera, despreocupado:

—Deje que yo cuide de Verita, doctor Fabiano. A mí no me alcanza ninguna enfermedad, pues hasta la muerte escapa de mí. Se rió ingenuamente y llenó sus ojos de lágrimas. Después de unos instantes agregó: —Lucía, mi hija más vieja, que es como yo, cuidará de la niña en todo lo que necesite.

Silvano, consiguiendo burlar la gran vigilancia, consiguió escapar y llegó a ver a su hermana leprosa, en la cabaña que le habían construido especialmente. Eso le mejoró su condición de poder ir a verla, sin pensar en el mortificante contagio para los seres queridos. Paradójicamente, la infelicidad de Verita se transformó en una ventura para él, que a ocultas, bajo tolerancia de Pereba, el gran amigo de siempre, podía visitar a la hermana venerada.

Los vecinos de la zona, descubrieron el encuentro de los hermanos leprosos en la cabaña y los denunciaron a la Dirección de Sanidad, la que exigió la inmediata reclusión de ambos en el leprosario. Sin embargo, eso no fue necesario. La dolorosa cruz de Fabiano parecía llegar a su fin, porque Verita se consumía hora tras hora, por la devastadora enfermedad. Poco tiempo después, Fabiano recibía una nueva y última intimación para recluir a Verita, pero ya era demasiado tarde, pues sus empleados le participaron de la muerte de su adorada hijita. Lo mismo, la Dirección de Sanidad se hizo presente para recoger el cadáver y sepultarlo.

Fabiano todavía estaba meditando sobre sus desgraciados recuerdos, cuando sintió golpear nuevamente en la sala de cenar, donde estaba descansando. Volvió en sí y escuchó nuevamente los rezos y lloros de las mujeres, que se encontraban en el velatorio de Verita. Era un hombre rígido y duro, pero tenía la facilidad de saber llorar en silencio, sólo y sin que nadie lo viera. Limpió su rostro a las apuradas y preguntó con voz llena de amargura:

—¿Quién es?

—¡Bautista!

—Entre.

—¿El señor quiere comer alguna cosa? Es pasada la medianoche y algunos se van a dormir un poco. Su cuarto está pronto y listo para descansar. Deje que nosotros velemos a la niña.

—Gracias, Bautista. No deseo nada. Me quedaré aquí mismo y llamaré si lo necesito.

Al día siguiente, Verita fue sepultada en la misma hacienda, con el permiso de las autoridades de Sanidad.

Fabiano llamó a todos, inclusive a Pereba y les dijo:

—No necesitan mentirme, yo sé que Silvano está en el bosque, desesperado por la muerte de su hermana. No volverá al leprosario, yo lo conozco. No quiero dejarlo vivir como un perro sin dueño, muriéndose por falta de atenciones. Silvano va a vivir conmigo en esta casa, y juro por mi barba de hombre, que meteré una bala en la cabeza, al primer inspector de Sanidad, que se meta a valiente para evitar mi decisiva determinación en este asunto de familia.— Y con una sonrisa que dejaba vislumbrar cierta perturbación, terminó diciendo:

—¡Tal vez, la lepra me alcance a mí; entonces seremos dos para defendernos!

Pereba se rascó la cabeza, medio confundido por el tono de voz del patrón. Todos los empleados se miraron entre sí, temerosos de vivir bajo las órdenes de dos leprosos, Fabiano y Silvano.

A continuación de esas palabras definitivas, los presentes se dividieron en grupos, para buscar cautelosamente a Silvano, pero con ánimos de no arriesgarse demasiado para no contagiarse de tan cruel enfermedad. Evidentemente, estaban más interesados por espantar a Silvano, que de traerlo para la hacienda. Fabiano bajó hasta la orilla del río Iguazú, con Juan Bautista, y sin justificación alguna, dio una tremenda carcajada a la vez que exclamaba:

—¡Qué te parece Bautista, ahora somos cazadores de leprosos! ¿Dónde fue que hicimos nuestra última cacería?

Y rio nuevamente, histérico, frenético, dejando a su capataz receloso, mientras se introducía por el accidentado terreno.

Al atardecer, Pereba encontró el cuerpo de Silvano, caído boca abajo sobre las lajas del riacho Morungava. El golpe contra las lajas debió ser violento, puesto que Pereba calculó que el joven había perdido el equilibrio al descender la elevada cuesta, movido por la desesperación de huir sin rumbo fijo, pues tenía el cráneo fracturado a la altura de la nuca, como si se hubiera caído de costado.

Por la noche se volvió a repetir la misma escena de la noche anterior. El cajón de cinc cubierto con las flores de los jardines modestos. La corona de flores pequeñas tenía una cinta grabada con las siguientes leyendas: "A Silvano, sus amigos de siempre." Lo único distinto, es que se le velaba en la sala del caserón. Las piadosas mujeres rezaban por el alma de Silvano, mientras Fabiano, sentado en la galería del caserón, desglosaba la última jugada perversa de su fatal destino.

Después de enterrar a Silvano junto a Verita, mandó a descansar a todos sus empleados, inclusive a doña Matilde, su cocinera.

—¿Quién le va a cocinar, doctor?

—Puede irse doña Matilde, vaya tranquila, que yo voy a pellizcar algo por ahí, si fuera preciso; ahora voy a poner en orden los documentos y las cuentas de la hacienda. Mañana debo volver a la ciudad.

Seguidamente se encerró en el caserón hasta el anochecer, tratando de regularizar una serie de documentos. Eran casi las ocho de la noche, cuando Pereba escuchó un estruendo en la casa; corrió hacia el interior, para regresar gritando con extrema desesperación:

—¡Pronto! ¡Pronto! ¡El doctor Fabiano se mató!

Mientras Fabiano desencarnaba del mundo terreno, bajo el peso de su desgracia, retrocedamos un poco en el tiempo, hasta el momento que Verita terminaba de agonizar en la cabaña, asistida por Silvano, cuya desesperación llegó al máximo por haber perdido lo más querido que le quedaba de su vida. Rápidamente, sin que él lo percibiera, la cabaña se iluminó de tal forma, que deslumbraba ante la visión humana. En medio de la masa de luz verdosa y contorneada por toques de plata, apareció un majestuoso espíritu, alto, de fisonomía morena, tostada por el sol y de unos ojos verdes muy expresivos. En su cabeza llevaba un hermoso turbante de seda, color topacio y en su centro, prendida, una magnífica piedra rubí. Su frente estaba envuelta por un halo de suave luz dorada, parecida al oro viejo. Vestía un traje principesco, con hermosas volutas bordadas. Debajo del manto luminiscente se veía la túnica de color blanco inmaculado, sujeto por una larga faja, color cereza madura y calzones prendidos por encima de los tobillos por medio de las botas pequeñas, castaño suave.

La entidad se inclinó cariñosamente sobre Verita y extendió la mano hasta la frente de Silvano, que tenía el rostro entre las manos deformadas y deshecho en llanto. El joven levantó la cabeza, como si presintiera el generoso toque espiritual. En ese momento, justo a la puerta de la cabaña, apostáronse tres espíritus de origen oriental, según podía observarse por sus típicos trajes. El árabe majestuoso les hizo una seña y los dos más jónes se acercaron al lecho, poniéndose uno de cada lado. En seguida colocaron las manos sobre el cuerpo de Verita, pero sin llegar a tocarla, hizo unos movimientos ondulantes y suaves, despidiendo fluidos que iban desde el matiz verde malva hasta el esmeralda, con destellos anaranjados. En pocos minutos el periespíritu de Verita se elevó por encima del cuerpo carnal y en un sorprendente y espontáneo impulso, dejó la posición horizontal para colocarse de pie junto a la cabecera.[1] El árabe sonrió satisfecho y sus hermosos ojos, se mostraban dóciles y amorosos; después realizó diversas operaciones magnéticas, imposible de poder explicar satisfactoriamente a los lectores. Bajo el impacto de rayos y relámpagos, que partían desde el periespíritu de Verita, se desintegraban todos los chakras o centros vorticosos de energía del doble etérico, cuya composición etéreo física se resumió en el medio ambiente. La atmósfera quedó radiante, como si estuviera saturada de pequeñas estrellitas fosforescestes. Todavía podía observarse el doble etéreo muy tenuemente, que oscilaba y se diluía en la energía ambiental. En pocos minutos habían sido desligados los cordones umbilical y esplénico. Verita permanecía parada y con una sonrisa en sus labios bien formados, aunque sus ojos permanecían cerrados. Después de ágiles pases longitudinales, parecía despertar, acusando un fuerte malestar. El árabe juntó las puntas de los dedos en la base del cordón plateado, a la altura del cerebelo, los cuales esparcían fluidos de colores suaves, que luego tomaron la tonalidad del acero.

—¡Verita! ¡Verita! ¡Despierta! —exclamó el árabe, con persistencia, que vibraba cual diapasón hipnótico.

Poco a poco Verita fue tomando conocimiento de sí misma. Los labios se movieron y deslizaron una hermosa sonrisa, a la

---

[1] *Nota de Atanagildo*: No olvidemos que Verita, además de ser un espíritu bastante liberado de los deseos de la carne, desencarnó a los 14 años, a cuya edad, los lazos más densos se desprenden con cierta facilidad.

vez que miraba fijamente a su noble benefactor como queriendo agradecerle.

—¡Vamos Verita! Desligue el plateado. Yo le ayudaré. ¡Vamos! Otras veces lo hizo. ¡Hágalo nuevamente! Mentalice la expurgación tóxica para la "esponja" del cuerpo carnal. Necesita liberarse limpiamente. ¡Vamos!

Extendió los brazos en dirección a Verita y comenzó a fluir de las puntas de sus dedos como si fueran chispas anaranjadas. Verita cerró los ojos y su configuración periespiritual se veía nítidamente. El éter físico del doble etérico ya estaba casi todo diluido. Era un espectáculo sorprendente ver a la niña en medio de tan hermosas luces, que por veces se manifestaba con más esplendor. Después, con un gran esfuerzo de concentración, ella atrajo hacia sí misma todo el fluido proyectado por las puntas de los dedos del árabe. Luego la masa color rosa con ribetes blanquecinos alcanzó una tonalidad carmín, entonces, el flujo citado convergió hacia la base periespiritual del cordón plateado, a la altura del cerebelo, recordándonos al profesional cuando afila sus instrumentos en la piedra y desprende gran cantidad de pequeñas chispitas. La niña entrecerró los ojos y el semblante tomó un aspecto severo, pero con cierto aire de triunfo.

—Ahora, querida mía, voy a ayudarla, exclamó Ben Hamud, colocándose detrás y centrando el flujo de sus manos sobre la región del bulbo cerebral. Hizo una señal a los dos compañeros para que ayudaran a Verita, tomándola de los brazos y ordenó sugestivamente:

—¡Atención, Verita! ¡Tranquilice la mente! Satúrela de azul celeste. Absorba la fragancia del jazmín o de la flor que mejor aprecie y despréndase de los grillos de la carne. Su alma ahora está por encima de las formas físicas. Está volando tranquilamente por un cielo límpido, como lo hace la gaviota en su largo y sereno vuelo. Usted es un ave que mueve sus alas en la amplitud del firmamento y se sumerge en un mar de armiño rosado, fluctuando en la dulce paz del espíritu.

Cuando vio en el semblante de la niña un aire de serenidad y goce espiritual, hizo una seña a sus compañeros y ambos, en un sólo impulso, desprendieron el plateado y luminoso cordón, cuya parte densa fue absorbida inmediatamente por el cuerpo físico. Verita recibió un choque y su periespíritu osciló en medio de un fuerte trueno, que le retumbó en la mente.[2] Abrió los ojos semiatontada y miró a su alrededor, como el pájaro que recupera su libertad, cayendo venturosa en los brazos del árabe. Entonces se acomodó gustosamente, como el ave fatigada después de un largo vuelo.

—Muchas gracias, maestro Hamud, por ayudarme a volver rápidamente —exclamó con un suspiro de satisfacción.

—Eso fue posible, gracias a tu buena disposición, querida mía. Su ayuda consciente nos evitó los procesos embarazosos, dolorosos y el consiguiente desperdicio de tiempo para drenar las toxinas. Su mente positiva nos ayudó muchísimo. No es tan difícil desencarnar, cuando hemos vivido en la materia los principios superiores de la vida inmortal.

Verita sintióse recuperada en sus energías espirituales, se volvió hacia los dos jóvenes, parados al lado del árabe, cuyas auras eran de menor luminosidad.

—¡Oh! —dijo ella, en tono jovial—. ¿Ustedes también están aquí?

En ese momento apareció en la puerta otro espíritu, bastante moreno, un tipo al beduino del desierto, cuerpo voluminoso y aire pachorriento, que se puso a mirar tímidamente Verita.

—¿Qué haces, Shamed? —exclamó ella, con voz de admiración y algo traviesa.

—¡No podía dejar de venir, princesa! —Y el beduino se inclinó pronunciadamente, en un imponente gesto de cortesía.

—¡Bobo! —le dijo Verita juguetonamente—. Deja de hacer zalamerías. No seas tan tradicionalista.

El beduino cruzó las manos en el pecho y se curvó gentilmente y con el rostro lleno de alegría, de ver a Verita rebosante de ánimo.

—¡Lisonjero! —Y avanzando hasta el beduino, cuyo rostro demostraba fidelidad canina, lo besó dulcemente en la cara. Conmovido, cayó de rodillas y le besó las manos. Verita, en ese momento, quedó medio aturdida, pero como todos los presentes rieron, el beduino dijo:

—¡No jueguen, para mí siempre ha de ser la princesa! Mi más bello recuerdo de mi ascenso espiritual.

[2] Véase el capítulo "El Camino del Más Allá", página 27 de la obra "La Vida Más Allá de la Sepultura", de Atanagildo y Ramatís. Edición Kier.

En esos instantes Verita volvió a rehacerse, miró a su alrededor y haciendo un gesto de aflicción dijo:

—¿Dónde está Silvano?

—Un poquito de calma, niña mía, —replicó el árabe en tono juguetón. —Si se arregla un poco, entonces podrá verlo—. Extendió su mano hacia la derecha e hizo largos pases en el espacio, como si estuviera rasgando algunos velos invisibles. Mientras la luz se esparcía alrededor de los presentes, Verita pudo observar a su cuerpo material extendido en el lecho de la cabaña, en medio de dos velas. A su lado se encontraba su querido hermano, destrozado por el dolor de haberla perdido. En esos momentos, él estaba haciendo planes de autodestrucción, mientras miraba el cadáver de su hermana.

—¿Cuánto tiempo hace que regresé de la carne? —exclamó Verita, sorprendida.

—De acuerdo a la convención de los cronómetros terrenos, hace menos de diez minutos,[3] explicó el árabe sonriendo. Serio e inexpresivo, aclaró: —Los que saben vivir y amar en la tierra, pueden dejar el cuerpo de la carne, en el tiempo que necesita un pájaro para escapar de su jaula, cuando se le abre la puerta.

Verita se acercó a Silvano y lo abrazó efusivamente, dictándole palabras de consuelo en sus oídos periespirituales. El miró hacia arriba, como si de lo alto le fluyesen los pensamientos e intuiciones sedativas.

—¡Silvano sufre mucho! —manifestó Verita—. ¿Qué podemos hacer?

—Por el momento nada, querida mía. Tengamos un poco de paciencia y su desesperación tal vez lo conduzca con más rapidez hacia nosotros. Vigílelo atentamente, Shamed. —Mientras el beduino hacía un gesto de comprensión, el árabe se volvió hacia los dos jóvenes, ordenándoles: —Actívenle el mecanismo del sueño. Vamos a ganar tiempo y pensemos en la mejor forma de ayudarlo, para no desperdiciar la prueba redentora.

Los jóvenes se inclinaron hacia Silvano, poniéndole las manos sobre la frente y el occipital, e iniciaron una serie de operaciones magnéticas, activándole las ondas que provocarían el sue-

---

[3] *Nota de Atanagildo*: No existe una desencarnación semejante a la otra, pues éstas varían de acuerdo al tipo espiritual. Sería muy largo el poder enumerarlas a todas.

ño, aunque éstas se presentaban indisciplinadas e intermitentes en la región del bulbo cerebral, convergiendo en forma de "espirales invertidas" que se sincronizaban a los lóbulos frontales del cerebro. Después de unos momentos, Silvano dejaba caer su cabeza sobre el cuerpo helado de su hermana.

Muy pronto se recuperó al escuchar el ruido de alguien que se aproximaba a la cabaña; era el negro Pereba. Rápidamente volvió en sí, miró el cadáver de Verita y volvió a desesperarse terriblemente, pues en esos momentos recordó todo su cruento pasado. Totalmente desequilibrado de dolor ante la realidad, se puso agresivo, cuando el negro Pereba entró en la cabaña, y dando un salto felino, desapareció en medio de los árboles frutales. En su loca carrera iba destrozando su cuerpo contra las espinosas plantas, pero el dolor no le hería sus carnes insensibles. El espíritu agotado por el intenso sufrimiento, le activaba el deseo de querer liberarse de la carga carnal. Se golpeaba violentamente contra los árboles, gritando y sollozando, cayendo por los caminos, pues su debilidad era muy grande, debido a que no se alimentaba ni bebía, hacía muchos días. Definitivamente, desfalleció.

Al atardecer, se recuperó y volvió a enfrentarse con la triste realidad; allá abajo corría tranquilo el riacho Morungava, cuya agua cristalina brillaba a la luz del sol. Caminando a los tropezones y medio atontado, Silvano arremetió en dirección a la fuente de agua, impulsado por su gran desesperación; mientras tanto, al tomar la pendiente perdió el equilibrio y rodó entre las hojas esparcidas por el suelo, intentó levantarse, después de un gran esfuerzo, movido por el instinto de conservación. Después de unos instantes, volvió a levantarse e intentó caminar, dio dos pasos y cayó pesadamente sobre las piedras esparcidas en el lugar, golpeándose violentamente la cabeza. Su cuerpo se deslizó un poco y su cabeza llegó a tocar la cristalina agua, manchándola con la sangre que de a poco manaba de la profunda herida de su cráneo.

Creyendo que recién despertaba, no podía recordar el tiempo que había caído en ese lugar. Aunque estaba confuso para comprender en la situación que se encontraba, percibió que dos brazos robustos lo levantaban y lo trasladaban hacia algún sitio. Un viento frío le movía los cabellos, aliviándole un poco la fiebre abrasadora. Tal vez había quedado ciego en la caída, pues no veía cosa alguna, apenas escuchaba voces, como si estuviera sumido en un sueño letárgico.

Más tarde, al abrir los ojos sintió un gran alivio, cuando vio que estaba en una pequeña habitación, cuya pintura azul suave, parecía fosforescente. Se movió con dificultad, miró la cama, la pequeñita cómoda a su lado, sobre la cual había una jarra con agua rosada. También colgaban un par de cortinas verde claro, decorando la única ventana existente. En la pared colgaba un cuadro con la figura de un árabe, de rostro serio. Sus ojos verdes imponían respeto y al mismo tiempo irradiaban mansedumbre. Silvano todavía sentía los efectos dolorosos de la caída y del agotamiento vital de su cuerpo sobre las lajas del río; pero el dolor era insoportable, como si estuviera sucediendo en su alma y no en su físico. Distinguió a la izquierda de su cama, el posamano de una butaca color ceniza, y se asustó al escuchar que alguien tosía. A su lado se encontraba una persona leyendo unas revistas de extraña luminosidad, y era muy interesante, porque las figuras saltaban como si estuvieran elaboradas en un proceso de tercera dimensión. Era un beduino gordo, barrigudo y de rostro lustroso, cuya ropas blanquecinas debían ser de seda luminosa. De las orejas colgaban dos cosas en forma de media luna. Tenía los ojos pequeños para un rostro tan amplio, pero inofensivos y amistosos, confirmando el aire bonachón y humilde.

—"Salan Aleikun" —le dijo el beduino, cuyas palabras Silvano nunca había escuchado, pero le parecían algo familiar. Y quedó más sorprendido al responderle casi automáticamente:

—"Aleikun essalân." [4]

El beduino sonrió, asintiendo con la cabeza, demostrando gran satisfacción. Silvano, interesado por una extraña intuición, señaló el retrato del árabe de la pared, preguntando:

—¿Quién es?

El beduino se restregó los ojos, sorprendido, después consideró que el joven todavía no se había recuperado totalmente en su conciencia espiritual.

—"Sahhed", ¿no lo recuerda? —replicó, atentamente.

[4] *Nota de Atanagildo:* Salan Aleikun "la paz sea contigo", Aleikun essalân, "sea contigo la paz".

234

Se levantó, inclinó su cuerpo, puso su mano en la cabeza y aguardó unos momentos antes de decirle:

—Salve "Thaleb". ¡Hamuh! El santo de los santos.[5]

Silvano parecía que algo de familiar tenía todo eso, pero no podía identificar a gusto la figura extraña del árabe.

—¿Esto es un hospital o una casa particular? —dijo, moviendo las manos para expresar mejor su pensamiento. Fue ntonces, que asombrado y mudo, reparó que sus manos estaban limpias y los dedos perfectos. Tímidamente llevó su mano a la oreja y el beduino adivinó el resto. Sacó un espejo ovalado, debajo de los libros y se lo entregó a Silvano. Se miró estupefacto, miró reiteradamente el espejo y su semblante se iluminó de alegría. Su rostro era hermoso y sano. La piel limpia y sin manchas ni cicatrices del terrible mal. Casi sin poder hablar, dejó caer su cuerpo en la cama, como queriendo relajar los nervios. Palpóse nuevamente, volvió a mirarse al espejo, se pellizcó y con gran satisfacción comprobó que volvía a sentir el efecto del pellizco.

—"Allahus Akbar", —exclamó, intempestivamente, después de dar un gran suspiro de alivio.[6] —¡Qué pesadilla horrible viví!— Y con un gesto familiar se volvió hacia el beduino, diciendo un poco distraído: —¡Qué sueño malo tuve! Imagínese, que yo era leproso y asistía a la muerte de mi hermana Verita, corroída por la lepra. De repente se restregó los ojos, sorprendido, y señalando al beduino le preguntó:

—¿Cuál es su nombre?

—Shamed.

—¡Ah! ¿Cómo es que yo presentí todo eso?

El beduino se levantó de la butaca, mostrando íntegramente su voluminoso cuerpo, mientras trataba de disimular su risa misteriosa:

—¡Hum! ¡Hum! —respondió—, tal vez "sahhed" me conoció antes de vivir la terrible pesadilla de vivir leproso en la carne. ¿Qué me dice?

Silvano sintió una fuerte conmoción en el cerebro, por el choque de la veloz asociación de las ideas en su mecanismo mental, provocado por las palabras intencionadas del beduino. La

---

[5] Sahhed, "señor"; "Thaleb", mentor.
[6] *Nota de Atanagildo*: En árabe: "Dios es grande."

generalidad de las almas que sufren las expurgaciones violentas de sus toxinas periespirituales, como en el caso de la lepra, el cuerpo físico funciona semejante a una "esponja" absorbiendo las impurezas del espíritu desencarnado. Tal acontecimiento o expurgación rápida favorece al recién desencarnado para reajustarlo a la brevedad a su ambiente del pasado, aunque los sufrimientos hayan sido cruciales. Silvano, volvió a retomar su memoria sideral, y le sobrevino una inmensa alegría, al comprobar que se había liberado de la carne, después de la terrible prueba de la lepra y exento de tener que pasar por los charcos purgatoriales del astral inferior.

—Entónces ¿quiere decir que usted es Shamed? —dijo confusamente.

—Evidentemente —respondió el beduino moviendo su abultado cuerpo. Se acercó a la cama y lo abrazó efusivamente, propio de los viejos compañeros que vuelven a verse después de una larga ausencia.

—Todavía continúa con el cargo de "despertador"? —preguntó Silvano, con aire travieso.

—¡Y sin campana! —agregó el compañero sonriente.

Silvano conmovido levantó los ojos hacia el cuadro del árabe, mirándolo detenidamente, con respetuosa reverencia espiritual. En seguida exclamó con voz trémula:

—¡Hamuh! "El Chansseddin"!... ¡Salve Maestro! [7]

Y volviéndose hacia el beduino, le preguntó:

—¿Todavía no abandonó el "cascarón"? [8]

—¡No! Hamuh sigue en el cascarón, soportando las dificultades y los sacrificios de siempre. Generoso, estoico y amoroso, es un verdadero ángel, pero su sabiduría y poder, lo hacen más grande. Nos ayuda siempre, indiferente a nuestras ingratitudes y terquedades. Ultimamente está teniendo necesidad de reposo para equilibrar las energías. —El beduino hizo un gesto de gran pesar, lamentándose en seguida—. Creo que muy pronto no lo

[7] *Nota de Atanagildo*: En árabe, significa "Luz de la Religión."

[8] En el Espacio, el término "cascarón" se refiere al espíritu superior manifestándose en forma periespiritual, pues ese cuerpo le ha servido en otros tiempos, cuando estaba encarnado. En Umbanda, existen elevadas entidades que bajan a los terreiros (lugar de trabajo mediúmnico), usando los viejos cascarones o particularidades características en la forma de negros viejos, mestizos, abuelitas o madres negras.

veremos más, apenas lo sentiremos. ¡El desgaste, cada vez se acentúa más!

—¿Y, Verita? —suspiró Silvano—. ¿Cómo podré pagarle? Sin ella yo me hubiera suicidado otra vez, ¿no es verdad? ¿Cuándo el Señor nos concederá la oportunidad de recompensarla por tantos sacrificios y amor incondicional entregado? Si hubiera errado nuevamente, sería el tercer suicidio, ¿no es verdad?

—¡Así es, hermano mío! —agregó Shamed—. Bien, todavía usted no disfruta de una desencarnación absoluta y pacífica en la presente vida y casi debió pasar por los charcos expurgativos—. Moviendo su pesado cuerpo por el cuarto y juntando los dedos de sus manos, el beduino agregó, con aire de profunda reflexión: —Sabe, amigo mío, ¿que por orden de Hamuh tuve que empujarlo un poquito sobre las lajas del riacho? ¡Y creo que fue muy buena ayuda!— Sonrió picarescamente y pronunció con cierto aire juguetón: —Discúlpeme por el empujón, apreciado El Zagreb.

—¿Por qué? —exclamó Silvano sorprendido.

—Hamuh previó que si pasaba el riacho, tomado por aquella desesperación incontrolable, podía destruirse conscientemente, provocando lesiones periespirituales, bastante graves. Muchas entidades tuvieron un buen comienzo o un buen fin de vida en la materia, gracias a un simple y desconocido empujoncito.

Silvano estaba serio. A pesar de todo, había percibido los acontecimientos de su desencarnación y rompió el silencio con una fuerte risotada, a la vez que decía:

—¡Shamed, entonces te desquitaste! Si no me falla la memoria sideral, yo te di un ligero empujoncito en aquella existencia, en Persia. ¿Lo recuerdas?

—¡Hum! ¡Hum! —hizo Shamed—. Lo que es la vida. Y suspiró encogiéndose de hombros con displicencia—. Lo importante es que el final sea conciliador, ¿no es verdad? ¡Discúlpeme!— Shamed salió del cuarto y volvió unos minutos después, pero en esta oportunidad estaba rodeado de una intensa y rosada luz, con matices liliáceos.

No tenemos intención de prolongar esta verídica historia, sucedida en Brasil y posiblemente recordada por algunos lectores de avanzada edad, que tuvieron conocimiento de esos desventurados hechos. Pero es nuestra obligación explicar los motivos que le dieron origen. En estos momentos, queremos agradecer al espíritu de Mohamed Al Zarah, actual jefe del "Departamento de Fichas Kármicas" de la comunidad espiritual "Oasis del Corazón", situada en la zona astralina del Líbano y Siria, el que nos permitió el acceso a los archivos que contenían las pruebas de todo el caso citado y también, nos ofreció las explicaciones necesarias para que los lectores asimilen tan magníficas lecciones espirituales.

En base al importante y reservado papel que le toca a Brasil, en la divulgación del Espiritismo en el siglo xx, muchos cooperadores de Allan Kardec se encuentran encarnados en este país, inclusive los principales personajes de esta historia, que actúan activamente para la difusión de la doctrina. En general, casi todos los trabajadores espíritas son entidades que provienen de Oriente, porque la filosofía oriental es la fuente de las enseñanzas de la Ley del Karma y de la Reencarnación. India, Egipto, Caldea, Asiria, Arabia y Grecia, son fuentes que proporcionaron los conocimientos filosóficos, que hoy son aceptados por los brasileños y que forman la raza más intuitiva de la tierra.

Silvano, Verita, Marilia y Fabiano, son compañeros y forman un grupo de espíritus que van ascendiendo espiritualmente bajo la dirección de los mentores de origen asiático, como es Hamuh. Antes de sus encarnaciones en Brasil, nuestros personajes vivieron en Turquía, donde dieron comienzo a ciertos hechos, que hoy explicamos como expurgaciones psíquicas o rectificaciones kármicas.

Fabiano, en sus variadas existencias, en Asia, fue bey, especie de gobernador de una provincia turca, bajo el control del sultán. Hombre despótico y vengativo, acostumbraba a objetivar sus caprichos a cualquier precio. Bajo presión administrativa e imposición política, desposó a Verita, contrariando la idea de su familia, que la tenían destinada a ser esposa de un joven oficial del ejército, cuya guarnición estaba en los Dardanelos, el que se suicidó ante la imposibilidad de reaccionar de otra forma. Ese oficial fue Silvano, al cual, en el pasado, Verita lo engañó y se casó con un Bey de provincia, seducida por el lujo y confort material.

Fue un pecado de omisión, pero lo suficiente para comprometerla en sucesivas vidas con aquél que le había profesado tanta fe y respeto. Mas Verita pudo rehacerse bastante de las faltas casi involuntarias, pues siendo la esposa del gobernador, soportó muchísimos sufrimientos y atenuó algunas venganzas políticas ordenadas por el Bey, por cuyo motivo, los beneficiados pasaron a llamarla "princesa", en forma lisonjera por su generosidad y delicadeza.

Entre las tribus nómadas adversas a la política del Bey, estaba el grupo conducido por Shamed, beduino de buena estirpe, bonachón y algo desprolijo, pero obstinado en sus principios políticos. Siendo víctima del Bey, le secuestraron todos sus bienes, la familia fue desterrada y él encarcelado. Mientras tanto, prefería la muerte, antes que traicionar a sus amigos y subalternos. Sufría muchísimo por desconocer el paradero de su esposa e hijos menores, pues parte de la tortura, era negarle ese conocimiento; de todas formas quería saber si vivían o estaban muertos.

Verita, conociendo la tragedia de Shamed, en cuya tienda ella se había hospedado con el esposo en sus andanzas políticas, se apiadó de él. Ayudó a la familia por intermedio de fieles amigos, que se encontraban más allá de las montañas. Desde ese momesto pasó a comunicarle las noticias respecto de sus familiares.

Cuando a Verita le nació su primera hija, que en la última encarnación fue Marilia —su madre— distribuyó regios presentes a los pobres y consiguió indultar a los prisioneros, víctimas de su esposo cruel.

Finalmente, después de la encarnación en Turquía, Hamuh reunió a todos sus pupilos en el Espacio y les propuso encarnaciones en Brasil, durante el siglo xx, para que participaran conjuntamente en la elevada y provechosa divulgación del Espiritismo. Aun así, la Técnica Sideral, después de diversos "tests" en decenas de participantes que conformarían el conjunto espiritual, consideró aptos a los espíritus de Marilia, Verita y Silvano, cuyos conocimientos y facultades mediúmnicas redundarían en beneficio de la divulgación espírita. Los demás, inclusive Fabiano, no ofrecían las condiciones favorables para ese importante evento debido a los reflejos kármicos desde los tiempos de Asiria, Babilonia, Egipto y Turquía. Cada uno de los propuestos tenían una excepcional cualidad, comprobada en su carácter sideral y capaz de garantizarle su buena conducta y éxito del programa planificado. Marilia era suprema resignación; Verita, mansedumbre y bondad y Silvano, fidelidad y honestidad absolutas. Sin embargo, había un entorpecimiento que traería aparejado serias dificultades a los tres candidatos. Era la carga de "toxinas psíquicas" que entorpecía a sus periespíritus, fruto de los errores cometidos en vidas pasadas y que obedecían a los celos, orgullo, vanidad, cólera, indiferencia y lujuria. Los malos procederes con el prójimo, tuvieron que recibirlos de vuelta, bajo la ley del "choque de retorno" en forma de blasfemia, enfermedades, odios, venganzas, frustraciones, magia mental y calumnias destructoras. Para contar con el éxito del programa en el futuro, la Técnica Sideral, les sugirió realizar una existencia carnal purgativa, en Brasil, para la debida limpieza periespiritual e indispensable para asumir los delicados y elevados compromisos de la causa del Espiritismo.

Sin lugar a dudas, los tres espíritus escogidos para integrar una misma familia, podrían drenar las toxinas deletéreas hacia la carne, poco a poco, existencia tras existencia, cuerpo tras cuerpo, con períodos especiales de expurgaciones y bajo las clásicas enfermedades, que son menos corrosivas. Pero, como verdaderos intérpretes de la responsabilidad para la causa espírita, debían hacer una limpieza total de sus periespíritus para afrontar la divulgación de los postulados doctrinarios. La densidad del periespíritu podría comprometer la relación mediúmnica con sus mentores, responsables directos del progreso espiritista sobre la tierra. Los exámenes siderales comprobaron que las toxinas de Marilia y Verita eran de un tipo muy radiactivo, cuya drenación rápida afectaría la médula ósea material, provocando la leucemia por el fenómeno de excitación de ciertas células mielíticas. Silvano poseía toxinas periespirituales que lo predisponían a la infección tuberculosa, que ineludiblemente se le manifestaría en el tiempo previsto.[9]

Ante los resultados graves de sus exámenes, para conseguir la

9 *Nota de Atanagildo*: Pocos son los espiritualistas que ven con claridad el verdadero sentido de la recuperación kármica, pues aun entre los mismos espiritistas, confunden el programa técnico de limpieza periespiritual, con el concepto de castigos, sufrimientos o rescates de culpas pasadas. En los planos superiores no hay departamentos correctivos para castigar las faltas o errores de los hijos de Dios. Fuera de algunas situaciones muy particulares de los tribunales de justicia del astral inferior, bajo la dirección de entidades malévolas del submundo espiritual, el dolor, la desdicha, desgracia, tragedia o infelicidad son las fases de un proceso técnico beneficioso, trazado inteligentemente por los "Señores del Karma", con el exclusivo objeto de proporcionar la felicidad a los espíritus ignorantes.

limpieza periespiritual de una sola vez, Silvano retrocedió ante la prueba, receloso de cortar la prueba kármica, suicidándose antes de los dieciséis años de edad, plazo fijado para su desencarnación. Alegó, que anteriormente había tenido mejores perspectivas, y sin embargo había fracasado, suicidándose dos veces consecutivas. Temía que fuera a destruir su cuerpo de carne, ni bien sintiera los primeros efectos de la lepra. Hamuh, ante aquel exámen interior de Silvano, no alentaba ninguna seguridad para ubicarlo en una nueva encarnación a mediados del siglo xx [10] como un activo colaborador de la doctrina espírita, en la patria brasileña. El suicidio aún lo comprometía en su ascenso espiritual, y por fuerza de ley, sería arrastrado nuevamente a los charcos purgatoriales. Optó, por lo tanto, en adecuarle una existencia menos dolorosa y de reajustes parciales, para que continuara su recuperación kármica en sucesivas reencarnaciones.

Verita podría drenar la carga nociva periespiritual hasta los cincuenta años de edad, desencarnando por medio de la leucemia. A pesar de todo y en base a su generosidad, resolvió descender a la carne, como hermana consanguínea de Silvano, para ayudarlo a sobrevivir hasta el tiempo previsto por los Técnicos Siderales, indispensable para efectuar la expurgación total. Lo amaba desde hacía milenios y era responsable de algunas frustraciones pasadas. Intercedió ante los mentores y ninguno consiguió disuadirla de la prueba sacrificial, más allá de sus necesidades espirituales.

Redujo el tiempo de expurgación de los cincuenta años de vida material a sólo catorce años, pero podrían vivir juntos la prueba acerba con Silvano, hombro a hombro. Entonces ella, solicitó la interferencia fluídica de la técnica Sideral, para que le sustituyeran el residual tóxico de su periespíritu, previsto por

10 *Nota de Atanagildo*: Verita y Silvano están reencarnados en San Pablo; la primera desempeña algunas funciones de médium intuitiva y de curaciones; el segundo se prepara a casarse con ella, y después de los dos o tres años de matrimonio, empezará a desarrollar su mediumnidad. En su esquema mediúmnico figura la facultad psicográfica, cuyo contenido deberá ser simple, concreto, coherente y seguro, pero sin contrariar el cientificismo académico del mundo. Cuando Silvano se case, será influenciado por su esposa, médium excepcional, dado que ya no tiene deuda que rescatar. Marilia, ya encarnada y con bastante edad, desempeña sus trabajos mediúmnicos con precisión y mucho cariño, siendo muy conocida en todo el Brasil.

la desencarnación de la leucemia, hasta los cincuenta años de edad, para el "residual tóxico de la lepra".[11] Sin lugar a dudas, que la Contabilidad Divina, le acreditaría el doble de las "horas cruciales" donadas por su impulso generoso de amor desinteresado. Si Jesús, ángel inmaculado, se sometió a los corrosivos y groseros fluidos de los planos inferiores, oprimiendo su lúcido periespíritu, a fin de manifestarse en la carne, impulsado por su inmenso amor a la humanidad, no existe incoherencia o incompatibilidad, para los espíritus de menor quilate sideral, como en el caso de Verita, en someterse a sufrimientos inmerecidos, pero que redundan en favor de otra alma necesitada. Si consideramos absurdo el recurso de la "reducción vibratoria" de los espíritus responsables, a fin de ayudar a los encarnados, tendríamos que suponer, que Jesús alcanzó su encarnación por la ley que rige a la densidad periespiritual, donde los "semejantes atraen a los semejantes". Sin embargo la situación es muy diferente, porque esos espíritus liberados de los rescates kármicos, crean las condiciones vibratorias adecuadas que les permiten reducir sus vibraciones siderales, hasta alcanzar el contacto con el mundo físico. Si mentalizamos este aspecto, indiferentes a la Ley amorosa del Padre, entonces tendríamos que pensar, que Jesús fue crucificado por tener que rescatar culpas kármicas semejantes.

Sin embargo, sucede que en las esferas espirituales que controlan las pruebas reencarnatorias, no son absolutamente infalibles con respecto al planeamiento y realización de los programas de recuperación espiritual. Los más minuciosos proyectos, a veces, presentan fallas, que a última hora exigen la movilización de recursos inesperados por parte de los técnicos siderales. Eso se puede comprobar en el transcurso de la vida de Verita, cuyo planes para su existencia carnal, estaban basados en los ascendientes hereditarios de la familia física, que sólo alcanzaría los

---

[11] *Nota de Atanagildo*: Cuánto lamentamos, que todavía no podamos esclarecer satisfactoriamente el proceso que reajusta los llamados "residuales sintéticos astralinos", que pueden acelerar la vida de ciertos virus, que sobrepasan sus cuotas mínimas, en el organismo físico del hombre, cuando son accionados por la técnica de "este lado". Ese proceso sólo es conocido en el Espacio y es imposible explicar ante la pobreza de los vocablos terrícolas. Apenas es concedido mentalmente por algunos iniciados privilegiados de la alta escuela espiritualista, que viven su vida material, compartiendo las pruebas acerbas de la familia, a fin de apresurarles sus inquietudes espirituales hacia una vida superior.

catorce años de edad, y pasados los dos o tres meses de la muerte de Silvano, a quien ella debía amparar hasta el final de la prueba y desviarlo del suicidio en los momentos de desesperación espiritual. Contrariando los pronósticos de los técnicos siderales que aseguraban el proceso por la resistencia fisiológica de su organismo, ella se desvitalizó aceleradamente, que fue necesario aplicar continuas transfusiones de fluidos energéticos, desde el Espacio. Era necesario mantenerla encarnada y hacerla sobrevivir, hasta que Silvano tuviera el desenlace previsto a través de la violenta hemorragia a consecuencia de la lepra.

Felizmente, Silvano desencarnó sin llegar al suicidio, librándose de los charcos de expurgación periespiritual, aunque en su trágica fuga, después de la muerte de Verita, quería adrede tener una muerte accidental, pero aminorada en base a su estado de desesperación espiritual. Conforme aclaró Shamed, Silvano no regresó al Más Allá gozando del mérito de haber alcanzado la prueba al máximo, pues fue necesario darle un "empujoncito", autorizado por Hamuh, para que desencarnara liberado de mayores perjuicios. El "empujón" se justifica, porque el desenlace de Verita, sucedió antes del plazo fijado, por el planeamiento de la vida de ambos hermanos, debido a un pequeño equívoco de la Técnica Sideral al calcular la resistencia biológica de Verita. Así una cosa justifica la otra; el "empujoncito" de Shamed compensó el equívoco sideral de la muerte prematura de Verita, puesto que su vida física estaba vinculada emotiva y espiritualmente a Silvano, como una garantía para que él permaneciera en la tierra el tiempo prefijado.

En verdad, todo sucede por querer acelerar el ascenso del espíritu y liberarlo de las seducciones transitorias de la materia, hasta que pueda vivir en la comunidad angélica, sin ser atraído por la vida carnal.

ANGELES REBELDES

Una dulce claridad bañaba el conmovedor paisaje, cuyos tonos suaves, color liliáceo daban la sensación de estar soñando. El delicado conjunto de flores y vegetación formaban una especie de anfiteatro, que convergía en unas gradas de sustancia translúcida, color topacio. En el centro había una especie de mesa, de muy lindo matiz salmón, con una jarra de líquido esmeraldino; a los pocos pasos se veía una butaca muy hermosa.

Al fondo de ese panorama del astral superior, se divisaban unas colinas ceniza liliácea que cambiaban suavemente de colores, al impacto de los rayos solares. A la derecha, un pequeñito lago de agua plateada y adornado por la irradiación de hermosas flores, formando un delicado corazón. Algunos árboles de hojas sedosas y muy finas, con matiz verde paja, parecido a ciertos contrastes de vegetación vistos en la tierra, colgaban como una abundante cabellera sobre el lago. A la izquierda, el suelo descendía suavemente, saturado de arbustos y cargado de flores pequeñas, cuyos centros encarnados brillaban a semejanza de rubíes vivos, en medio de pétalos rosados.

Se escuchaba una acariciadora melodía, ejecutada por violines y violoncelos invisibles, bajo la magia de manos invisibles, acompañados del contracanto de voces infantiles, que fortalecían la venturosa paz del espíritu.

La dulce armonía todavía vibraba en el aire, cuando se oyeron voces que se aproximaban, mezcladas con risas y exclamaciones. En ese lugar maravilloso, junto al lago, aparecieron doce espíritus, cuyas auras deslumbraban por sus hermosos colores. Inmediatamente rodearon a un viejecito de cabellos blancos, peinado al estilo nazareno; que le daba aspecto de una estatua de porcelana. Vestía una túnica blanca hasta los pies, cuyos bordes bordados en azul índigo, formaban dibujos que nos hacía recordar los ropajes asirios. Calzaba sandalias tipo franciscano, color negro y bordadas con hilos de oro. A pesar de su figura anciana, sus movimientos eran seguros y rápidos. Los ojos eran vivos y claros, como dos esmeraldas. Se distinguía de los otros espíritus por su intensidad de luz y por sus colores, semejantes a los del arco iris, que relucían a la altura de su pecho, esfumándose en un amarillo dorado alrededor de su venerable cabeza. De sus manos emanaban efluvios zafirinos y liliáceos, dando color a un rollo que tenía en las manos, muy semejante a los papiros egipcios.

Cuando todos los presentes se acomodaron en las gradas translúcidas, el venerable anciano comenzó diciendo:[1]

—He aquí las recomendaciones que dirigí a la tierra, al grupo espírita mediúmnico "Los Nazarenos", para aclararles definitivamente, la cuestión sobre la luz que alcanza el espíritu, a medida que evoluciona. La luz es innata en cada ser y no proviene de la graduación posterior que va alcanzando en sus conquistas de orden personal.

—¡Ya era tiempo! —exclamó otro espíritu, cuyo cabello lo llevaba atado al estilo griego.

—No ignoramos, que son muy pocos los terrícolas que están interesados en el conocimiento lógico y sensato, de la inmortalidad. Los estudiosos conectados a nuestras colonias siderales, que realizan esclarecimientos en la superficie del planeta, se quejan de la hipnosis de los espíritus, que aún viven sujetos y esclavizados a las pasiones transitorias del reino animal.

Y cambiando el tono de su voz, el anciano manifestó en forma esclarecedora:

—La mayoría de los adeptos espíritas no pasan de la fase

---

[1] *Nota de Atanagildo*: Estamos imposibilitados de describir los hermosos paisajes de las venturosas regiones; por causa de la pobreza del lenguaje humano, estamos obligados a echar mano a los recursos metafóricos y a los términos literarios de vuestro mundo. Disculpe el lector de nuestra infructuosa tentativa de transmitirles una pálida idea de las esferas espirituales superiores, donde usamos y abusamos de las imágenes "translúcidas, cristalinas, vítreas" y otros términos similares, pues tratamos de asociar a la mente del lector, sus propias evocaciones sobre la realidad inmortal. Ejercemos una verdadera impresión en la mente de nuestro médium, pues el oro y el diamante que damos por ejemplo, no son suficientes para daros una comprensión sobre la hermosura de esos panoramas edénicos.

cómoda del convencimiento ortodoxo, y exclusivamente adheridos a lo que *"Kardec dijo"*. Evidentemente, que ellos juzgan que el progreso humano se encuentra estacionado, después de los cien años de la aparición del Espiritismo, e ignoran las revelaciones e investigaciones modernas en el campo del espiritualismo. Los espíritus ortodoxos consideran incoherentes y hasta equivocadas, aquellas actividades espirituales, ajenas a la codificación, aunque de esa forma, contraríen el pensamiento universalista del codificador del espiritismo. Existen espíritas tan desconfiados del esfuerzo idealista de otros credos, que actualizan *la verdad*, como hacen los católicos asustados ante la sola mención de la palabra Espiritismo. Citemos, por ejemplo, el caso del periespíritu, que Allan Kardec, simplemente registró en el "Libro de los Espíritus". Conforme a las creencias científicas de la época, el codificador no podía hacer otra referencia al punto aludido. Por lo tanto, su mentor espiritual sólo podía responder la pregunta sobre la naturaleza del periespíritu, de la siguiente manera: "Envuelve (al espíritu) una sustancia vaporosa para tus ojos, pero bastante grosera para nosotros; además, su vaporosidad, es suficiente para poder elevarse en la atmósfera y trasladarse donde quiera."

Después de esta sencilla explicación, nada más se dijo. El periespíritu era una "nube vaporosa", mientras el ocultismo de la época lo consideraba un organismo complejo y mucho más avanzado que el cuerpo transitorio de la carne. Los rosacruces, teósofos y yogas, dicen que el periespíritu es portador de un sistema que actúa en los campos de energías bajo la forma de luces, colores, peso, temperatura, magnetismo, defensa e inmunización, además del mecanismo que permite la volición bajo el impulso sutil de la mente. La mayoría de los espíritus desconocen el propio doble etérico, formado por el éter físico y sus centros de fuerza llamados "chakras" [1] que actúan como intermediarios entre el periespíritu y el cuerpo físico y que accionan bajo la voluntad del espíritu encarnado. En consecuencia los espíritas ajenos al estudio minucioso de las obras que lo conducen a mejores y completos conocimientos sobre su entidad divina, protestan por-

[2] Véase las siguientes obras sobre *"el doble etérico"* y los *"chakras"*: *"Esclarecimientos del Más Allá"* de Ramatís, o los *"Chakras"* de Leadbeater. La obra *"Pensamiento"* y *"Pases y Radiaciones"*, capítulo *"Chakras"*, de Edgar Armond.

que están convencidos que el envoltorio periespiritual es como una nube vaporosa, como lo *"dice Kardec"*. Indudablemente, si eso fuera la verdad del asunto, los desencarnados no serían más que bandadas de abejas o mariposas, que volarían indefinidamente por el espacio. Todavía no comprendieron la explicación rudimentaria del codificador sobre la naturaleza del periespíritu, que no define su exacta realidad, pero si da la explicación convencional al escepticismo de la época, para no ridiculizar la doctrina espírita, en su comienzo.

Después de una sonrisa picaresca, el viejito agregó: —Mal saben los espíritas, que el Maestro Allan Kardec se encuentra encarnado y está trabajando en la tierra para retocar la obra y esclarecer a los kardecistas respecto a la tolerancia y flexibilidad del Espiritismo, que de modo alguno choca con el espiritualismo cristiano, practicado por las diversas instituciones que benefician al mundo. Cambiando el tono de voz, prosiguió: —Bajo ese padrón ortodoxo y tradicional, es que la mayoría de los espíritas creen en el concepto de que sólo alcanza la luz, después de haberse sometido a los argumentos de los adoctrinadores o médiums. Sin embargo es la misma cuota de luz divina que existe en la intimidad de todos los seres, sean genios o imbéciles, héroes o cobardes, santos o demonios, vírgenes o prostitutas. No existen privilegios en la creación de Dios, puesto que El no distribuye la luz de la vida a sus hijos mirando únicamente la parte lisonjera o simpática, que por otro lado, es bastante humana. Donó la luz para todos, igual e impersonal, como una emanación de sí mismo, para formar la conciencia de las criaturas.

El hombre, como espíritu encarnado, no necesita evolucionar para tener "más luz", ni morir físicamente para sobrevivir en espíritu; puesto que está viviendo en la misma carne su esencia indestructible. A medida que el ser se purifica, su periespíritu se vuelve más transparente, por eso irradia más luz, como sucede al limpiar la lámpara empolvada, que nos brinda un foco de luz más amplio. Dios es el fundamento indestructible de la conciencia humana, por cuyo motivo el "Génesis" asegura que el "hombre fue hecho a imagen de Dios", y Jesús, más tarde, confirmó el dicho, diciéndonos: "¡Vosotros sois dioses!"

—En ciertas oportunidades, que realicé algunos viajes a la superficie de la tierra, asistí a trabajos mediúmnicos, cuyos videntes anunciaban cuando el espíritu iba tomando más luz, conforme a la mayor o menor asimilación de los argumentos que presentaban dichos adoctrinadores! —dijo una bellísima joven, cuyo traje nos recordaba a la samaritana bíblica.

Apolonia sonrió, diciendo en forma de explicación:

—Espíritu atrasado, es aquella entidad que tiene su periespíritu bastante denso, debido a la incorporación de residuos impuros, que se le han petrificado bajo el descontrol de las pasiones o vicios cometidos por la ignorancia intelectual. El involucro denso no deja pasar hacia el exterior los rayos de luz, que palpitan en lo íntimo del ser.

Después de una pausa significativa, como analizando el efecto de sus palabras, Apolonio concluyó:

—El espíritu no "gana la luz" en determinada época de su vida, porque es una entidad modelada por la propia luz del Creador. Cuando el hombre se animaliza, peca y condensa su vestimenta periespiritual reduciendo la irradiación de esa luz interior; pero, practicando las virtudes y adquiriendo sabiduría, comienza a clarificar su envoltura, expandiendo mayor luminosidad. —Cambiando el tono de voz, agregó: —Bien, vamos a tratar el asunto principal de nuestra reunión. Nos referiremos al futuro de algunos espíritus, que son de nuestra milenaria afección.

Subió al estrado y se sentó en la cómoda butaca, de extraño y luminoso matiz, mientras los demás espíritus se acomodaban en las gradas que conformaban el anfiteatro. —La convocatoria de hoy, tiene especial interés para la metrópolis sideral "Estrella Blanca", centro director de la colonia espiritual "Bienaventuranza", donde acostumbramos a estacionarnos. Se trata de un karma colectivo muy severo, impuesto por los "Señores del Karma" a pasar en la tierra en el próximo siglo xx y con la finalidad de reajustar ante la ley Espiritual a millones de espíritus endeudados desde los tiempos bíblicos.[3] Es liquidar la deuda contraída sobre las tropelías, mortandades y masacres cometidas por millones de seres, desde la época de David, el hijo de Salomón, el que también renacerá en la tierra, y será el "detonador psíquico" de las pruebas acerbas para esas legiones del pasado, que en su mayoría vestirán el traje carnal de la raza judaica.

---

[3] Señores del Karma, conocidos por la filosofía oriental, son los espíritus encargados de planificar los programas redentores de los encarnados, para obedecer al proceso de rectificación espiritual.

248

—Evidentemente, que el general que ordena la destrucción, es el principal responsable por los soldados que obedecen sus órdenes ¿no es verdad? —preguntó un espíritu de larga cabellera grisácea, cuya vestimenta blanca y de estilo nazareno, estaba recubierta por un hermoso manto azul marino—. Sin duda, que el general ha de ser el responsable por el "permiso" concedido a sus soldados para que lleven a cabo venganzas y crueldades sobre los vencidos. También es bueno observar, que los soldados tienen un "libre albedrío" para cumplir o negarse a obedecer la orden impartida, puesto que es la responsabilidad individual de cada combatiente. Hay guerreros que son inspirados y saben respetar a los vencidos, mientras que otros decantan su odio y frustraciones en la saña de destruir y masacrar a los viejos, mujeres y niños indefensos. Pero, ningún soldado está obligado a incendiar o violar los hogares de los vencidos y masacrar a sus habitantes pacíficos, como sucede en las guerras terrenas.

—Sin embargo, ¿el soldado no está obligado a cumplir las órdenes de sus superiores? El pelotón de fusilamiento, ¿no debe matar por la imposición de la Ley militar, impuesta por un tribunal, y en forma inmediata? —objetó un espíritu majestuoso, vestido a la usanza árabe.

Apolonio sonrió, y haciendo un gesto comprensivo con la cabeza, respondió:

—Mis hermanos; ¡mata quien quiere! ¿Alguien podría obligar a Jesús, Buda, Francisco de Asís o a un Ghandi a matar, aunque fuera oficialmente? Jamás podrían matar a viejos, mujeres y niños indefensos, por el sólo hecho que lo ordene un comando superior. ¿Quién concebiría al dulce Jesús, puesto en la mira de un fusil, intentando acertar en el corazón de un sentenciado?

—Bien, —insistió el árabe—. No tenemos dudas, que esos espíritus de elevación jamás harían ningún acto de destrucción. Pero, ¿qué deben hacer los soldados sumisos ante un comandante tiránico y cruel?

—Repetimos, eso es una decisión íntima de cada soldado, pues tanto puede optar por la actitud pacífica del Cristo y perdonar al vencido, o matarlo, obedeciendo a su jefe belicoso y vengativo. En cualquier circunstancia el hombre tiene el derecho de matar para no morir, ¡o morir para no matar! Indudablemente que esto ha de variar conforme sea su apego a la vida carnal, porque Jesús no sólo resaltó al precepto pacífico del 5º mandamiento; "No matarás", sino que afirmó, "Quien perdiera la vida por mí, la ganará." [4] También tiene lógica, que si todos los soldados no obedecieran la voz tiránica de sus superiores, es natural, que las guerras no existirían, por falta de brazos que tomaran las armas. Tenemos el ejemplo de las legiones de Mauricio, convocadas para destruir, que prefirieron morir, en vez de matar.[5]

Mientras los oyentes guardaban silencio, meditando las palabras expresivas de Apolonio, después de unos instantes, cambió el curso de la conversación y prosiguió:

—De acuerdo al calendario de la tierra, estamos ahora en el siglo xix mientras que por nuestro calendario, estamos en el día de Piscis.[6] Ustedes saben que los Psicólogos Siderales basan sus previsiones del futuro en la marcha progresiva de la humanidad, y en el primer tercio del siglo xx, deberá desencadenarse en la superficie de la tierra, una guerra de enormes proporciones, iniciada por los espíritus de Esparta, actualmente los alemanes, en franca hostilidad con los viejos atenienses, encarnados como franceses. Será una hecatombe de repercusión internacional que

[4] Marcos, cap. III, vs. 34 al 36: Lucas, cap. IX, vs. 23 al 25; Mateo, cap. X, vs. 39.

[5] Mauricio, tribuno y militar, era el comandante de una legión romana. El y sus soldados, cuando se encontraban en Jerusalén, se impresionaron por los comentarios que escuchaban sobre la vida de Jesús, convirtiéndose al Cristianismo. Como el emperador Diocleciano había destacado esa legión para destruir a los rebeldes en la Galia y obligado que prestasen culto a los dioses y falsas divinidades, todos ellos se negaron a obedecer, y fueron pasados a filo de espada, al caer la noche del 28 de setiembre del año 286. Mauricio, hoy, es el guía y creador de "Las cruzadas de los militares espíritas" en Brasil, cuya principal misión es implantar la justicia y el espíritu de paz y amor, entre todos.

[6] Un día del calendario sideral comprende 2160 años del calendario terreno, o sea, un signo astrológico completo. El signo de Piscis se inició, casi a las vísperas del nacimiento de Jesús, cuya influencia, muy pronto terminará y dará luga ra la del signo de Acuario, que por otra parte, se considera el clima ideal para el mejor desenvolvimiento del Espíritu en el campo mental y científico. En base al adelanto que la Ciencia ha hecho en el mundo imponderable, la definición del materialismo se va debilitando ante la concepción del espiritualismo positivo, en donde se implantará dentro de muy poco tiempo, en los laboratorios terrenos, la beneficiosa verdad sobre la vida del espíritu eterno. Véase el cap. "La Planificación" y el Calendario sideral, pág. 51 de la obra "El Sublime Peregrino", edición Kier.

se expanderá por toda europa, convocando a los anteriores comprometidos de las civilizaciones babilónicas, asirias, egipcias y mongólicas, inclusive a los participantes del antiguo Imperio Romano, ahora transformados en los pueblos norteamericanos, ingleses e italianos.

Después de coordinar las ideas, Apolonio explicó:

—Convoqué a todos vosotros para esta importante reunión, porque estamos ligados de alguna forma a diversos espíritus familiares, que se encuentran bastante comprometidos con ese pasado delictuoso, de equívocos espirituales. Ellos aún disponen del orgullo y la ambición para dirigir las grandes falanges del astral inferior, esperanzados de poder ejercer el dominio absoluto sobre el mundo carnal. Después de largas meditaciones pude colocar a esos hermanos réprobos en el gran "karma colectivo" de los hebreos, que han de ser probados en la próxima conflagración europea. En contacto con el "Departamento Sideral de Regeneración", sobre el territorio germano, examiné los gráficos de las pruebas dolorosas y rectificadoras de los judíos y conseguí permiso para ajustar a nuestros hermanos rebeldes en el mismo programa redentor. Mis hermanos saben que aún faltan once miembros de nuestro linaje espiritual, que se encuentran en actividad en las regiones sombrías, prestando su concurso amoroso con aquellas entidades que sufren enfermedades, rebeldías, hipertrofias periespirituales y sienten una fuerte aversión contra los intentos de acercarlos a las filas redentoras del Cristo Jesús. Esos seres se obstinan en querer permanecer en la condición de tiranos, inquisidores y conquistadores, actualmente afiliados a las falanges de los "Dragones", "Escorpiones" y "Serpiente Roja", enemigos acérrimos de la "Comunidad Espiritual del Cordero", pretendiendo el absurdo de querer controlar sus propias encarnaciones en la tierra. Defienden el "slogan" de que el mundo material es de los hombres, y el cielo de los ángeles. Sin embargo, nosotros también hemos transitado por los caminos de la perversidad y obstinación diabólica, cuando vivíamos cegados por el orgullo del "ego inferior"; pero, después vibramos al toque de la gracia divina y reconocemos la sublimidad de la vida superior del espíritu. En consecuencia, necesitamos de todos los esfuerzos y sacrificios para salvar a nuestros queridos réprobos de un nuevo exilio planetario y por consecuencia, de una nueva caída angélica.[7] Ellos se niegan rotundamente a realizar cualquier esfuerzo para ayudar al movimiento crístico, que les pueda atenuar la brutalidad animal para adquirir el nuevo ropaje de ciudadano celeste. Mientras tanto, como la angelización comienza en lo íntimo del ser, a través del discernimiento espiritual y no por control remoto, los réprobos deberán aceptar espontáneamente la propia expurgación expiatoria en la carne. Debido a su avanzado desenvolvimiento mental, por más que los colocamos en puestos humildes, terminan por alcanzar poderes políticos y promueven querellas con hombres egoístas, corruptos e inescrupulosos a fin de alcanzar sus objetivos contra el bien y la verdad.

Pasaron algunos segundos de silencio, notábase profundo pesar en los rostros de los presentes. El viejito los invitó a que se aproximaran a la mesa y desdobló el rollo de pergamino, de donde separó el más grande, poniéndolo a su lado.

—Sabemos que el ser malo, es circunstancial y relativo y que varía conforme a las actividades humanas. El mal no es oriundo de Dios. Es una condición transitoria y resultante de nuestra ignorancia con referencia a la realidad de la vida espiritual. Podríamos compararlo al alumno que se niega a la alfabetización, sufriendo la desventura de ignorar al ser adulto. Nosotros también cometimos errores y hechos malignos, a causa de la ignorancia e indisciplina. Rechazábamos el proceso educativo y redentor del espíritu, retrasándonos en el curso del ascenso espiritual.

Apolonio parecía evocar recuerdos lejanos, antes de proseguir con tono cordial:

—A pesar de sus actividades anticrísticas de nuestros familiares, también son centellas divinas, dispersas por el infinito, buscando su felicidad eterna. No importa si aún están recorriendo sendas equivocadas o censurables, porque sólo la ignorancia que poseen, puede llevarlas a desconocer lo mejor. Por esa causa y en vista de la gran expurgación denominada "juicio final" en la tierra, emigrarán hacia un planeta inferior, todos los espíritus que su especificidad magnética no vibre con el clima previsto para el próximo milenio.

[7] Véase el capítulo "Los que emigraran para un Planeta Inferior", de la obra Mensajes del Astral" de Ramatís.

Y con un largo suspiro, donde parecía expresar su intenso amor por alguien en particular, Apolonio agregó:

—Los once pupilos nuestros no podrán escapar de la próxima limpieza planetaria de la tierra, y si no se redimen a tiempo, tendrán que vivir entre los seres primitivos del "astro intruso".[8] Ante la imposibilidad de que nosotros encarnemos en ese orbe tan primario, tendremos que olvidarlos hasta su nuevo retorno a la tierra, después de sus respectivas expiaciones kármicas. Tampoco podremos ayudarlos en el mundo planetario primitivo, ya citado, pues el sacrificio y el desgaste de energías, serían insuficientes y no compensarían el tiempo que tendríamos que emplear en las actividades educativas y de ayuda en favor de otros necesitados. Desgraciadamente, "nuestros ángeles rebeldes" o exiliados de otros orbes, que aún impresionan hasta "Los Señores del Karma", todavía son candidatos a un segundo exilio planetario.

Algunos minutos después el espíritu de una señora de cierta edad, de muy bonitos ojos azules, rostro ovalado, porte majestuoso y envuelta en una serie de velos multicolores, que parecía una sacerdotisa druida, manifestó:

—Apreciado amigo Apolonio, por qué no nos informa sobre las posibilidades que existen por parte de nuestros errados amigos, para que acepten la desintoxicación periespiritual en la carne, y la consecuente armonización con la organización angélica de la tierra.

—Seis de ellos se muestran cansados de insistir en su rebeldía maléfica, porque reaccionaron favorablemente a la luz de los instrumentos psicotécnicos. Además, tres vibraron satisfactoriamente para nuestra dirección, llegando a evocar impresiones de naturaleza angélica. Aunque un tanto fugaz, la llama espiritual les afloró y demuestran estar bastante satisfechos con el resul-

---

[8] Véase la obra "Mensajes del Astral" de Ramatís, cuyo astro intruso, a pesar de su descripción física, algo incoherente con las leyes astronómicas, y aun impracticable, en un pasaje brusco entre el sol y la tierra, oculta uno de los acontecimientos más importantes para la humanidad terrícola, prevista hace muchos milenios. Por el momento sólo los estudiosos rosacruces, teosóficos y los yogas, en cierta proporción, entienden la verdadera significación del astro intruso, como futura habitación para los exiliados de la tierra. En su órbita de 6666 años, se esconde una gran parte de la revelación, aun inmadura para el hombre moderno, porque es incumbencia de orden espiritual.

tado. Eso nos da una gran esperanza y nos anima para intentar nuevos procedimientos y atraerlos hacia las esferas de luz.

Mientras el viejito dejaba de hablar y miraba tiernamente a todos los presentes, un imponente espíritu, parecido a un hidalgo romano del siglo IX, interfirió:

—Bario fue padre mío en muchas oportunidades, en la tierra, y siempre me protegió, aunque fuera impulsado por su amor egocéntrico. En Caldea, sacrificó su vida cayendo de una enorme piedra cuando peleaba con una fiera, a fin de facilitar mi fuga hacia la aldea. En Roma se dejó degollar como oficial pretoriano, para no traicionar al grupo de cristianos que yo dirigía. En otras existencias, fue hermano mío, amigo y familiar, no escatimaba sacrificios para brindarme una vida cómoda. No me importa si lo hizo por afección consanguínea o egoísta, pues siempre se mostraba impiadoso y agresivo para los ajenos. Lo cierto es, que le debo favores muy especiales y no meditaría mucho, si tuviera que descender al reino de las sombras para brindarle una existencia provechosa.

—Sesostri, tirano y bárbaro, responsable por la masacre de tantos seres desde los tiempos bíblicos, siempre fue generoso y leal conmigo —exclamó una bellísima joven, cuyo perfil escultural de mujer griega estaba adornado por un manto celeste y puntillado por gran cantidad de estrellitas muy pequeñas y plateadas.

—No hay dudas —interrumpió Apolonio—, que nosotros estamos ligados afectivamente a los once réprobos de nuestra familia espiritual. Siempre fueron nuestros amigos cuando formaron parte de nuestras familias en la carne y nos brindaron los medios para nuestros respectivos ascensos espirituales, mientras se comprometían con la Ley Espiritual en sus tropelías y deseos insaciables de riqueza material. Indirectamente financiaron nuestros propósitos superiores; pero, infelizmente, no podemos regenerarlos por control remoto, ni purificarlos milagrosamente.

En seguida agregó con tono muy significativo:

—En varias oportunidades hemos descendido a la tierra en cuerpo físico para ayudarlos, sacrificándonos sin alcanzar éxito alguno, ¿no es verdad?

Los presentes miraron al viejito y asintieron con la cabeza en forma unánime, aprobando sus palabras. En seguida el anciano se inclinó hacia la mesa y señalando el amplio pergamino, comenzó a explicar:

—Conforme al examen realizado por los técnicos del "Departamento de Planeamiento Kármico" de nuestra comunidad sideral, Bario, Sesostri, Kalin, Morian, Hatusil, Shiran, Senuret e Ichtar, fichados sideralmente bajo el prefijo MBOW, de la serie 110.808 al 110.921 de la terminología sideral de la "Estrella Blanca" [9] son espíritus que demuestran receptividad a las pruebas de redención en la tierra, antes de la expurgación del "fin de los tiempos". Los tres restantes, Othan, Sumareji y El Zorian, vibran bajo el padrón integral de ángeles caídos y son insensibles a cualquier sugestión liberativa en la carne y totalmente reaccionarios para dejar sus miras diabólicas. Todavía llevarán algunos días siderales en la superficie del planeta primario donde deberán ser exiliados, así podrán higienizar la "túnica nupcial" y retornar a la casa paterna y participar del "banquete divino".[10] Sabemos que el propio Mayoral [11] pretende incorporar a Sesostri y a Senuret en su ministerio sombrío, cuyo hecho, nos obliga a tomar medidas de inmediato para disuadirlos de esa tenebrosa invitación de retardamiento para sus ascensos espirituales.

Y en una expresión de sentimiento de conmiseración, Apolonio agregó:

—Como no hay inversión de las leyes en los procedimientos evolutivos en la armonía del universo, el delincuente no podrá angelizarse antes que el benefactor, ni éste puede vivir eternamente junto al primero. En consecuencia, los réprobos serán apartados de nuestro lado por muchos días siderales, siempre que pierdan la oportunidad que se les brinda en medio de las pruebas kármicas y colectiva entre los hebreos.

Todos se miraron, preocupados, y la bellísima joven griega

9 Tal vez al lector le extrañe la prosaica nomenclatura sobre la contabilidad terrena, pero la terminología sideral es muy rigurosa y mucho más disciplinada que las organizaciones humanas y transitorias. Ella controla el tránsito entre el mundo espiritual y físico y abarca panorámicamente el tiempo de cada conciencia individualizada en el Cosmos.

10 Véase la parábola del festín de las bodas, Mateo XXII, vers. 8 al 14, donde alude a la situación del periespíritu purificado y limpio, simbolizado en la túnica nupcial, que permite a su dueño, participar del banquete divino, pues de lo contrario sería arrojado a las tinieblas exteriores o sea, en los charcos de purificación astralina o en el purgatorio de la existencia humana.

11 Mayoral, la dirección suprema del mundo de las tinieblas.

se llevó la mano al pecho, intentando disimular la emoción que la embargaba:

—Hermano Apolonio —le dijo con una voz pausada y certera—: ¿la divinidad despierta en nuestro corazón, un amor tan puro y tierno que trasunta el espacio y el tiempo, por esos espíritus que aún se demoran por fuerza de la barbarie y la crueldad? ¿Por qué preferimos abandonar el paraíso y compartir con ellos la carne efímera, llena de ambiciones, vanidades, despotismo, además de sufrimientos?

Mientras ella inclinaba la cabeza, entristecida, Apolonio replicaba conmovido:

—Si no fuera de esa manera, ¿qué impulso sería capaz de permitir que el ángel abandonara la resplandecencia de su morada, a fin de arrebatar de las sombras de las desventuras a quienes todavía no conocen el amor inconmensurable? ¿Acaso nuestra felicidad no está basada en la magnitud del Bien y del Amor proporcionado al prójimo? Nuestras alegrías crecen a medida que somos responsables de la felicidad ajena, pues el Amor es el combustible de Dios que alimenta la vida de las almas. Jesús, el Príncipe Sideral, ¿no abandonó la reluciente mansión y se conformó con el milenario descenso vibratorio [12] soportando las emanaciones deletéreas del mundo material, para salvarnos a todos? ¡Mientras nosotros estamos preocupados por la salvación de los réprobos de nuestra familia espiritual, el Cristo Jesús se sacrificó por todos los hombres!

—Aunque usufructo los bienes del mundo espiritual, amo a Sesostri, querido hermano Apolonio, y me siento inquieta y afligida por sus futuros dolores en los mundos primitivos de regeneración. Querría tenerlo conmigo en la bendecida escuela terrena del tercer milenio.

—Cintia, reconozco su amor por Sesostri y aparentemente inexplicable por su grado sideral; pero en realidad, es muy lógico, porque ellos también tienen en lo íntimo de su alma, la misma cuota de luz que existe en ti. ¡Ayúdelo, para que pronto pueda adquirir mayor refulgencia su periespíritu. Sesostri es el mendigo sucio y harapiento, que se encuentra simbólicamente a la puerta

---

[12] Véase cap. "Jesús y su descenso a la tierra" de la obra "El Sublime Peregrino" de Ramatís, edición Kier.

del banquete angélico. Precisa higienizarse, cambiar de traje y tomar un baño reconfortador, para ser digno de la hermosa luz de los ángeles. El "ángel rebelde", en verdad, es un ángel sublime en potencial, pero hipnotizado por el culto vanidoso a la personalidad humana y transitoria, que intenta compensar la frustración del exiliado, vengándose contra las huestes angélicas del Cristo.

Después de un silencio comprensivo, Apolonio se volvió para Cintia, diciéndole amorosamente:

—¡Dios permita, que Sesostri acepte la última oportunidad que tiene para expurgar el contenido tóxico y milenario de su periespíritu, para evitar otro exilio planetario, o "juicio final", y que pueda gozar de las condiciones vibratorias favorables para vivir contigo en los planos superiores del Espíritu Inmortal!

Cintia bajó los ojos, dominada por dolorosas reflexiones y replicó:

—Apolonio, ¿conseguiré convertirlo?

—Tal vez, Cintia. Si él pudiera comprender que ha de perder su amor tan puro y generoso, exiliándose. Intente demostrarle el júbilo que posee la vida angélica, sobre la gloria efímera del mundo ilusorio de la carne.

La reunión prosiguió y examinaron el programa de pruebas kármicas adecuadas a la redención de los once espíritus.

—Mis amigos y hermanos —acentuó Apolonio—, analicemos el karma colectivo de los hebreos, programado para el próximo siglo terrícola, donde intentaremos incluir a nuestros rebeldes, que son más receptivos a las pruebas rectificadoras.

En seguida expuso el pergamino más largo. Era un mapa multicolor, una especie de prolongación detallada del anterior, el que una vez extendido ocupaba toda la mesa. Se veían símbolos, como estrellas, triángulos, cruces, círculos, rectángulos y ciertos jeroglíficos en colores, distribuidos en puntos estratégicos. El mapa dividíase en tres colores diferentes. La parte superior era de un color amarillo clarísimo. El centro rosado claro y la parte inferior, ceniza, cuyos matices parecían aumentar o reducir el valor de las señales expuestas, en tres colores diferentes.

—He aquí en este gráfico la estadística colectiva de las "horas a rescatar" de la reparación kármica de más de seis millones de hebreos, responsables por las atrocidades y tropelías cometidas desde los tiempos de David contra los amonitas.[13] Observen la gradación de los símbolos siderales marcados sobre los principales grupos de culpados; aquí se encuentran los comandantes y jefes, que ordenaron impiadosas matanzas; allí, están los soldados y suboficiales, ejecutores de las grandes masacres de los viejos, mujeres y criaturas indefensas, doblemente culpables delante la Ley Kármica, porque destruyeron a criaturas desarmadas y pacíficas, en vez de combatientes armados. Los jeroglíficos negros, señalan la intensidad de sus culpas, para esos espíritus señalados para pasar la prueba crucial del próximo siglo. Los signos verdes son el mérito que han ganado en vidas posteriores, acudiendo en ayuda de otros seres humanos. He aquí un ejemplo: éste es un gráfico individual de culpa kármica, que solicité al "Departamento de Planificación Kármica" en donde está detallado el grado y responsabilidad de las faltas cometidas desde los tiempos bíblicos. —Y Apolonio, desdoblando un rollo de papiro menor, que estaba sobre la mesa señaló una anotación especial:

—Nuestro amigo lleva el prefijo MBOW-102.845, pertenece a nuestra familia espiritual y ustedes ya lo deben tener identificado.

—¿Sesostri? —preguntó Cintia, señalando el prefijo que identificaba a su amado en el simbolismo a través del tiempo y el espacio.

—¡Sí! —asintió Apolonio—. Sesostri, desgraciadamente, es uno de los más comprometidos con la Contabilidad Divina de este planeta. La Técnica Sideral le sumó todos los minutos y horas de sus acciones destructivas, que llevó a cabo durante 35 encarnaciones, desde sus tropelías en la época de David, Gengis-Kan, Atila, Aníbal, Alejandro, Julio César y Napoleón, donde se destacó por su naturaleza belicosa dirigiendo a sus jefes guerreros. En su cómputo general, presenta un débito de 1832 "horas

---

[13] A pesar de la hermosa tradición existente sobre David, el salmista e hijo de Salomón, del cual la Biblia nos transmitió una idea lisonjera, la verdad, es que él no dejó de ser un guerrero feroz, cruel y vengativo, matando mujeres, niños y ancianos indefensos. Como ejemplo de sus barbaries, ver lo que se encuentra en el libro 2º de "Los Reyes", cap. XII vers. 31, de la Biblia, que transcribimos: "Y trayendo al pueblo de ella lo aserró e hizo pasar sobre ellos narrias con hierros: y los partió con cuchillos, y los traspasó a semejanza de ladrillos: así lo hizo con todas las ciudades de los hijos de AMMON. Y volvióse David, y todo su ejército a Jerusalén.

culpables".[14] siéndole aplicada la responsabilidad de culpa directa, por su ferocidad destructiva. Conforme nos muestra el jeroglífico amarillo, en esta parte color castaño, hay 897 "horas belicosas", que pueden ser deducidas de la responsabilidad kármica de Sesostri, pues, aunque ellas manifiestan actividades destructivas, contrariando al mandamiento "no matarás", fueron ejecutadas por órdenes superiores, en defensa de la patria y en protección al patrimonio ajeno, enfrentando a los adversarios armados y decididos a matar. Restan entonces 935 "horas culpables" que son pasibles de otra deducción de 309 "horas beneficiosas", señaladas por el gráfico verde, cuando Sesostri, en vidas posteriores y desempeñando profesiones serviciales, arriesgó la vida en función de bombero, conductor de vehículos, guardián del orden, enfermero, militar, vigía, minero, preceptor y salvavidas, como en los casos de desmonoramientos de tierra, desastres, caídas, incendios, tempestades, beneficiando así, su activo espiritual, bastante agravado por los delitos de tiempos pasados. Todavía le sobran 626 "horas culpables" para expiar, conforme señala el jeroglífico negro del código tradicional de los "Señores del Karma", pudiendo liquidarse en forma parcial, es decir, en varias y atenuadas existencias físicas, con el acreedor tierra.[15]

—¿Por qué las 309 "horas beneficiosas" del jeroglífico verde, se suman a las 102 horas señaladas por esta cruz? —preguntó un joven de turbante verde y de ojos firmes y chispeantes, como los hipnotizadores.

[14] Sería muy complejo detallar a los lectores un gráfico de "horas culpables" controladas por el departamento de planificación kármica. Es una materia que muy pronto será transmitida a la tierra en forma didáctica y expositiva, cabiéndonos apenas la tarea de asentar las bases de las primeras revelaciones, en un concepto general. Además, el levantamiento de ese gráfico, no sólo demarca los segundos, minutos y horas terrícolas, puesto que también obedece al "estado mental y emotivo" del espíritu culpable, cuyo proceso no tiene analogía en las cosas del mundo material.

[15] Las entidades conscientes pueden decidir respecto a expiar sus horas culpables en una sola existencia carnal, si creen sentirse capaces para resistir las pruebas máximas de expurgación psíquica, o de lo contrario, podrán dividirlas en liquidaciones parciales, en varias existencias en la carne. A pesar de los consejos superiores, muchos espíritus prefieren una liquidación o expurgación inmediata de sus tóxicos periespirituales en una sola existencia; pero, delante de los dolores y vicisitudes apremiantes, llegan a suicidarse, agravando aun más su situación espiritual, en base a sus desatinos.

Apolonio retomó el diálogo, esclareciendo:

—Según manifesté, el jeroglífico verde demarca las 309 "horas beneficiosas" elaboradas por Sesostri en favor del prójimo por las profesiones desenvueltas en la materia. La cruz que tiene a su lado, destaca 102 "horas de heroísmo" que hacen casi el doble de 52 horas a su favor, que empleó arriesgando su propia vida para socorrer al prójimo, en decisiones espontáneas, fuera de su responsabilidad laboral. De esta forma, aún le restan 524 "horas culpables" para expiar en la carne, sufriendo dolores y pruebas acerbas, para liberar de su periespíritu las adherencias tóxicas, que le impiden situarse en un nivel espiritual superior, como nosotros estamos deseando para él.

Después hizo una pequeña pausa, esperando que los presentes asimilasen el contenido de su explicación, y continuó diciendo:

—Creo que no es necesario deciros que Sesostri esperó demasiado tiempo. Ahora, en el caso que acepte la prueba redentora que se aproxima para el siglo xx y durante el proceso selectivo del "fin de los tiempos", sólo le queda una oportunidad para liquidar sus 524 horas, en una sola existencia y drástica por sus características, nada común.

Apolonio señaló dos jeroglíficos que estaban entrelazados, negro y rojo, y en esta ocasión los presentes se miraron con aire interrogativo y sin esconder el pesimismo que los embargaba. Sólo Apolonio parecía estar por encima del sentimentalismo humano, preguntando con voz cordial, pero inquisidor:

—¿Saben ustedes qué quieren decir los jeroglíficos rojos y negros que señalan las horas de Sesostri?

Cintia, la bella griega, miró al viejito con aire de dolor y dijo pausadamente:

—Creo interpretar, hermano Apolonio, pues Sesostri tendrá que sufrir 524 "horas atroces" *ininterrumpidamente* en la carne, sin alivio de ninguna especie.

—¡Querida! Esa es la verdad para todos los réprobos, aunque a Sesostri le toque el turno redentor. Y como no somos los legisladores del Cosmos, sólo debemos cumplir las leyes establecidas, donde los réprobos aceptarán esa emergencia dolorosa, pero purificadora, o de lo contrario, serán exilados nuevamente para otros mundos inferiores.

Sesostri tiene talento y sabiduría suficiente, para poder vivir con nosotros, pero en estos momentos, prefiere subestimar nuestros valores morales y someterse a la dirección de las tinieblas, que hostigan a los trabajadores del Cristo. No hay castigos ni decretos por parte del Señor de los Mundos, creando torturas y sufrimientos, sólo existe el camino de evolución espiritual, justo y optativo para alcanzar una pronta angelitud. Cuando estamos encarnados nos cuesta entender la función rectificadora del sufrimiento, como proceso de perfeccionamiento espiritual. En verdad, somos iguales a diamantes en bruto, y al toque de la herramienta, comenzamos a irradiar un poco de luz. Pero, nuestro origen proviene del carbón cristalizado en el sistema de la creación espiritual.

Apolonio guardó silencio, mientras Fuh Planuh, un indochino de voz firme, manifestó:

—Disponemos de muchos milenios, como ratas en las cuevas, hasta encontrar la verdadera salida, que nos permite ver la luz salvadora. Si los hombres conocieran la importancia que tienen las vicisitudes y los sufrimientos, aunque sea bajo la mano fuerte de los seres vengativos, creo que formarían filas delante de las oficinas del purgatorio terreno, aguardando impacientes para entregarse a las debidas reparaciones espirituales.[16]

Mientras los presentes reían, dado la gracia de lo manifestado, Apolonio agregó:

—Es el caso de Sesostri, cuyo saldo de 524 "horas culpables", es el tiempo necesario para que se someta a la técnica espiritual y consiga la debida limpieza periespiritual, a fin de volver a caminar libremente por los caminos de la espiritualidad superior. Utilizando otra imagen literaria, diríamos que debe lavar su periespíritu en el tanque de lágrimas de la tierra, para después participar del banquete divino, con la túnica nupcial o el periespíritu

---

[16] En la vida material, por ejemplo, un camión choca en una esquina, necesita ser reparado, pero nadie considera esa compostura o arreglo, como un castigo o punición, pero sí, una providencia indispensable para volver a la vida útil. Bajo el proceso rápido del taller de mecánica, chapa y pintura, el camión readquiere su capacidad y función común, volviendo a transitar por las calles del mundo y produciendo ganancias para su dueño. El espíritu cuando claudica por imprudencia o ignorancia, también necesita una reparación, llamada "kármica" o reajuste espiritual, que más tarde lo devuelve en condiciones de poder proseguir por los caminos de su angelización.

radiante, en vez del smoking, confeccionado por los perniciosos fluidos de las pasiones humanas.

En seguida, Apolonio se volvió para la hermosa griega, diciéndole:

—Cintia, trate de convencer a Sesostri para que acepte incondicionalmente esa reparación drástica y urgente en la materia, para evitar el exilio en el planeta inferior que se está acercando para efectivar el próximo "juicio final". ¡Que Dios la ayude en esa difícil empresa, querida Cintia! —Después, se levantó y dijo para todos:

—A partir de este momento, el asunto pasa a ser de naturaleza personal, y cada uno de nosotros debe dedicarse, incansablemente, a la tarea de convencer a los réprobos a que acepten espontáneamente la última oportunidad ofrecida, entre el karma colectivo que deben afrontar los hebreos. Mientras vamos hacia la "Bienaventuranza", combinaremos sobre las providencias urgentes a tomar para el contacto con nuestros familiares rebeldes, y en el momento oportuno nos reuniremos nuevamente, para analizar sobre el éxito o fracaso de nuestro cometido.

El viejito descendió del lugar y dio por terminada la reunión, reuniéndose con todos sus compañeros. En seguida comenzaron a caminar por la hermosa avenida a cuyos lados parecía demarcarla dos perfectas hileras de árboles, mientras la arena resplandecía por el toque del sol astralino. La alameda por donde avanzaban los espíritus se plasmaba de luces maravillosas, que parecía armonizarse a los nobles pensamientos de aquel elevado grupo de espíritus. Allá lejos y en la misma dirección, se observaba un gran arco o portal, finamente tallado, que daba acceso a un encantador paisaje. Si los humanos pudieran ver ese inenarrable panorama de colorido majestuoso, quedarían absortos por tanta belleza, pues el pensamiento de los encarnados, por más que sueñen en lo venturoso de un paraíso a gusto y semejanza de sus condiciones mentales, jamás igualarían ni en principio, todo cuanto tratamos de explicar por el modesto lenguaje de los humanos.

El calendario terreno avanzó decenas de años, después de la reunión de esos espíritus en el anfiteatro, bajo la dirección de Apolonio. En la tierra, los ricos levantaban sus copas de champagne, sentados en la abundante mesa, mientras los pobres se conformaban con un trozo de pan con manteca y algunas bebidas alcohólicas de poco valor. El ambiente se iluminaba por los cohetes y fuegos artificiales. Las calles estaban llenas de personas alegres que se dirigían al cinematógrafo, clubes nocturnos y antros del vicio. Los automóviles cruzaban las calles con toda tranquilidad, mientras sus dueños hacían sonar insistentemente sus bocinas, al igual que las fábricas, en un barullo ensordecedor. Por las ventanas de las casas, se asomaban personas que daban vivas, recibiendo al nuevo año 1930. Los más supersticiosos besaban las patas de cabra o conejo, acariciando los talismanes con la esperanza de modificar su suerte en el nuevo año que recién empezaban.

Todos gozaban de la fiesta anual, menos los infelices internados en los hospitales, penitenciarías y asilos, que sólo veían desdichas, dolores y fracasos, aun para el año que se iniciaba. Serpentinas en colores cruzaban las calles, mientras que otras eran arrojadas desde lo alto de los edificios a los automovilistas que pasaban, vivando la fecha. Después de unos minutos, fue cesando el barullo y sólo se escuchaban algunos fuegos artificiales y las campanas de la iglesia, llamando a los fieles para la tradicional misa.

Mientras esto sucedía en la tierra, otra escena, bastante diferente, tenía lugar en el anfiteatro del espacio. El escenario parecía más hermoso bajo el toque de esas entidades espirituales, pues su principal cometido, era rever las causas de los rebeldes que tanto los preocupaba.

Apolonio estaba sentado en la butaca de tejido, castaño claro, muy parecido al plástico transparente [17] y se frotaba las manos con cierto aire de contento, mientras el resto se acomodaban en las gradas. Los presentes cambiaban ideas entre sí cuyas emociones se manifestaban en el ambiente que los rodeaban, pues sus auras relucían conforme a la exposición de sus pensamientos.

—¡Mis amigos y hermanos! —comenzó Apolonio, con voz tranquila y sonora—. Mientras nosotros nos reunimos en este hermoso lugar del astral, distante de nuestra colonia "Bienaventu-

---

[17] Buscamos términos que permitan dar una idea aproximada sobre la realidad del mundo espiritual, donde las cosas son realmente "diáfanas, translúcidas, refulgentes. No debemos olvidar que la vibración de nuestra morada y la vuestra es totalmente distinta.

ranza", los terrícolas festejan el pasaje simbólico del calendario humano, es decir, a un tercio del siglo xx donde tenemos condicionadas nuestras esperanzas para redimir a nuestros amigos y familiares, comprometidos con la Ley Divina. Además, tenemos que comprender la euforia de los terrícolas con sus festejos ruidosos y emociones algo descontroladas en el año nuevo, pues nosotros también hemos vivido esos instantes. En fin, por lo menos que se salven las buenas intenciones, ¿no es verdad?

Después de una pausa, Apolonio prosiguió:

—Repito, estamos próximos al gran "Karma Colectivo" delineado para redimir a esos espíritus endeudados desde el tiempo de David, y jamás podremos compensar a los amigos y Maestros de la esfera de Redención del "Arcángel Miguel" por la generosidad de colocar ocho de los once rebeldes planetarios, en el próximo plan de redención en la tierra. No me preocupa las pruebas acerbas de los réprobos en la carne, sino, la posibilidad de que huyan en el momento neurálgico, como sucedió otras veces, después de haberse comprometido y aceptar la expurgación psíquica. Felizmente, y gracias al esquema sabio y seguro trazado por los Mentores Kármicos, en esta oportunidad no podrán huir de las "horas atroces" de rescate que les espera, para su ventura espiritual.

Apolonio estaba tranquilo, tratando con inteligencia los casos, sin emoción alguna, tan distinto a como sucede en la tierra, que la más simple de las afecciones en la carne, se vuelve un drama, que definitivamente desata torrentes de lágrimas. Algo jovial y satisfecho por la oportunidad redentora que había conseguido para los familiares de su espiritualidad, se volvió hacia Cintia y le dijo con voz lisonjera:

—Cintia me congratulo contigo y Amuh Ramaya por haber convencido al feroz Sesostri para su encarnación redentora en la tierra, pues le rompieron el granítico orgullo y amor propio.

El venerable viejito, pensó un momento, como si encontrara dificultad en su disertación y continuó con tono pesaroso:

—Lamentamos muchísimo el sarcasmo, orgullo y terquedad vengativa de Athan, Sumareji y El Zorian, que además de insultar a los compañeros decididos, juraron impedirles su encarnación redentora. Para tales efectos se servirán de los técnicos de la "Cofradía de los Escorpiones" o de la "Serpiente Roja", para bombardear los cromosomas [18] de nuestros familiares en la gestación, y perturbarles el sistema sanguíneo o equilibrio neuroendócrino. Por eso, tenemos motivos para estar preocupados, al recordar las frustradas encarnaciones de Bario y Morian, en Persia, cuando los científicos diabólicos consiguieron alcanzarles la hipófisis, relacionada con la tiroide y las cápsulas suprarrenales, perturbándoles la percepción mental en las pruebas redentoras de la carne.

Apolonio, con cierto optimismo exclamó:

—Me dice la intuición, que esta vez tendremos éxito, a pesar de las amenazas de Sumareji, Othan y El Zorian de querer perturbar los ascendientes hereditarios de nuestros compañeros, como lo hicieron en el pasado. Actuemos con urgencia, preparemos los equipos de trabajo reencarnacionista cerca de la superficie terre-

[18] *Nota de Atanagildo*: Nos dice el hermano Navarro, que fue médico en Brasil, "que en los cromosomas, existe un verdadero proyecto, programa o derrotero, que tiene la finalidad de asegurar las características fundamentales del individuo en su estructura corporal y dentro de un esquema peculiar de los ascendientes hereditarios. Mientras tanto, la sustancia fundamental del cromosoma son los núcleos-proteínas. Aunque las proteínas sean sustancias de elevado peso molecular, compuesta de carbono, oxígeno, nitrógeno, hidrógeno y a veces, de fósforo y azufre, cuyas bases de construcción son los aminoácidos; por eso, las proteínas también conforman ciertas sustancias fisiológicas activas, como son las toxinas y tóxicos y "enzimas". Las enzimas, como moléculas proteicas están presentes en todas las cosas vivas, y actualmente, algunos científicos están convencidos, que todas las enfermedades tienen su origen en la falta de enzimas o bien, a causa de la deficiencia de enzimas. Y lo que es más importante, existe en el cromosomas un germen específico como factor hereditario que dirige toda producción, ajuste y actividad de las enzimas en el organismo. Evidentemente, que cuando falta ese gene director o es defectuoso, igual fenómeno se da con la enzima, y por ende las debidas alteraciones en el individuo. Para dar una idea a los lectores, del proceso "demoledor" de los científicos que conforman las lesiones negras del espacio, diríamos que consiguen bombardear "magnéticamente" al gene director de la anatomía y fisiología de las enzimas, creando por ende, las perturbaciones al formarse el organismo y resultando innumerables enfermedades para el recién nacido. Ese gene, como el espermatozoide, para nosotros, en el más allá, son los "detonadores psíquicos" que ligan las energías del éter cósmico con las energías del éter físico; son elementos que sufren nuestra acción "mental magnética" y funcionan entre la vida astral y física. De ahí, que podemos ejercer cierto poder radiactivo en tales gérmenes, porque su estructura astralina se sobrepone, propiamente, a la energía y vitalidad del mundo físico. Además, la ciencia terrena, admite que las radiaciones atómicas actúan en la médula ósea, provocando fenómenos anómalos en la hematopoyesis".

na y de contacto directo con la materia, para proteger a los réprobos contra el asedio de las falanges de las tinieblas. Sin lugar a dudas, que tendremos que reducir el ritmo vibratorio de nuestro periespíritu y ajustarnos al ambiente del éter físico terreno, mientras que algunos de nosotros tendrán que someterse a la prueba sacrificial del "cascarón", o cobertura apropiada a los planos donde podamos actuar más de cerca.

Apolonio volvió a callar, sumiéndose en sus reflexiones y después de algunos instantes continuó diciendo:

—La prueba menor, le toca a Morian, con cuatro años de vida física y la máxima a Sesostri, con once años, en cuyo plazo sus perseguidores emprenderán una terrible ofensiva desde el período genético hasta el último de sus días, intentando deformarlo físicamente u ocasionarle algún accidente trágico.

—También me comunicaron que Sumareji, Othan y El Zorian retomaron la dirección dejada por Sesostri, Bario y Karin —advirtió un espíritu que vestía a la usanza de los cruzados.

—Además, enviaron a la "Cofradía de los Escorpiones" [19] el informe sobre la traición de nuestros familiares a la dirección de las tinieblas y las perspectivas de adherirse al programa redentor de la "Comunidad del Cordero".

A estas horas, los réprobos se encuentran en la fase de su reencarnación y están señalados como "renegados" y observados por la policía negra de la "Cofradía de los Escorpiones", exclamó una entidad, que por sus ropas y formas de ser, parecía ser uno de tantos, que trabajan activamente para rescatar a los infelices de la zona astral inferior.

[19] Aunque la terminología empleada para el mundo astralino pueda entenderse de diferentes formas, como ser "estados angélicos" o "estados diabólicos", lo cierto es, que hay una nomenclatura para el género que estamos especificando. No es una ficción muy al gusto humano; pero son verdaderas cofradías o instituciones que se dedican exclusivamente a destruir y a invertir el padrón angélico del alma. Algunas de ellas aparecieron en la tierra, fundadas por espíritus exiliados de otros orbes; su forma de actuar tiene semejanza a la agresividad destructora de ciertos animales, reptiles o insectos. Consecuentemente, se inspiraron en el dragón que vomita fugo o en la serpiente que se arrastra suavmente y ataca traicioneramente, cuyos fanáticos adeptos son capaces de todo en el astral inferior. Opuestamente, los trabajadores del Bien se distinguen por su afiliación a la "Comunidad del Cordero", expresión de mansedumbre, humildad y ternura bajo la égida del Cristo.

Ramú, el joven indiano de turbante color topacio, con un rubí en su centro, acrecentó:

—Othan, Sumareji y El Zorian, hicieron tratos comprometedores de sus legiones, con una de las tantas cofradías menores, del Mayoral, concordando en participar en los servicios repugnantes de las obsesiones, siempre que sean ayudados para vengarse contra nosotros.

—Hermano Apolonio, ¿hasta qué punto pueden los médicos de las falanges negras, alterar los ascendientes biológicos de nuestros familiares? [20]

—El bombardeo *"radiactivo"* más efectivo llevado a cabo por los científicos de la "Serpiente Roja" se efectúa en el sistema mielítico del organismo físico a fin de provocar la leucemia en la infancia. Recordarán que anteriormente utilizaban el proceso de estimular los genes regresivos de la hemofilia, con bajas irradiaciones, logrando perturbar la encarnación redentora de Karin y Semuret, haciéndolos desencarnar prematuramente a los cuatro años de edad, es decir, diecinueve años antes del plazo fijado.

Por primera vez Apolonio hizo un gesto de nerviosidad, dejando entrever, el dolor que le acusaba sentirse relativamente impotente, ante los seres del astral inferior.

—¡Pobres infelices! Cuántos daños ocasiona la pérfida "Serpiente Roja" que se desliza aniquilando la vitalidad del fuego serpentino [21] en ebullición por la columna vertebral e irradiado

[20] Los lectores no deben extrañarse en los relatos de estos verídicos cuentos, puesto que estamos atendiendo a las instrucciones de nuestros Maestros, con la finalidad de instruiros sobre algunas realidades, que se vive en la vida oculta del astral, hasta ahora tan desconocido. Los médicos o científicos de las elevadas esferas, crean, ayudan y alivian; los de las tinieblas, se prestan a toda clase de tareas indignas y destructoras, igualándose al médico terreno, que utiliza sus servicios para hacer del dolor ajeno, un efectivo negocio.

[21] *Fuego Serpentino*: Fuerza telúrica, fruto de la transformación del éter cósmico en el campo astral terreno. Vivifica al hombre a través del "chakra" kundalíneo (sacrovertebral), cuyo desenvolvimiento prematuro es muy peligroso sin la debida espiritualización crística, por tratarse de una fuerza, que tanto crea como destruye. Jesús tenía el "chakra" kundalíneo totalmente desenvuelto, lo que le permitía curar a la distancia por la fuerza de su Amor. Tamerlán, Gengis Kan, Atila, Aníbal, Alejandro, Hitler y tantos otros, a través del proceso censurable de la magia negra, lo habían desenvuelto. Sin embargo, el mismo poder que ejercían para dominar a las masas, terminó por destruirlos en el vórtice de su acción violenta, debido al choque de retorno.

por la médula ósea humana, cuya picadura diabólica en el proceso de hematopoyesis del encarnado, puede anular todo un programa de rescate, elaborado muchos siglos atrás.

—En esa oportunidad, ¿tendremos que afrontar nuevamente la ofensiva asociada? —preguntó el de vestiduras de cruzado, cuya armadura relucía en un tono aluminio. Y agregó: —Consecuentemente, ¿nos toca enfrentar a dos poderes diabólicos distintos? Entonces ¿será la leucemia o la hemofilia desatada por los científicos de la Serpiente Roja, o la hidrocefalia, imbecilidad, estado mogólico o cretinismo, cuyas entidades de la "Serpiente" son eximios especialistas? [22]

Apolonio, como si estuviera inspirado, exclamó:

—Nosotros también pediremos a las "Samaritanas" que trabajan en la superficie del mundo terreno, rogándoles que protejan la mente de las progenitoras de los réprobos en gestación. Ellas evitarán el excesivo cúmulo o condensación de los fluidos inferiores en la región cerebral de los gestantes y la consecuente franquicia periespiritual para que los diabólicos trabajen con éxito. [23] Además, conseguí la adhesión de Swen, el mago fabu-

[22] Serpiente Roja, Dragones, Escorpiones y Cabrones, son restos de las viejas cofradías de los magos negros que existieron en la tierra, desde el tiempo de la Atlántida, pues llegaron a liquidar las tribus adversarias desde muy lejos, actuando por el éter físico y a través del "chakra esplénico" —sobre el bazo— interrumpiendo o intoxicando el flujo del "prana" o energía vital emanada del sol. Las víctimas morían por agotamiento, algo parecido a la leucemia o anemia crónica. No podemos extendernos en los detalles de esos procesos, porque sería incentivar a los adeptos mal intencionados, y además, debemos proteger al médium de los asaltos peligrosos del astral inferior.

[23] *Nota de Atanagildo*: A título de advertencia para las madres gestantes, les aclaro, que los espíritus exiliados o "ángeles caídos", cuando aceptan la encarnación terrena como camino de redención espiritual y la consecuente adhesión a la comunidad del Cristo, quedan estigmatizados por sus anteriores compañeros, en el mundo oculto y en la condición de renegados, siendo perseguidos sin piedad ninguna. A fin de entorpecerles su vida en la materia y por ende la oportunidad redentora, los científicos de las tinieblas tratan de presionar en la mente y emotividad de las madres gestantes, insuflándoles vicios, pasiones, frustraciones o irascibilidades que les permita el clima apropiado para bombardear magnéticamente al ser que está dando vida en su vientre. La mujer en estado de gravidez, que se prestara a estas maquinaciones del astral inferior, al no dar crédito sobre todo lo que estamos transmitiendo, ineludiblemente que ha de ser una efectiva cooperadora, que trabajará en contra de su propio hijo. Los seres de las sombras intentan alcanzar la contextura del cromosoma de los que se

loso, que con aspecto de "vikingo" dirige a sus valerosas falanges en la región germánica, prometiéndonos anular el avance de los "zapadores" luciferinos, es decir, los que preparan el campo fluídico para que los científicos accionen con su bombardeo destructor.

Cintia, conmovida, agradeció y dijo:

—Apolonio, jamás podré compensarle las providencias que usted ha tomado en favor de los réprobos y principalmente por Sesostri, espíritu amigo a quien le dispenso incondicional afecto.

Apolonio sonrió, con aire de comprensión y seguidamente agregó:

—Además, todas las noticias no son malas, pues a pesar de nuestra causa ser muy personal, la dirección de lo Alto dispuso el refuerzo de los cooperadores en favor de la reencarnación de nuestros amigos, considerando que Sesostri, a pesar de ser el jefe de todas esas falanges maquiavélicas, paradójicamente, es el espíritu que más vibró en dirección a la sublimación. Los Maestros Redentores creen, que después de las "horas atroces", sin alivio alguno, de rectificación kármica, ha de partir de la tierra con su vestido periespiritual tan sensible y límpido, que de por sí ha de conducirlo a una elevada vibración y el consecuente "samadhi" o visión panorámica del Cosmos y de la Realidad Espiritual. .Eso podrá transformarlo en un eficiente servidor del Cristo en la valiosísima escuela espiritual, que es la tierra.[24]

están desarrollando en el vientre de la madre, para impedirles que vivan una existencia sana y consciente en la materia. Las madres en estado de gravidez deberían evitar los ambientes viciosos, reuniones fútiles, espectáculos licenciosos, conversaciones picarescas, novelas, películas y teatros que chocan y excitan el sistema nervioso, que repercute en la mente del niño en formación. La madre es la médium de la vida y casi siempre ignora la incertidumbre que están pasando los protectores de su hijo, cuando está favoreciendo las posibilidades diabólicas del astral inferior para dañar al ser querido, que tanto desean. El programa severo de una madre gestante, debería observarse en todo aquello que fuera bueno, pensamientos sanos, amistades espiritualizadas, lenguaje limpio, lecturas constructivas, oración espiritual, alimentación suave, rechazar la bebida alcohólica, fumar y todo aquello que fuera excitante, proporcionando de esa forma, el ambiente apropiado para que esos seres alcancen la vida carnal, conforme a la programación propuesta por los corderos del Cristo.

[24] *Nota de Atanagildo*: Como aun no puedo detallar algunas de las noticias prematuras para muchos lectores incipientes, en los caminos de la espiritualidad, los más conocedores, podrán entrever en las entrelíneas de

—¡Loado sea Dios —exclamó Cintia, con cierto entusiasmo infantil.

—Si eso llegara a suceder, sería inmensamente feliz por sentir a Sesostri cerca de mí, pues habríamos reducido definitivamente el estado vibratorio que nos separa.

—Evidentemente —continuó Apolonio—, la fuerza, la sabiduría, el poder y la valentía expuesto por Sesostri, hasta el día de hoy, contra el Creador y el Cordero Jesús, como un rebelde o ángel caído, lo transformará en un efectivo jefe del servicio angélico, cuando pueda sentir, en la fracción de un segundo, en éxtasis, la majestad, belleza y gloria de sí mismo en medio del seno de la Creación.

—¿Quién de nosotros podría inducir a Sesostri hacia el momento venturoso del "samadhi"? [25] —preguntó Cintia, pesarosa.

Apolonio sonrió, con aire misterioso y travieso:

—Ninguno puede hacerlo mejor que Schellá y sus amorosos trabajadores de ayuda mental.

Los presentes quedaron absortos ante las noticias agradables que les transmitía Apolonio.

—Gracias a Dios, por enviarnos un espíritu elevado de la

---

estos cuentos verdaderos, el aspecto iniciático y que ya fuera previsto en las obras de Ramatís; nuestro "Maestro de Exilio Planetario". La visión panorámica del Cosmos es conocido como el éxtasis y para el iniciado hindú, como "samadhi"; es la beatitud o paz del espíritu, imposible de describir con las palabras del vocabulario humano. El ser abarca el conocimiento cósmico y se identifica con el Creador, en una fracción de segundo, sin llegar a perder su individualidad. El espíritu del hombre se modifica después del "samadhi", por la poderosa vibración que lo revoluciona íntimamente; desde ese momento, todos sus actos de espiritualidad convergen en línea recta para la angelitud. Como todo hombre es una centella individualizada en el seno de la Conciencia Cósmica, el éxtasis o samadhi puede surgir de la conjunción de ciertas y determinadas causas, que elevan la emoción del ser al máximo de sus posibilidades en estado de conciencia normal. Es una especie de prolongación que rompe la regularidad de la personalidad humana, es una especie de impulso esférico, que abarca todos los sentidos, sin límites alguno, cuya poderosa acción centrífuga del espíritu, lo coloca fuera del tiempo y el espacio, con más propiedad, podríamos decir, en el océano cósmico del Creador.

[25] *Nota del Médium*: Véase el capítulo VI, de la obra "El filo de la Navaja", de W. Somerset Mauhagn sobre la realidad divina o la inmersión en el Absoluto. Exactamente igual podríamos ver en la obra "Autobiografía de un Yogui Contemporáneo", principalmente en el tercio final de la misma obra. Edición siglo XX, Buenos Aires.

esfera de la "Sublimación", cuyo poder mental es fuerza creadora en el mundo físico [26] —exclamó Ramú, lleno de alegría. Después se inclinó graciosamente hacia adelante y agregó: —Dentro de la planificación redentora de los réprobos y contando con el apoyo de Schellá, estoy pronto para sacrificarme en el "cascarón".[27]

—Todavía nos falta escuchar las sugerencias del "Departamento de Protección" de la tierra, que obedece a la metrópolis "Estrella Blanca", pues ustedes saben que de acuerdo a la densidad del medio ambiente, los dragonianos consiguieron desintegrar los "cascarones" supermentalizados en el éter físico. Por otra parte, es muy desagradable permanecer en esa escafandra, constituida por elementos poco agradables para nuestra contextura periespiritual. Por eso, cada uno de nosotros debe someterse a un "tests" de seguridad y a las eliminatorias de los técnicos que dirigen esa parte, tan difícil de desenvolver en el astral inferior. Sería inútil desperdiciar tanta y preciosa energía, sin tener la seguridad de compensarla con un sólo gramo de éxito.

Los presentes quedaron en silencio por mucho tiempo, meditando en las dificultades que tendrían que afrontar para proteger a sus familiares rebeldes.

Argos, el hermoso griego de cabellos enrulados, acentuó:

—No ignoro que podemos llegar al delirio, al esforzarnos para mantener la configuración ocasional en el plano del éter físico, pero asimismo, por mi parte, lo intentaré muy gustoso.

—Yo estaré a su lado y haremos turno de reposo con cierta frecuencia, exclamó un espíritu de aspecto atlético. Cuando uno de nosotros se encuentre agotado, podrá liberarse, mientras el otro vigila. Si no logramos mantener la defensa en forma directa, por lo menos formaremos la línea de seguridad, entre las legiones de Swen, Scholen Habarusch y los espíritus benefactores de Miguel.

Apolonio se levantó sonriendo, mientras decía:

[26] Véase los "Devas" y los "Arquetipos".

[27] *Nota de Atanagildo*: Cascarón, envoltura o ropaje confeccionado por los espíritus que ya disponen de cierta elevación espiritual, y que se prestan para ayudar a sus compañeros u otras almas que necesitan ser elevadas de la condición humillante del astral inferior. Es una protección periespiritual que hace de escudo y protección, pasando desaparecidos ante los guardias de las tinieblas, quienes vigilan cuidadosamente para que no les arrebaten a los infelices anheridos a ese medio.

—¡Hermanos míos! Reverenciemos al Mago Schellá del grupo del "Arcángel Miguel" y roguemos al Señor, para que nos ayude en nuestro cometido redentor. —Mirando a su alrededor abarcando a todo el anfiteatro y bajo la expectativa de los presentes, que parecía haber reducido la fulgencia espiritual de sus auras, ordenó decididamente: —¡Vamos, queridos míos! Mi guía espiritual me indica que Sesostri ingresó en los fluidos de la carne en "periespíritu fetal".[28]

De inmediato se hizo una armoniosa conjunción mental entre todos, diéronse las manos y en una fusión de colores y luces, que convergían hacia la frente de Apolonio, para fortificarle su elaboración mental, se elevaron del suelo a semejanza de una nube, desapareciendo de inmediato en medio de la cerrazón lucífera. Poco a poco se fue esfumando la hermosa luminosidad de los discípulos de Apolonio, a medida que se sumergían en la densa y hostil atmósfera, en dirección a la oscurecida aura de la tierra, por momentos entrecortada por los relámpagos ocasionados por la mente indisciplinada de sus moradores.

¡Setiembre de 1939!

Un rastrillo de fuego partía de Alemania incentivado por Adolfo Hitler y momentáneamente ignorado por el resto del mundo. Simulado por las flores y gritos de entusiasmo, el "Führer" entraba en Austria, después de la caída de Schusning, mientras el pueblo adoraba al nuevo ídolo por medio de banderitas con los colores de ambos países. Rápidamente, la preocupación alcanzó a los demás países europeos, pues el dictador alemán comenzaba a mostrar sus garras al invadir a Checoslovaquia. Meses después masacraba a Polonia, bajo pretextos de que sus súbditos crearon problemas en el corredor de Dantzig. Francia e Inglaterra, despertaron de su censurable mutismo, dejando sucumbir a la desamparada Polonia, en una calculada operación, para después declarar la guerra a Alemania, dado que peligraban sus intereses comerciales en Europa. Pero, lo hicieron bastante tarde, pues la "Luftanza" arrasó el sur de Francia e Hitler atravesó la inexpugnable "Linea Maginot", demostrando lo obsoleto de su

---

[28] Véase el capítulo "Reencarnación", de la obra "Misioneros de la Luz", de André Luiz, por Chico C. Xavier, en donde se aclara el asunto del "periespíritu fetal" en forma muy detallada.

eficacia, ante la agresividad de la aviación. En seguida, casi demolió Coventri y más tarde sangraba a los ingleses en las playas de Dunquerque, pereciendo millares de soldados.

Hombres, mujeres y toda la juventud alemana deliraban de entusiasmo, ante las victorias aplastadoras del Führer, inconscientes de que la euforia belicosa sembraba tristes acontecimientos kármicos para el futuro, puesto que más tarde los aliados arrasarían las ciudades y tendrían que sufrir la humillación en el "muro de la vergüenza", impuesta por los rusos.

Megalomaníaco y bárbaro del siglo xx, Adolfo Hitler demolía la cultura del pueblo alemán, mandando incendiar las obras de renombrados sabios germánicos, aniquilando la ciencia, la filosofía y el arte levantado hasta esos días por verdaderos genios. En seguida impuso a la juventud nazificada su biblia "Mein Kampf", escrita en sus momentos de histeria y paranoia, cuando estaba encarcelado en Munich, después del fracasado "puch". Caminó a paso de ganso junto a la torre de Eiffel, en París, reventando de orgullo y vanidad; recorrió los inmensos territorios devastados por sus "panzers" y fue aclamado por millares de banderitas y gritos jubilosos de sus coterráneos, que deliberaban de entusiasmo. Adolfo Hitler volvió a repetir la vieja historia de los facinerosos del pasado, como David, Gengis Kan, Atila, Tamerlán, Aníbal, Alejandro y otros flagelos de la humanidad.

Pero, la Ley es inflexible y correcta, pues todos pagaron con la misma moneda. Berlín fue demolida, millones de casas destruidas, fábricas arrasadas e inutilizadas y, por ende, todos los servicios públicos. Millones de alemanes pasaron a vivir en las calles, subterráneos y debajo de los puentes, que mal conseguían arrancar de la tierra los tubérculos y hierbas para no morir de hambre. Los aliados, en su fiebre de venganza, no dejaron un metro cuadrado sano de las ciudades alemanas. Desapareció Berlín y casi desapareció del mapa Hamburgo, Colonia y Bremen. La dirección de las tinieblas, deliraban de alegría por su diabólico dominio de la tierra, a través de los genios del mal, encabezado por Hitler y seguido por Himmler, Goering, Goebbels, Josef Kramer, Mengel, Fichmann, J. Streicher, Ernest Kaltenbrunner, Hans Franck y otros de orden secundario. Aspiraban a controlar las futuras encarnaciones a fin de plagar la tierra con vicios, violencias y poderes egocéntricos. Además, se había reforzado la guardia de las sombras con la estulticia de Mussolini, adherido a los nazistas y humillando a Italia, formando el eje Roma-Tokío-Berlín.

Sin embargo, no sucedió como habían previsto los magos de las sombras, predestinando la tierra para los hombres viriles y el cielo para los ángeles afeminados. Los Estados Unidos, dentro de su proverbial calculismo utilitario, cuando comprobó que tendría elevados perjuicios para el futuro, si no entraba en la contienda, entró en la guerra, para evitar el dominio de Hitler en los mercados europeos y asiáticos. Ante el desgraciado ataque a Rusia, a pesar del conocido error cometido anteriormente por Napoleón, Hitler comenzó a debilitar sus fuerzas guerreras y jamás pudo volver a recuperarlas y menos luchar en dos vastos frentes a la vez. Mal sabía, que él no dejaba de ser un "detonador psíquico" del karma colectivo de millones de seres endeudados desde los tiempos de David, pues vanidosamente confundió el permiso provisorio de lo Alto, con su genio y poder invencibles. Ignoraba, que en su ficha kármica archivada en el Espacio, estaba señalada la fecha del 30 de Abril de 1945 en que terminaría sus días, abatido en su orgullo y poder destructor, bajo el arma homicida de una automática "Walther", mientras Eva Braun, esposa de última hora, caía al suelo bajo los efectos de una píldora de cianuro.

Mientras tanto, para los "Señores del Karma", lo más importante era el clima belicoso activado por Hitler, en donde deberían rescatar sus culpas pasadas millones de guerreros, malvados y feroces criminales. Esos culpables de otrora verían sus propias casas quemadas o arrasadas. La familia asesinada o las esposas e hijas deshonradas. Sus hijos aplastados contra el muro o masacrados a punta de bayoneta. Los parientes fusilados o torturados, a causa de una mala siembra de sus pasados pecaminosos. La Ley seleccionó cuidadosamente a los culpables y los colocó dentro de Alemania y de los países que serían invadidos por el nazismo, a fin de sufrir el choque de retorno en medio de sus colectividades judías, diezmadas en los incendios mortificantes de los "ghettos" y por otro lado, figurando como soldados, que eran aniquilados en los frentes de batallas de Francia, Polonia y Rusia.

Rápidamente, movido por un excesivo odio racial, incontenido desde su juventud, Hitler resolvió dar solución al "problema de los judíos", autorizando su muerte en masa y de cualquier forma. Adolfo Eichmann mató a más de seis millones de judíos en los hornos crematorios, fusilamientos y ejecuciones, además de los que murieron de hambre en los campos de concentración. Los vagones para el transporte de animales, iban cargados al máximo, de infelices judíos en la más degradante promiscuidad, después de haberlos capturados en los países invadidos. La carga humana llegaba a los campos de concentración de Ravensburg, Dachau, Auschwitz, Belsen, Buchenwald y Vilingen, totalmente deteriorada y en estado calamitoso. Los hornos crematorios, pantanos y fosas comunes eran insuficientes para eliminar tantos millones de víctimas, que bajo el nuevo traje material, renacidos como judíos, en el siglo xx, rescataban sus culpas de sus masacres cometidas en aquel pecaminoso pasado. Millares de mujeres y comandantes de los campos de concentración, llegaron al máximo de su odio racial, haciendo curtir la piel de esos infelices hebreos, para adornar joyeros, tapas de libros y cajas de perfumes.

Cuando la actividad criminal del nazismo contra los judíos era más intensa, allá por el año 1942, apareció una violenta epidemia "hepatointestinal" en la zona rural de Alemania. Los niños morían en grandes cantidades. Los médicos estaban seriamente preocupados para combatir la arrasadora epidemia, pues tal situación había comenzado a irritar a Hitler. Finalmente obtuvieron su permiso para hacer experiencias en vivo sobre las criaturas judías, con la esperanza de conseguir la vacuna deseada. En un sólo día fueron sometidos a tratamiento, más de 500 niños en el campo de concentración de Auschwitz, se escogió a 31 de ellos para efectuarles las terribles experiencias de vivisección bajo el control de los médicos Heinrich y Brumenwald [29] a fin de encontrar el salvador antídoto. Eran niños de diversos tipos, variaban en edad y sexo, reacción sanguínea, resistencia vital y comportamiento nervioso. Algunos eran perfectamente sanos y fuertes, otras débiles y enfermizas, era el material humano que mejor se les ocurría para tales ensayos. Aterradas ante la imposibilidad de huir de esas cruentas pruebas, las infelices víctimas fueron amarradas por los enfermeros nazistas en las mesas de los laboratorios y debidamente amordazadas para impedirles sus gritos

[89] Los nombres de los doctores son ficticios, a pesar que la mayoría de la humanidad saben quiénes fueron los autores de semejantes crueldades.

desgarradores. Día a día eran sometidas a las inimaginables pruebas. Las intervenciones quirúrgicas, deshidrataciones, transfusiones de sangre contaminada, pruebas de ácidos y corrosivos, biopsias, obliteración de la función nerviosa y circulatoria, además de la desnutrición o superalimentación infectada, que producía serios síntomas de gravedad en la región abdominal. Fueron sometidos a la inoculación del material patogénico de todas las especies. Les fue extraído el líquido raquidiano, linfático y sanguíneo. Tres días más tarde habían muerto 23 de ellos en medio de estertores y pústulas corrosivas, con sus carnes hechas girones y los ojos desorbitados por el dolor. Los médicos y enfermeros vigilaban atentamente las modificaciones anatomofisiológicas. Analizaban los trabajos sobre las vías emuntorias, las reacciones endocrinas, nerviosas y sanguíneas y el comportamiento de las vitaminas en los "tests" de resistencia vital. Era la más cruel de las actividades para conservarlos vivos, pero a su vez enfermándolos.

La enfermedad que se estaba investigando era del tipo del cólera, cuyo bacilo, Koch había descubierto en el año 1883, en Alejandría, pues los médicos nazistas también comprobaron que su localización estaba en los intestinos y era sumamente contagioso. Después de 21 días de experiencias tenebrosas, sólo quedaba uno de los 31 cobayos humanos. Era un niño de once años, verdadero trapo vivo, sumido en el más inconcebible de los dolores, cuyos cabellos negros se habían emblanquecido y la fisonomía infantil se había vuelto simiesca, una especie de anciano precoz. Su resistencia orgánica había sorprendido a los médicos alemanes, pues se mostraba consciente en su rigidez tormentosa y postura contraída por los calambres nerviosos. Sus ojos estaban completamente secos y su boca vertía una espuma sanguinolienta a través de la mordaza. El cuerpo estaba agujereado por una docena de agujas hipodérmicas, que le daban sueros, líquidos nutritivos, preparados infecciosos, vitalizantes, sangre y hormonas, haciendo vibrar los tubos de goma en aquel horripilante experimento. Parte de los intestinos del niño se encontraba en un frasco de vidrio con suero de Ringer templado, sometido a riguroso examen, puesto que había sido tratado por varios médicos, que hacían todo lo que mejor se les ocurría para descubrir el terrible flagelo que diezmaba a los niños alemanes. En fin, gracias a su heroica resistencia los médicos citados anteriormente, encontraron la vacuna ambicionada para salvar a los alemancitos afectados por la devastadora epidemia. Conforme se comprobó después de la guerra, las mismas vacunas sirvieron para la misma enfermedad en millares de niños en la región coreana e indochina.

Después de terminar con su objetivo siniestro y terapéutico, Heinrich miró al judío y ordenó sacarle la mordaza. Aunque su corazón estaba endurecido por la rigidez nazista, hizo un gesto furtivo de conmiseración al observar detenidamente la fisonomía simiesca del niño, que 21 días antes era pletórico de salud. Hizo una seña a uno de los enfermeros y le entregó una píldora para que se la diera a tomar. La infeliz criatura aflojó la rigidez de la musculatura fisonómica, se movió con dificultad, bajo estremecimientos nerviosos. Entonces Isaac, el niño judío, víctima de esa cruel vivisección, tumbó su cabeza a la izquierda y expiró por la acción letal del cianuro de potasio. El enfermero alemán, un verdadero monstruo con aspecto de enorme gorila, se movió inquieto e insensiblemente exclamó: —¡Murió!

Heinrich y los otros médicos al servicio de Hitler, curtidos por las bárbaras experimentaciones a fin de proteger a la superior raza ariana, miraron largamente al niño que había resistido 21 días, sin alivio de ninguna especie. A pesar de la indiferencia que demostraba, el médico no dejaba de admirar la proeza demostrada por aquel infeliz ser de la creación y dirigiéndose al enfermero indolente y de aspecto brutal, le volvió a preguntar:

—¿Estás seguro que murió? Sin embargo salvó la vida de millares de niños, dado que las vacunas que salieron de su cuero ya están siendo aplicadas a los niños de nuestro querido pueblo.

Y retirando las tuberías de goma totalmente ensangrentadas, señaló al infeliz cobayo humano, agregando:

—¡Qué vitalidad y resistencia admirables! ¡Cuánto nos ayudó! ¡Es un cuerpo sacrificado para la salvación de otros millares de cuerpos!

El médico antes de salir del laboratorio, como si estuviera afectado por un extraño remordimiento, le dijo seriamente a su brutal asistente:

—¡Entiérrenlo! ¡Dénle buena sepultura, se la ganó!

Transcurrió cierto tiempo del calendario humano, cuando Isaac abrió los ojos en el mundo espiritual. Se estremeció, horrorizado, sentía en su boca la mordaza y el gusto característico de la sangre, que le fluía desde la garganta, debido a ruptura de los vasos. Al comienzo, le extrañó una claridad azul celeste, muy confortadora, parecida a los rayos de la luna, dándole un alivio inesperado, que contrastaba con la luz mortecina de los laboratorios de los campos de concentración. Creía estar escuchando una deliciosa melodía religiosa, como si estuviera imaginando al rabino Joseph tocando el órgano en la sinagoga de Dresden, o cuando acompañaba a sus padres y hermanos. La música le rememoraba la fragancia de los lirios y las flores del brezo, que abundaban en las márgenes del Reno y del Elba. Se proyectaban en su mente las imágenes de las plantaciones del centeno, avena, trigo y viñas, cargadas de uvas sabrosas. Miró a su alrededor buscando la figura de esos hombres tenebrosos que lo torturaban, cuando estaba amarrado a la mesa fría del laboratorio. ¿Dónde estaba el enfermero de rostro cuadrado? ¿Por qué le introducía elementos en su intestino, sin darle anestesia? ¿Y la mujer delgada, fría y de mirar duro, que lo torturaba con las botellas de líquidos corrosivos?

El niño Isaac, no intentaba moverse de la forma petrificada, pues se lo habían impuesto por la fuerza. Antes gemía loco de dolor y sin comprender el motivo de tanta crueldad; pero, ahora, sentíase inesperadamente aliviado en sus dolores físicos y el sufrimiento parecía que sólo estaba radicado en su alma. Movió la mano derecha y asombrado, comprobó que estaba libre de las ataduras de cuero. La boca aun la tenía tapada por algo extraño, pero no le causaba dolor alguno, y los ojos, agotados de tanto llorar, poco a poco se iban descongestionando por efecto de una invisible y balsámica energía. De repente, escuchó un grito a su izquierda y de reojo percibió ropajes blancos; entonces se estremeció violentamente, seguro que estaba nuevamente ante el feroz enfermero y la despótica mujer, que además de atormentarlo lo llamaba de "raza vil e infame". Recogió el cuerpo en un gesto instintivo de defensa orgánica, esperando que su cuerpo fuera nuevamente destrozado en otra intervención quirúrgica, sin calmante alguno; pero cosa rara, nada de eso sucedía, y la persona que a su lado se encontraba, se fue inclinando hacia él, cuyo rostro se parecía al de una hada, como él jamás hubiera visto o soñado. Inmediatamente le apoyó la mano sobre la cabeza, como si lo estuviera acariciando, de cuyos dedos se desprendían vapores sedativos, que deseaba gustar de ese estado, el resto de su vida.

—¡Isaac! ¡No temas, querido mío! Todo ha terminado; ahora eres el enfermo, te encuentras en agradable convalecencia y debemos loar al Señor de los mundos por la redención de tu alma. Recién ahora puedes vivir entre nosotros, gracias a los reposos fortificantes, de equilibrio espíritual.

La hermosa mujer se inclinó nuevamente, lo besó en la frente con tanta ternura y afecto, que lo hizo vibrar, sacudido por extraños y familiares recuerdos, que instintivamente casi podría llamarla por su nombre. La puerta de la habitación se abrió para entrar un hombre muy hermoso, vestido con un traje muy raro, medio parecía hindú y la otra parte egipcia, miró sonriendo a Isaac, con suma alegría.[30] Después extendió las manos y le hizo algunos pases por el cuerpo, aliviándole el espasmo doloroso, equilibrándole el ritmo respiratorio. En seguida le dio a beber un líquido reconfortador, con sabor muy agradable, que al pasarle por la garganta le eliminaba todo vestigio del sufrimiento anterior. Los labios se le movían con facilidad, y él mismo, se extrañó de su propia voz, cuando dijo:

—¿Dónde están?

—¿Quiénes? —exclamó Amuh-Ramaya.

—¿La mujer y el hombre con cara de gorila? —dijo con ojos que demostraban el temor que les tenía.

La hermosa joven se sentó a su lado y le acarició los cabellos amorosamente. Después de unos instantes, le dijo afablemente:

—¡No te preocupes, ellos se fueron! ¡Nosotros te hemos liberado! No pienses más en aquello que pasó, ahora vas a vivir con nosotros, libre y lejos de Alemania. Pero, no debes hacer preguntas, pues dentro de muy poco estaremos en nuestra casa, entre amigos y protectores.

Isaac quiso besarle la mano, pero ella lo apretó entre sus brazos, y comenzó a sentir una sensación como si se estuviera expandiendo, crecía, crecía en un impulso libertador más allá de su propia forma, de niño cruelmente maltratado. Bajo un extra-

---

30 Amuh Ramaya es una entidad graduada en la iniciación hindú y egipcia, muy conocedor de la psicología de esas dos razas y familiar de los protagonistas de estos relatos.

ño sentimiento le parecía que algo le latía dentro de su alma y que conocía perfectamente a esa maravillosa mujer, que ahora estaba a su lado. De pronto, Amuh Ramaya lo miró profundamente en sus ojos, en forma cordial, pero enérgica; Isaac se sintió dominado por un suave entorpecimiento que lo fue aquietando de a poco, terminando por dormirse bajo una dulce sensación de paz. Volaba por el cielo, huyendo, huía siempre de una oscuridad maligna, de unas manos feroces que lo perseguían y de unas voces que le gritaban "renegado", "renegado".[31]

En seguida, el grupo de almas luminosas emprendió el majestuoso vuelo, sumiéndose en los hermosos colores del sol astralino, mientras Swen y sus "vikingos", con otras falanges de espíritus en misión defensiva en la superficie de la tierra y con asiento en el astral que la rodea, hacían señas despidiéndolos.

El grupo lo formaban quince espíritus, que giraban en medio de una amplia esfera policrómica, cuyos colores no es posible describirlos, pues sus cambiantes tonos, no hay palabras para expresarlos. Eran seis mujeres tan hermosas como las hadas y nueve hombres de hermosura incomparable, imponentes y serenos. La más hermosa de las mujeres, cuyo perfil griego estaba envuelto en un traje como el lirio y adornado de arabescos dorados, con su manto azul cuajado de estrellas plateadas, sostenía entre sus brazos al niño dormido. Después de cierto tiempo de gira, apareció a su frente el anfiteatro donde Apolonio presidiera aquellas reuniones. Centenares de espíritus de los más diversos matices áuricos, razas, colores y luces se acomodaban alrededor de una plataforma formada por flores naturales y muy expresivas, en cuyo centro se leía la frase: "Bienvenido el redimido hijo del Señor." Los quince espíritus que formaban tan hermosa corte celestial, descendieron en ángulo recto hacia el suelo color de armiño, mientras Cintia —la hermosa griega— depositaba cariñosamente el cuerpecito periespiritual de Isaac. Los presentes jubilosos inclinábanse ante aquel niño, cuyo rostro comenzó a iluminarse bajo los fascinantes colores zafirinos, liliáceos y rosados que conformaban el ambiente, en asombrosa combinación con los colores áuricos de los presentes.

---

[31] En el trance de recuperación de energías, Isaac captaba a través de la mente, la reacción de sus compañeros perversos, por causa de su redención espiritual.

Bajo la fragancia de las flores que formaban la plataforma, la configuración periespiritual del niño fue adquiriendo un tono crema luminoso y después pasaba al color naranja madura, para terminar en un color topacio vivísimo, contrastado por el fondo rosado liliáceo.

Apolonio —el venerable anciano— seguía atentamente el proceso de los colores ambientales, alrededor del niño dormido. Después de unos instantes, levantó la cabeza y señalando al cuerpecito de Isaac, dijo a los presentes:

—Todavía predomina el matiz que define a la mente egoísta o ambiciosa; observad los reflejos anaranjados un tanto oscurecidos. Pero, loado sea el Señor porque el fondo liliáceo es la luminosidad de nuestro ambiente, pues ya comienzo a ver en su tórax el carmín y el violeta. El amarillo intelectivo, también se le ve bastante claro, demostrando que su sabiduría tiende a fines elevados. —Apolonio terminó de describir los colores y dijo con visible emoción: —La ternura y la humildad entraron definitivamente en su corazón.[32]

Levantó los brazos y cerrando los ojos, invitó a todos para elevar una oración por el recién llegado:

—"Señor, Padre y Creador del Universo, los pensamientos y las palabras jamás podrán expresar nuestra ventura espiritual en este momento, ante la redención de un miembro más de nuestro grupo familiar, purificado en la carne bajo el proceso justo y lógico del dolor. ¡Gracias, amado Padre por permitir el ingreso de un nuevo servidor de la Luz en las filas del Cordero Jesús!"

[32] En la cromosofía astralina, un mismo color puede manifestar dos graduaciones espirituales distintas, varía conforme sea la claridad, brillo u opacidad. El verde sucio quiere decir, celos y el verde pizarra, baja falsedad, mientras que el verde muy claro y brillante, expresa tolerancia, tacto, adaptabilidad o sabiuría del mundo. El amor sensual y grosero se manifiesta con un color carmín oscuro, mientras el rosa claro y brillante, define elevada forma de amor. El azul oscuro y sucio, interpreta la religiosidad interesada y censurable, pero el claro luminoso demuestra sentimientos religiosos muy elevados y de gran espiritualidad. En la propia concepción del mundo físico, el negro es color negativo, expresando odio, malicia y venganza cuando están combinados con el tono rojizo. Mientras tanto, el blanco, es pureza de corazón. En verdad, el negro, el encarnado reluciente o el amarillo persistente predomina en los planos inferiores; mientras que el amarillo claro, define la iluminación espiritual. El color blanco, que es el del séptimo principio, el del Espíritu, es absolutamente blanco e inimaginable para la mente del hombre.

De lo alto, como si fuera una abundante lluvia de colores, alcanzó la frente de aquellos espíritus, cuya breve oración, pero elocuente, avivaron aun más el suave carmín, que resplandecía en sus auras sublimes. Apolonio subió al estrado color castaño, y haciendo un gesto cordial, se expresó así:

—¡Mis hermanos! Termino de disfrutar de un instante maravilloso de nuestra vida espiritual, gracias al retorno de los ocho réprobos, de nuestro grupo familiar, redimidos en la carne. Mientras Adolfo Hitler continúa sembrando fuego y destrucción por el mundo terreno, millares de personas, todavía están expiando en ese karma colectivo, desde tiempos bíblicos, sufriendo bajo el impacto de los nazis los dolores y tragedias que sembraran otrora. Ahora visten el traje carnal de los judíos, unos como mujeres, otros como niños y viejos, muriendo atrozmente en los "ghettos" incendiados, muros de fusilamientos, en medio de los estertores del hambre y el frío y en las cámaras de gases de los campos de concentración. Pero no hacen más que abonar su deuda con la Contabilidad terrícola y a su vez limpian su contextura periespiritual de la carga tóxica de la "maldad", para después comparecer definitivamente aseados en el banquete eterno en la Casa del Señor! —Y señalando a Isaac dormido, exclamó conmovido:

—¡He ahí al más salvaje de los réprobos, ahora glorificado por los tormentos de la rectificación kármica, gracias a la acción centrífuga de las energías sublimes del espíritu inmortal! Se limpió de su carga tóxica, desintegró residuos petrificados por la ambición, orgullo y crueldad, eliminó los venenos mentales, que eran incentivados por la rebeldía y la venganza. Ahora está más allá del dominio implacable de la "mente instintiva"[33] que le fuera bastante útil para su formación humana, pero de ahora en adelante deberá "dirigirla" por el discernimiento de la conciencia espiritual. La mente instintiva coordina la organización del mineral, vegetal, animal y el hombre, pero, mis queridos hermanos, sólo la "mente" espiritual, gobierna el vuelo definitivo del ángel.

Apolonio dejó de hablar, conmovido por sus propias palabras, y después continuó diciendo:

—A pesar de la campaña hostil y destructora dirigida por

---

[33] Véase la excelente obra "Catorce Lecciones de Filosofía Yoga" en el capítulo "Los Principios Mentales", del autor Yogi Ramacharaka, es un compendio muy útil para los estudiosos de la vida inmortal.

Othan, Sumareji y El Zorian, fracasaron en su empresa maquiavélica y los ocho réprobos, sus colegas de otrora, pudieron cumplir íntegramente el programa redentor. Amarrados al mármol frío de la vivisección, presionados por los nazis, no pudieron huir de las pruebas rectificadoras para saldar sus "horas culpables". Pero, sin quererlo, también contribuyeron a descubrir la vacuna salvadora, aunque más no sea, destrozándoles sus propias entrañas, pero salvaron a millares de niños, compensando en gran parte, tantos asesinatos cometidos en tiempos de guerras, en aquel pasado lejano. Bajo la Ley de que el espíritu deberá pagar hasta el "último centavo" de su deuda, o que "recogerá conforme haya sido su siembra", nuestros familiares réprobos devolvieron en "horas salvación" el monto de vidas destruidas en tropelías insanas, de su bestialidad guerrera. Desde ahora en adelante, seguirán su ascenso espiritual con mayores perspectivas de aprendizaje y en vivencia íntima con la fuente eterna del Creador.

Descendiendo del estrado, Apolonio terminó diciendo:

—Ahora, hermanos míos, partiremos con nuestra última y apreciada carga hacia la "Bienaventuranza", y esperaremos que se desprendan de las formas infantiles, de los réprobos torturados en la tierra. Olvidemos la Atlántida, Lemuria, Babilonia, Asiria, Indochina, Egipto y Grecia, que fueron escenarios de mortandades, venganza, ambiciones y fechorías de nuestros familiares, a fin de combinar nuestras energías espirituales, para terminar la última etapa de su redención.

Después de un silencio muy emotivo, con el venerable Apolonio a su frente, los presentes comenzaron a caminar suavemente en medio del paradisíaco paisaje, mientras Cintia se inclinaba hacia la florida plataforma y tomaba en sus brazos al niño adormecido, mientras se sonrojaba al ver que Apolonio seguía con su mirada, sus dulces movimientos. Cintia, mirando fijamente a Isaac, dijo muy conmovida:

—¡Querido Apolonio, me estoy imaginando cómo será de hermoso Sesostri una vez que se haya despojado de su transitoria e infantil forma! —Y con un suspiro amoroso, que le acentuó el rosado carmín de su aura, dijo: —Aun siendo rebelde y agresivo, ¡era tan atractivo!

Cuando todos desaparecieron detrás de los enormes portones que daban acceso a la colonia de la "Bienaventuranza", el ambiente se llenó de colores y luces, imposible de imaginar por la mente más sensibilizada de persona alguna. Para los humanos, sólo tiene semejanza a una noche cálida, de cielo límpido, que inesperadamente explotan cantidades de fuegos artificiales, dando la sensación agradable, de estar festejando la llegada de algo sumamente apreciado. Algo parecido, pero más sublimado, es la festividad en los panoramas del Espacio cuando se celebra el retorno de un "hijo pródigo" a la "Casa del Padre".

OTRAS OBRAS EN PREPARACION

La Misión del Espiritismo

Por primera vez, Ramatís dictó una obra íntegramente dedicada a las funciones específicas del Espiritismo sobre la tierra. A través de sus sencillas, pero explícitas ilaciones, permite que la humanidad en general, pueda sacar provecho de sus efectivos e importantes consejos espirituales. Allan Kardec es colocado en el sitial que le corresponde ante las miras de aquellos que nada tienen que ver o no suelen ver con simpatía, a esa doctrina salvadora, dado que los mismos espíritas son llamados seriamente a reflexionar, sobre el alto contenido de la codificación espírita. Aunque la simplicidad de las obras de Allan Kardec, dice muy a las claras el verdadero derrotero que deben seguir sus adeptos, Ramatís, aun les incentiva sus inquietudes bajo el ángulo doctrinario que él presenta bajo los siguientes capítulos: "Espiritismo y Religión", "El Espiritismo y el Evangelio", "El Espiritismo y el Catolicismo", "El Espiritismo y el Protestantismo", "El Espiritismo y la Teosofía", "El Espiritismo y el Budismo", "El Espiritismo y el Psicoanálisis", "El Espiritismo y la Umbanda", "El Espiritismo y la Biblia", y por último, "El Espiritismo y la Homeopatía". Cada uno de estos capítulos, expresan claramente la función de cada uno de los sectores doctrinarios, respecto al desenvolvimiento que le cupo ante la humanidad. En fin, es una obra que lejos de hostigar a nadie en particular, sólo cumple con el elevado mandato de acercar a la criatura humana, a los medios y fines que cada una de las doctrinas puedan haber elaborado de bien para armonizar al hombre con su Creador.

Magia de Redención

Una obra específica en la materia, puesto que da pie a las más caprichosas concepciones, cuando se debe tratar temas como los denominados, hechizos, hechizamientos verbales, hechizamientos mentales, preparados de elementos que sirven para hacer daños, comúnmente dicho, el mal de ojo y tantos otros aspectos que giran en el fenómeno del campo imponderable de la materia.

Es una obra clara y precisa sobre la fuerza y poder constructivo de la mente, y lo que importa en primer plano de la instrucción que ella encierra, es el grado responsabilidad que a cada persona le toca, conforme a las leyes que la regulan. Por vez primera el lector podrá apreciar, muy de cerca, que un simple hecho de la vida de relación, tiene obediencia directa con el axioma que dice: "como siembras, también has de recoger", pues Ramatís, nos da pruebas irrecusables sobre lo manifestado. Es un temario amplio y nada fácil de describir en esta simple enunciación, pero citaremos algunos de sus capítulos, para mejor ilustración de las materias que lo conforman:

"Consideraciones Sobre el Hechizo", "El Hechizo verbal y mental", "Hechizamiento a través del Aura Humana", "Los Saumerios y las Hierbas de Efectos Psíquicos", "La Influencia de los Colores en la Hechicería", "Los Males del Vampirismo", "El Hechizo Ante los Tiempos Modernos", y otros capítulos más, no menos interesantes.

La Vida Humana y El Espíritu Inmortal

Esta obra de Ramatís encara todos los problemas respecto a la vivencia del espíritu inmortal en la materia. Es un estudio provechoso que Ramatís efectúa sobre los acontecimientos que influyen en el ascenso espiritual del hombre, exponiendo y aclarando la conducta más segura que el hombre debe emplear en su aprendizaje en la escuela planetaria terrena.

En el extraordinario capítulo "La Naturaleza de la Mente", describe la formación de la conciencia instintiva mineral, vegetal, animal y la transformación definitiva para la mente espiritual, en la fase humana. Entre los diversos y provechosos capítulos que forman el texto de la obra, destacamos los siguientes: "La Función del Dolor y el Sufrimiento", "Estigmas Pecaminosos en el Periespíritu", "Frustración y Suicidio", "El Magnetismo Humano", "Clarividencia", "La Familia Humana", "Los Hijos del Karma", "Religión y Organizaciones Religiosas", "Los Problemas de la Obsesión" y "La Naturaleza del Aura Humana".

INDICE

Se terminó de imprimir en:
"Impresiones Avellaneda S.A."
Manuel Ocantos 253 Avellaneda
en Octubre de 1998

Tirada de esta Edición 1000 Ejemplares

13390116170q
$ 25400.